赵 丹 编著

Wangluo Bianji Shiwu

网络编辑实务

浙江工商大学出版社
ZHEJIANG GONGSHANG UNIVERSITY PRESS

图书在版编目（CIP）数据

网络编辑实务 / 赵丹编著. —杭州：浙江工商大
学出版社，2010.8(2018.7 重印)
ISBN 978-7-81140-181-3

Ⅰ.①网… Ⅱ.①赵… Ⅲ.①因特网—新闻编辑—教
材 Ⅳ.①G210.7②G213

中国版本图书馆 CIP 数据核字（2010）第 145844 号

网络编辑实务

赵　丹　编著

责任编辑	张婷婷
封面设计	刘　韵
责任印制	包建辉
出版发行	浙江工商大学出版社
	（杭州市教工路 198 号　邮政编码 310012）
	（E-mail：zjgsupress@163.com）
	（网址：http://www.zjgsupress.com）
	电话：0571-88904980，88831806（传真）
排　　版	杭州中大图文设计有限公司
印　　刷	虎彩印艺股份有限公司
开　　本	787mm×1092mm　1/16
印　　张	16.25
字　　数	426 千字
版 印 次	2010 年 8 月第 1 版　2018 年 7 月第 6 次印刷
书　　号	ISBN 978-7-81140-181-3
定　　价	36.00 元

前　　言

　　美国学者戴维·申克在他所著的《信息烟尘》一书中,给网络新闻编辑下了这样的经典定义:"网络新闻编辑应该成为人类全部知识的电子档案的照看者,成为具有预测能力的电子图书馆的管理员,而不单单是简明新闻的播报者。"

　　就如戴维所说的那样,网络编辑虽然是一个新职业,但对人类信息的传播和延续起着非常重要的作用。正因如此,在这本教材的编写过程中,笔者始终带着虔诚和敬畏的心来对待这项伟大而神圣的工作。

　　本书是一本网络编辑课程教学的入门教材。在写作时,我们并不是以理论体系的构造为重点,而是在坚持对必要的理论知识进行阐述的同时,更多地对网络编辑的常规工作进行介绍,对常见的工作流程进行解析,对网络编辑工作所必需的职业技能进行培训,以期让使用这本教材的人能在较短的时间内懂得什么是网络编辑,如何去做好策划、选稿、改稿、制作标题、编排稿件、组织版面、设计网页、熟悉多媒体制作等具体的网络编辑工作。

　　和以往其他网络编辑方面的教材相比,本书具有如下特征:

　　第一,从实务出发,搜集网络发展中大量真实的案例进行知识阐述和分析,并据此总结处理同类问题的方法,提炼网络编辑必备的职业技能和素质要求,为已经或即将从事网络编辑工作的学习者提供最基础的技能培训。

　　第二,着眼于专业学历与职业资格"双证结合"的教学要求,在章节框架的设置中,融入网络编辑国家职业资格考试的考核要求,并与《网络编辑员国家职业标准》紧密对接,为打算参加国家职业资格标准考试并获取证书的学习者做好知识储备。

　　第三,资料齐全,方便学习。本书还配有案例教学库、实训练习题库等资源,每个案例都附有精辟的解析,方便使用者教学或自学使用,可通过浙江工商大学出版社网站(www.zjgsupress.com)下载这些教学资源。

　　第四,教学适用性较广。本书在教学内容的广度和深度设置上充分考虑了目标读者的情况,既可作为大学本科教材,也可作为自考、夜大等成人教育教材,还可以作为高职高专院校和在职人员职业培训教材。

　　在编撰此书之前,笔者在浙江工商大学编辑出版专业已积累了 5 年的网络编辑实务教学经验。经培训的学生,在国家网络编辑职业资格(助理网络编辑师)认证考试中,平均通过率高达96％。其间培养的学生,进入网络媒体工作的已达数十人,部分学生还进入腾讯网、浙江在线、杭州网、浙江都市网、19 楼论坛等主流媒体并担任重要职务。2010 年,中国编辑学会同中华全国新闻工作者协会网络中心,联合新闻出版总署科技与数字出版司、人力资源和社会保障部国家职业技能鉴定专家委员会等单位举办了首届网络编辑大赛，笔者指导的"缤纷夏季，我爱冰淇淋"专题获三等奖，"岩井俊二眼中的男优女色"专题获优秀专题奖，"宫崎骏的动画世界"专题获最佳设计奖，并作为优秀指导老师在会后作本校网络编辑教学经验汇报，得到了与会教师与专家的一致认可。

此书中，网页设计相关章节的修改得到了温化冰同志的大力支持。本教材还得到浙江工商大学人文学院梁春芳教授、尤建忠教授的指导，得到浙江工商大学人文学院博玫教授的支持和鼓励，浙江工商大学编辑出版专业毕业生王吗咪(浙江在线)、陈伟伟(浙江在线)、罗祎(杭州网)、李栋(杭州网)、张静(浙江都市网)等人也为本书教学内容的设计、案例资料的搜集提供了帮助，在此一并表示最衷心的感谢。

在本书的编撰过程中，我们借鉴、引用了部分其他研究者的最新研究成果，并尽可能作出了详细的注释，在此谨向他们表示感谢。由于时间仓促，加上编者的水平和经验有限，本教材还存在不足和遗憾，敬请各位专家、学者和广大读者批评指正。

编　者

目　　录

绪　　论

　　伴随着传播技术的日新月异,大众传媒形态日益呈现出多元化的格局,网络媒体也越来越成为人们关注的话题。与此同时,网络信息服务产业也进入了快速发展时期。然而,要想使这么庞大的网络信息有序、高效且无害,就必须对网络内容进行梳理、加工、审核、组织,网络编辑作为网站内容的设计师、建设者和把关人便应运而生。

一、网络媒体的兴起

1. 互联网的历史

　　在 20 世纪 60 年代,美国国防部高级研究计划署(Advanced Research Project Agency)计划研制一种能适应现代战争的、生存力强的新型网络,由此开发出了阿帕网(ARPANET),这就是因特网的前身。阿帕网于 1969 年启用,最初仅连接了 4 台计算机(这 4 台计算机分别属于美国的三个高校和一个研究所),供联网的院校交流信息和共享资源。以后又有其他院校和机构等陆续加入。1983 年,美国国防部将阿帕网分拆为军用网和民用网,民用网仍然称为阿帕网。

　　1983 年 1 月,TCP/IP 协议正式成为阿帕网的标准网络协议(今天广为使用的万维网就是构建在 TCP/IP 协议上的),随后大量的计算机接入了阿帕网,阿帕网得到了迅速的发展。

　　美国国家科学基金会(National Science Foundation,即 NSF)也认识到了阿帕网对科学研究的重要性:利用阿帕网,科学家们可以突破地理位置的限制共享数据、交流信息,合作进行科学研究。1986 年,美国国家科学基金会组建了 NSF 网(NSFNET)。NSF 网连接着分布在美国不同地区的几个超级计算机中心,由主干网、地区网和校园网组成。各高校的计算机主机连接到各自的校园网,校园网则就近连接到地区网,地区网再连接到主干网,主干网最后连接到阿帕网。这样,高校中的主机就可以通过 NSF 网访问超级计算机中心。随后,美国其他高校和科研机构陆续连入 NSF 网。当时,其他一些国家和地区也在组建自己的网络,这些网络和 NSF 网是兼容的。1988 年,NSF 网取代阿帕网,成为互联网的主干网。阿帕网于 1989 年解散。

　　互联网的快速发展也吸引了一些公司的注意力。1992 年,美国的三家公司 IBM、MCI、MERIT 联合组建了高级网络服务公司(即 ANS)。高级网络服务公司组建了 ANS 网(ANS-NET)。ANS 网与 NSF 网互联,成为互联网的另一个主干网。NSF 网是由国家出资兴建的,而 ANS 网属于 ANS 公司,互联网开始商业化。1995 年 4 月 30 日,NSF 网停止运营,美国政府指定了三家公司接替它维护和运营互联网的主干网。

　　自 20 世纪 80 年代后期以来,互联网获得了迅速发展,尤其是在 20 世纪 90 年代,随着万维网和浏览器的出现,互联网更是以惊人的速度向前发展。

现在,很多人将互联网、因特网、万维网混淆了,严格地讲,它们是不同的。

对互联网的正确认识是,不管采用何种技术,也不论设备数量的多寡,能够互相通信的设备组成的网络就属于互联网。互联网包括因特网。互联网的正确写法是 internet,字母"i"要小写。

因特网则是互联网的一种,是由数量庞大的设备组成的网络。因特网是 Internet 的音译,字母"I"要大写。人们通常所说的互联网就是因特网。

万维网即通常所说的 WWW(World Wide Web 的缩写),也可以简称为 Web,它是建立在因特网上的一个应用,或者说是因特网所提供的一个服务。

在我国,1994 年中国科技网(CSTNET)首次实现和因特网直接连接,标志着我国正式接入因特网。随后,互联网在我国迅速发展和普及。截至 2009 年 12 月 31 日,我国网民规模达到 3.84 亿人,互联网的普及率达到 28.9%。网民规模较 2008 年底增长 8600 万人,年增长率为 28.9%。使用宽带的网民规模达到 3.46 亿人,较 2008 年增长 7600 万人。[①]

2. 网络媒体的兴起

在互联网出现以前,人们常说的媒体主要指三种媒体,即报刊、广播和电视。他们分别被称为第一媒体、第二媒体和第三媒体。这三种媒体都属于传统媒体。

互联网的出现和快速发展,为网络媒体的诞生和发展奠定了基础。人们很快就发现网络是信息发布和传播的天然载体,具有很多报纸、广播和电视等传统媒体不具备的优点。

从广义上讲,网络媒体通常就是指互联网。1998 年 5 月,联合国秘书长科菲·安南在联合国新闻委员会上提出,应当利用最先进的第四媒体——因特网。从此"第四媒体"的概念正式得到使用。

从狭义上说,网络媒体是指用以互联网为媒介而构筑的传播平台来报道新近发生的、能够吸引多数人的共同兴趣的新闻与信息传播机构。这包括传统媒体设立的网站,也包括报道新闻的商业网站。

在我国,网络媒体的兴起大体上可以分为三个阶段。

(1)萌芽期。20 世纪 90 年代,在海外报纸纷纷上网的背景下,国内传统媒体开始试水互联网。1993 年 12 月 31 日,我国第一张电子报纸《杭州日报·下午版》问世,即报社编辑将在电脑中编辑好的报纸内容输入电脑联机服务公司的网络,用户通过电话线和电脑即可从该公司的网络调阅报纸。随后《中国贸易报》、《中国日报》、《人民日报》、新华社、中央电视台、中国国际广播电台等传统媒体陆续上网。这是我国网络媒体发展的初期。

在这一时期,我国网民数量还不多,网络信息的建设还处于初级阶段,从内容到形式都存在不少问题。首先,这一时期的网络信息大多只是传统媒体内容的翻版,多数只是将传统媒体的内容照搬到了网上,并且更新频率也不高。其次,这一时期的网络信息的内容分类和编排也不太科学,不仅抄袭情况时有发生,而且时常有假消息、假新闻在网上出现和流传。再次,这一时期人们对互联网的优势没有充分的认识,网上的内容大多是文字信息,多媒体内容匮乏,与受众的互动也很少。

总之,在这一时期,当时的传统媒体还没有充分利用互联网的优势来展现自己的内容特色,并且对受众的需求考虑得也不够。

---

① 中国互联网络信息中心:《第 25 次中国互联网络发展状况统计报告》,http://www.cnnic.net.cn/html/Dir/2010/01/15/5767.htm。

（2）膨胀期。20 世纪 90 年代中后期至 2000 年，随着互联网的快速发展，涌现了很多 ISP（Internet Service Provider，即互联网服务提供商），他们之间的竞争使得上网费用降低了，也直接促进了网民人数的增多和网站数量的增多。在传统媒体进军网络的同时，一些 ICP（Internet Content Provider，即互联网内容提供商，例如新浪、搜狐）也忙着跑马圈地。他们与传统媒体合作，从传统媒体获得新闻，组建网络新闻频道。1996 年，新浪的前身四通利方中文网站（www.srsnet.com）启动，通过推出"法国足球风暴"网站，奠定了新浪网在体育报道中的地位。1998 年 10 月，四通利方正式建立了新闻中心，即新浪网新闻中心前身。① 1999 年 5 月，网易开通了新闻频道。② 在这一时期，在科索沃战争、我国驻南联盟大使馆被炸事件等重大新闻的报道中，商业网站以其快速、海量的报道开始崭露头角，令很多传统媒体及其网站相形见绌。

与前一时期相比，这一时期的网络信息建设有了一定的发展。互联网的优势得到了一定程度的发挥，例如采用多媒体内容、发展与网民的互动、提供查询功能等；独立的域名的使用也更为普遍；新闻更新频率也加快了。

与此同时，网络新闻传播法律法规的缺失与网络媒体的快速发展之间的矛盾进一步显现；网站采编人员的网络传播知识和经验有待进一步积累，采编技术有待进一步提高；网络媒体建设处于粗放式发展状态，不少网站在缺少成熟的赢利模式的情况下仓促上马，无序竞争状态较为明显。

（3）发展期。在 2000 年 11 月 6 日，国务院新闻办公室、信息产业部发布了《互联网站从事登载新闻业务管理暂行规定》，明确规定了网络新闻禁止刊载的内容，并对网站登载新闻业务的准入资质、申办条件以及申办程序作了明确规定。这一法规的出台结束了网络新闻方面的法律真空，标志着网络传播进入了规范、有序、健康的发展阶段。此后，有关部门又陆续发布了《互联网电子公告服务管理规定》（信息产业部于 2000 年 11 月 6 日发布）、《互联网新闻信息服务管理规定》（国务院新闻办公室、信息产业部于 2005 年 9 月 25 日发布）等法规，进一步完善了网络传播法规体系。

另一个不得不提的事件是在从 20 世纪 90 年代中后期至 2001 年期间，欧美发生了严重的互联网泡沫，互联网公司不顾业绩疯狂融资、烧钱、炒概念，相关公司的股价也一路狂飙。美国纳斯达克（NASDAQ）指数在一路高涨后，终于在 2000 年 3 月 10 日开始暴跌，互联网泡沫开始破灭，大量互联网公司倒闭，其影响也波及我国互联网业。泡沫的破裂让中国互联网公司开始冷静下来，重新审视公司的商业模式等以前被忽视的问题。

在这一时期，中国的一些知名互联网企业，通过整合自身资源，逐渐形成了各自不同的经营重点。其中新浪成长为以新闻信息和资讯服务为核心业务的信息服务提供商；搜狐成长为以关键词搜索和分类搜索为核心业务的信息服务提供商；网易成长为以电子邮件、网络游戏以及网络社区为核心业务的信息服务提供商。这次泡沫不但没有摧毁中国网络媒体，反而促使中国网络媒体在阵痛中及时转型，走入相对有序、规范的发展阶段。

（4）多元发展期。2006 年以来，伴随着经济的高速增长、宽带的普及，我国网络媒体呈现出高速发展、百花齐放的态势。2008 年汶川大地震、北京奥运会、神舟七号发射，2009 年新中国成立 60 周年，2010 年玉树大地震、上海世博会等重大事件的报道，从内容到形式不断推陈出新，显示着网络媒体不断进步、走向成熟的过程。

---

① 陈彤、曾祥雪：《新浪之道》，福建人民出版社 2005 年版，第 23—25 页。

② 陈彤、曾祥雪：《新浪之道》，福建人民出版社 2005 年版，第 36 页。

在这个阶段,互联网的各种优势得到了更大的发挥:多媒体内容得到了极大丰富,除文字外,图像、动画、音频、视频等信息在各大网站全面开花;网络媒体走入了全面互动时期,博客、播客、微博、SNS 等 WEB2.0 网站使网民成为了信息的建设者与发布者之一;新技术和新概念层出不穷,手机媒体、云技术等预示着网络媒体更加光辉的未来。

在这一时期,中国网络媒体经历了两种转变:一是从粗放传播模式向精细传播模式转变,二是从集中传播模式向分布传播模式转变。不少网络媒体推出了更加专业化与个性化的服务,预示着网络媒体将从大鸣大放的眼球经济走向精耕细作的实业运作阶段。

在新闻传播方面,网络媒体开始从依托传统媒体的信息资源开始转入与传统媒体深度合作、深度融合的阶段。网络媒体从简单的"拿来主义"进入到与传统媒体共同策划、报道的时期,两者也从昔日的竞争对抗走入良性互动,进行了更为有效的资源整合。

二、网络媒体的特点

作为一个新生事物,网络媒体能够被人们接受并获得飞速发展,是与其突出的、不可替代的优势分不开的。

1. 网络媒体的优势

(1)网络信息的即时性。相对于传统媒体,网络媒体的信息从采集到发布的过程简单、快速。网络媒体没有版面和发布时间的限制,更为灵活,并且网络媒体不受空间限制,只要有网络,信息就能够立刻传播到世界各地。只要能上网,人们可以随时查看感兴趣的信息。当有重大新闻和事件发生时,网络媒体常常能先于传统媒体发布信息。另外,随着科学技术的进步,笔记本电脑大量普及并且越来越轻薄、便携,无线网络也越来越多,这些也都推动网络媒体提高了信息的传播效率。

(2)强大的互动能力。传统媒体的信息传播一般是单向的,即使有信息的反馈也不是便捷的。而网络媒体有强大的互动能力,通过论坛、即时通讯工具等手段能够轻松实现信息传播者与受众、受众与受众、传播者与传播者之间便捷的双向交流与沟通,并且交流的内容不限于文本,可以是丰富多彩的多媒体内容。

(3)丰富多彩的多媒体内容。虽然传统媒体里也有运用多种载体来表达内容的情况,例如报纸里的图片、广播中的音乐等,但由于载体特点和版面的限制,传统媒体无法将多种媒体有机整合到一起。而网络媒体可以通过超链接轻而易举地将多种媒体整合到一个页面,形成立体化传播。可以说,是网络媒体使得人们真正感受到了多媒体传播的魅力。

(4)海量的信息。互联网将全世界的计算机连接起来,从而形成了一个巨大无比的数据库。世界上任一时间、任一地点发生的任一事件都有可能成为网络的信息被广泛传播。此外,由于传播主体的多元化,人人皆可成为信息源,使得网络信息得以最大限度地产生。正是由于信息产生和传播的快捷性形成了网络信息的海量特点。

(5)强大的检索功能。一方面,搜索引擎技术使人们可以在海量的信息中主动寻找自己需要的信息;另一方面,网络专题则通过超链接技术将大量信息很好地整合起来呈现给读者。在网络中,只要人们愿意,可以在海量资讯中随时搜索、反复观看,在知识的海洋中畅游。

2. 网络媒体的劣势

事物都有两面性。与其优点相伴,网络在发展中也产生了一些问题。

(1)网络信息的真实性问题。网络让人们享受了自由的同时,也带来了网络信息真实性的问题。与传统媒体相比,在网络上发布与传播虚假信息更容易,且速度要快得多。当虚假信息大面积传播开来后,其后果也比传统媒体更加严重。

(2)网络上的不良信息。除了虚假信息外,网络上色情、暴力等不良信息也是屡见不鲜。部分网络媒体为了迎合受众求新、求变、求刺激的心理,在信息传播中大量刊登色情、暴力、凶杀等刺激性社会新闻。网络新闻的"泛黄"现象直接导致民众的道德水准下降,不利于家庭和社会的安定。

(3)网络上信息的散乱分布。网络上信息浩如烟海,各类信息常常散乱地分布在网络的各个角落,没有很强的信息搜集能力很难收集到全面的信息。即使有较强的信息搜集能力,想要系统地查找和分析某类信息也要花费极大的精力。

基于以上的情况,我们迫切需要一些专门人员对网络信息进行筛选、分析、加工和整合,网络编辑即为承担这一职责的人员。首先,网络编辑可以通过严格把关在采集内容时有效过滤各种虚假信息与不良信息。其次,网络编辑可以通过制作专题、添加评论等方式提供精细信息。另外,网络编辑还可以根据读者的需求和媒体的优势进行周密的策划,以提供符合用户需求的信息。

虽然网络上信息的传播过程中会产生这样那样的问题,但瑕不掩瑜,作为打破传统媒体三足鼎立状态的新兴媒体,网络媒体的前沿性与先进性不言而喻,并将有更加广阔的发展空间和更美好的发展前景。

三、网络编辑的工作内容与职业要求

网络编辑是伴随我国网络媒体的迅速发展而产生的一个新兴职业,其从业人员担负着网络环境下信息传播的选题策划、内容选择、审核加工、信息组织、服务设计等工作,是我国网络传媒健康、快速发展的重要保证力量。

据《中国互联网发展状况报告》最新数据显示,截至 2009 年底,我国网站已经达到 323 万个,网页数超过 336 亿个,我国网民数达到 3.84 亿人,年增长率为 28.90%,这是继 2008 年 6 月中国网民规模超过美国成为全球第一之后,中国的互联网普及再次实现飞跃,赶上并超过了 25.6% 的全球平均水平。可见,中国的网络发展呈显著上升趋势,这为网络编辑专业的发展提供了庞大的就业市场。

与此同时,网络编辑职业规范化工作也在不断推进。2005 年,劳动与社会保障部正式将网络编辑设为新职业并制定了职业标准。2008 年,上海市开始面向从事网络媒体编辑工作的在职人员,以及相关专业毕业有意从事网络编辑职业的非在职人员进行培训,并率先推行网络编辑持证上岗制度。

在这一情况下,网络编辑队伍也在发生变化。2000 年以前,有着计算机学科背景的编辑是各大网站的主力军,因为还处于技术主导时代的网站,需要懂技术的人员来执掌工作。但在 2000 年以后,网络媒体竞争逐渐激烈,"内容为王"的理念被视为网站发展的《圣经》,有着社会科学背景的编辑逐渐占据主流,传统媒体的编辑记者开始进入网络大潮。尤其从 2004 年开始,网络媒体从业人员与传统媒体从业人员进行交叉融合,网站人力资源结构也向多元化方向发展,既有新闻、计算机的专业人才,也有涉及中文、法律、财经、历史、外语等专业的人员。在此过程中,网站对既懂新闻出版专业知识又懂电脑技术的专业网络编辑尤为青睐,加强网络编辑系统教育的呼声越来越高。

网络编辑职业的发展,已日益引起业界和相关领域的密切关注,越来越多的有识之士已深刻

认识到,内容是一个网站的灵魂,它直接反映着网站的水平,也决定着网站的生存与发展。网络编辑人员正是网站内容的设计师和建设者。可以说,谁拥有了一支高素质的网络编辑队伍,谁就拥有了建设一流网络媒体的主动权,以及拥有了网络媒体生存发展的人才优势与广阔空间。

因此,我们必须站在新的高度,培养和造就一支思想过硬、专业扎实、真抓实干的网络编辑队伍,以适应新的发展形势和要求。那么网络编辑的职业定义是什么?网络编辑的工作内容与职业要求又是什么?2005年1月1日,劳动和社会保障部发布的《网络编辑员国家职业标准》中对以上概念作了明确的说明:网络编辑是利用相关专业知识及计算机和网络等现代信息技术,从事互联网站内容建设的人员。这个标准将网络编辑分为四个等级,即网络编辑员(国家职业资格四级)、助理网络编辑师(国家职业资格三级)、网络编辑师(国家职业资格二级)、高级网络编辑师(国家职业资格一级),并说明了他们的工作内容和技能要求,如下面的表格所示。

表1 网络编辑员的工作要求

职业功能	工作内容	技能要求
一、素材采集	(一)采集现有素材	能够根据需要选择计算机外围设备,能够安装外围设备的配套软件,能够使用扫描仪采集文字材料和图像,能够利用音频设备采集音频素材,能够使用数码相机、数码摄像机等数字设备采集图片、影像素材,能够使用电子邮件收集信息
	(二)收集网络素材	能够使用互联网搜索并保存需要的素材,能够收集栏目内的互动信息
二、内容编辑	(一)素材分类	能够根据内容属性对素材进行分类,能够根据文件类型对素材进行分类
	(二)素材加工	能够使用软件进行文字处理,能够使用表格进行文字处理,能够使用软件进行音频处理,能够使用软件进行图像处理,能够使用软件进行动画处理,能够使用软件进行视频处理
三、内容传输	(一)发布系统的使用	能够利用发布系统将素材入库,能够利用发布系统将素材传递给相关人员
	(二)其他传输方式的使用	能够利用局域网传输文件,能够利用互联网传输文件

表2 助理网络编辑师的工作要求

职业功能	工作内容	技能要求
一、内容编辑	(一)信息筛选	能够根据栏目需要选择有效信息,能够对有效信息进行分类整理
	(二)内容加工	能够对信息进行编辑加工,能够根据需要制作标题,能够根据需要制作内容提要,能够根据需要设置超级链接
	(三)内容原创	能够根据栏目需要撰写原创性稿件,能够根据栏目需要进行非文字信息的创作或指导创作
二、组织互动	(一)受众调查	能够确定调查主题,能够设计调查问卷,能够分析调查结果
	(二)论坛管理	能够对论坛内容进行监控,能够对不良信息进行处理,能够与论坛成员进行沟通,能够对论坛成员进行管理

续表

职业功能	工作内容	技能要求
三、网页实现	（一）内容发布	能够利用发布系统发布页面内容,能够利用发布系统对已发布的内容进行修改
	（二）网页制作	能够使用一种软件进行网页制作,能够使用 HTML 语言进行网页修改

表 3　网络编辑师的工作要求

职业功能	工作内容	技能要求
一、栏目策划	（一）内容策划	能够分析受众需求对栏目定位,能够提出栏目内容的策划方案
	（二）形式策划	能够根据策划方案制作信息结构图,能够提出栏目相关内容的表现形式
二、专题制作	（一）专题策划	能够进行专题内容策划,能够进行专题形式策划
	（二）专题实施	能够进行专题内容实施,能够进行专题形式实施
三、内容编辑与管理	（一）稿件撰写	能够根据需要撰写评论
	（二）内容审核	能够判断栏目内容的价值,能够判断栏目内容的正确性和合法性,能够按程序签发稿件,能够定期签发已审阅合格的稿件
	（三）内容监控	能够监控已发布的内容,能够发现并纠正网页中的错误
	（四）培训与指导	能够对网络编辑员、助理网络编辑师进行内容编辑方面的培训和指导,能够对网络编辑员、助理网络编辑师进行发布系统的培训和指导

表 4　高级网络编辑师的工作要求

职业功能	工作内容	技能要求
一、频道策划	（一）频道内容与形式规划	能够制订频道内容的策划方案,能够确定频道内容的表现形式
	（二）频道内容与形式调整	能够制订频道内容的调整方案,能够确定频道形式的调整方案
二、内容管理	（一）内容与形式总审	能够判断频道内容的价值,能够判断频道内容的正确性和合法性,能够对频道形式的规范性进行审核,能够把握频道的整体风格
	（二）内容协调	能够协调频道内各栏目内容的采集、分类工作,能够协调频道内各栏目内容的使用
	（三）内容统计分析	能够根据需要对内容统计提出需求,能够对内容统计结果进行分析
三、运营管理	（一）人员协调	能够确定频道人员分工,能够根据网站工作情况进行人员协调
	（二）人员培训	能够制订培训计划,能够撰写培训大纲,能够对网络编辑员、助理网络编辑师、网络编辑师进行理论知识培训和现场操作指导

　　上面的表格详细地说明了各级网络编辑应掌握的技能。了解国家对这一职业的要求,在实践中不断提高自己相关的素质与技能,对网络编辑来说,非常重要。

　　本教材将在此基础上,系统梳理网络编辑工作的原理、方法和技能,为使用者早日成长为一名合格的网络编辑人员,为网络编辑职业的发展尽微薄的力量。

第一章

网 站 策 划

本章重点

1. 网站概念介绍
2. 网站类型分析
3. 新闻媒体网站类型分析
4. 网站定位原则、影响因素、方法介绍

学习目标

1. 了解网站的相关概念
2. 了解网站的基本类别和新闻媒体网站的基本类别
3. 理解网站定位原则和影响网站定位策划的主要因素
4. 能根据网站定位原则和影响因素进行网站目标定位、用户定位、功能定位

　　网络媒体指的是从事网络信息传播的商业网站和传统媒体设立的网站,前者如新浪网、搜狐网等,后者如人民网、新华网、中青在线等。网络媒体的定位,是指网络媒体网站的内容与服务的主要特色和发展战略。定位对于一个媒体网站来说,重要得如同摩天大楼的地基。没有良好的地基难以建成摩天大楼,没有科学的定位便无法形成有特色的网站内容与服务。

　　具体而言,网络媒体的定位是指确定媒体网站的目标用户群、确定媒体网站将提供的内容和服务、确定媒体网站将占领哪些细分市场和占有的市场份额、确定媒体网站的风格和特色等。不难看出,网络媒体定位是整个媒体网站建设的战略性问题,是媒体网站推出后成功与否的前提和决定性因素之一,对媒体网站的建设和发展意义重大。

　　本章首先从大家较熟悉的媒体网站的类型入手,从经营主体上对网站进行一次大致的分类,基本包括了目前存在的各类网站。在此基础上,引入网站定位的概念,阐明网站定位的重要意义。在分析影响网站定位的因素时,与网站的分类相结合,从网站的性质和受众两个方面入手,结合不同类型网站实例,深化对网站定位的认识,最后对网站定位的方法进行介绍。通过本章的学习,将会对网站基本状况有一定的了解,并对网站定位的内涵和方法有所掌握。

第一节　网　站　概　述

媒体网站只是诸多网站中的一类特定网站,因此,在介绍网络媒体定位之前,本节先对网站的相关概念、类别等基本概念进行介绍。

根据中国互联网络信息中心的最新统计数据[①],截至 2009 年 12 月,我国的网站数量(即域名注册者在中国境内的网站数)达 323 万,网页数量达 336 亿,其中网页的数量的增长率高达 108.8%,互联网信息内容的丰富程度可见一斑。

一、什么是网站

网站(website)是指在因特网上,根据一定的规则,使用 HTML 等网页设计语言制作的用于显示内容或提供服务的网页的集合。网站主要由域名、网页、网站空间等构成。

域名(domain name)也称为网址,常见域名一般是指由点(.)分割,仅由数字、英文字母和连字符(-)组成的字串,是与 IP 地址相对应的层次结构式互联网地址标志。[②] 常见的域名分为两类:一类是国家或地区顶级域名(ccTLD),如以.cn 结尾的域名代表中国;一类是类别顶级域名(gTLD),如以.com、.net、.org 结尾的域名等。例如人民网的域名为 www.people.com.cn,新华网的域名为 www.xinhuanet.com 和 www.news.cn。在浏览器中输入域名就可以访问网站了。

网页(webpage)是网站中的一"页",是构成网站的基本元素,用于承载网站的内容和服务。网页是由 HTML 等网页设计语言编写的文件,存放在网站空间中。当在浏览器中输入网页的网址后,经过一系列复杂而又快速的操作,将网页文件传输到用户的电脑,再由浏览器对网页文件的内容进行解释,并将解释的结果显示给用户。这样,我们就能看到五彩缤纷的网页了。网页中可以包含文字和图片、动画、视频、音频等多媒体内容。

网站空间则用于容纳网页、其他文件和数据等。

对于网站,域名是很重要的。随着互联网的蓬勃发展,网络应用已经渗透到社会生活的各个方面。越来越多的企业开始利用互联网来宣传自己并开展自己的业务,这就需要注册符合企业特征的域名。在互联网世界中,域名已经具有类似企业标志和产品商标的作用,尤其是对知名企业和产品。现在,任何人只要有上网条件就能申请域名,只要申请的域名还没有被别人注册就可以申请注册。因此,著名企业更应当重视域名问题,应当尽快注册适合的域名,以免被他人抢先,引起不必要的损失和纠纷。著名的网易公司就有过花 9 万美元买回域名(www.netease.com)的惨痛经历。[③]

二、网站的分类

按照不同的分类标准,网站可以分为不同的类型。

---

① 中国互联网络信息中心:《第 25 次中国互联网络发展状况统计报告》,http://www.cnnic.net.cn/html/Dir/2010/01/15/5767.htm。

② 中国互联网络信息中心:《第 25 次中国互联网络发展状况统计报告》,http://www.cnnic.net.cn/html/Dir/2010/01/15/5767.htm。

③ 丁磊:《我和网易》,《互联网周刊》1999 年 2 月 1 日,第 61 页。

1. 按照主体性质分类

在网络世界中,网站的经营主体可以是机构也可以是个人。我们常见的网站大多是以某一机构为经营主体,传播内容代表某一机构的立场和观点,树立维护某一机构的形象。根据经营主体的不同,网站可以分为如下的类别。

(1)政府网站。政府网站一般是各级政府设立的,为政府办公信息化服务的,即电子政务。我国政府网站所提供的主要服务有机构、职能介绍,政府公告,法律法规,政府新闻,行业地区信息,办事指南等;而提供在线咨询或投诉的政府网站则很少。

(2)企业网站。企业网站是指业务主要在网下的企业所建立的网站,主要用来宣传与发布企业信息、展示企业的产品与服务,或者在网上销售产品等,如浙江工商大学出版社网站。在不同的经营主体的网站中,企业网站是数量最多的一类。

(3)商业网站。商业网站相对于企业网站,是指业务主要在网上进行的网站,通过在网上从事商务活动、利用网络的各种功能赚取利润。这类网站中有新浪、搜狐、网易等综合性门户网站,有阿里巴巴、淘宝、当当等电子商务网站,也有提供网络炒股、旅行预订等服务的网站。

(4)教育、科研机构的网站。这类网站主要是各高校、科研机构建立的网站,用于校内和校外的资源共享与信息交流,为教学与科研服务。

(5)其他非营利性机构的网站。这类网站主要是由服务于社会福利、医疗卫生、贫困地区发展等方面的非营利性机构建立的网站,如中国红十字会的网站。这类网站的作用主要是介绍与宣传自己、信息发布、宣传某种造福于人类的理念、通过网络开展募捐等。

(6)个人网站。个人网站主要是个人或团体为了满足自己的兴趣爱好而制作的网站,其内容多种多样,可以展示个人风采,也可以是自己感兴趣的某方面的内容。相对于机构和企业的网站,个人网站更加灵活自由。

(7)博客。博客又称为网络日志(weblog),是一种通常由个人管理的、不定期发布关于某个方面的文章的网站或一系列网页。博客上发布的文章一般是按时间的顺序倒序排列。博客可以看成是一种个人传播自己的观念、看法、经历、知识等的网络出版与交流方式。现在很多大型综合性网站都提供使用方便的免费博客。

从功能上看,博客与个人网站类似,也是个人为了满足自己的兴趣爱好而制作的。但博客作为一种新兴的、时髦的网络交流方式,其突出的特点是方便快捷的信息发布和评论方式。博客一般更侧重于文字的记录、内容的积累,以表达、共享、交流作者的情感、观点,有些类似于日记,而个人网站的内容则丰富得多,基本上是包罗万象的。

2. 按照网站的功能分类

功能和服务是网站建设的核心,按照网站功能和服务的不同,可以分为以下几个类别。

(1)综合类或门户网站。这类网站是指通向综合性的互联网资源,并提供有关服务的网站。这类网站一般内容丰富、功能多样,将多数网民可能需要的内容与服务都集中到网站中,并在主页加以集中体现。这类网站的例子有新浪、搜狐、网易、腾讯等。另外,很多地方门户网也属于这类网站,例如浙江在线。

(2)资讯类网站。这类网站的主要目的是提供信息,很多这类网站也提供检索和互动交流功能(例如留言、论坛等)。目前很多政府网站、行业网站、企业网站都可以归入资讯类网站。

严格地说,新闻也是一种资讯,因而新闻类网站也可以归于资讯类网站。如人民网、新华网等国家类新闻媒体网站,如新浪、搜狐等商业门户网站,以及浙江在线、东方网等地方门户网站。

（3）交易类网站。这类网站也就是人们通常所理解的电子商务网站,网站的主要目的是实现网上交易。这类网站一般都有商品展示、订单生成、网上支付等功能,并且比较重视网站的安全性和稳定性。随着网站功能的完善和发展,部分交易类网站也有频道或栏目可提供相关的资讯。

交易类网站的例子有阿里巴巴、淘宝、当当等。其中阿里巴巴是 B2B(Business to Business)类型的网站,反映企业与企业之间的营销关系,也就是通常所说的网上批发业务;淘宝网是 C2C(Consumer to Consumer)类型的网站,反映个人与个人之间的营销关系,也就是通常所说的网上拍卖、二手交易和个体商户零售业务;当当网是 B2C(Business to Consumer)类型的网站,反映商家与客户(也就是企业对个人)的营销关系,也就是通常说的网上商店零售业务。

阿里巴巴、淘宝、当当都属于专门的交易平台网站,企业为了在网上销售产品所建立的电子商务网站也可以属于交易网站,如海尔的网上商城。

（4）索引类网站。这类网站主要是提供网络信息的检索服务,一般可以分为两类,即分类目录索引网站和关键词搜索网站。前者如以前的雅虎英文网(现在雅虎英文网已经发展为一个综合性的网站,但仍然提供目录索引服务,其目录索引地址是雅虎英文网的一个二级域名),后者例如 Google、百度、搜搜、搜狗等。现在搜索引擎和目录索引常常相互融合,例如 Google 也提供目录索引,雅虎在目录索引中也加入了关键词搜索功能。

（5）交流类网站。这类网站主要是给人们网上交流和交往提供服务的,主要有三类:网络论坛、博客类网站、交友类网站。

网络论坛一般是指通常所说的 BBS(Bulletin Board System),即电子公告板。网络论坛主要的功能是为人们提供一个网上交流与互动的场所。网络论坛具有使用方便、回复较快、匿名发布等特点,在我国发展也很快。

博客类网站一般是专门为网民开设博客提供服务的网站,例如中国博客网。很多综合性网站也提供博客服务,例如新浪博客。

交友类网站主要是为维系特定关系服务的网站,如同学关系、婚恋交友服务等,前者有 ChinaRen 校友录、人人网(原名校内网),后者有百合网、世纪佳缘等。

（6）休闲娱乐网站。这类网站是为人们提供休闲娱乐服务的网站,如提供网络棋牌、"偷菜"等在线游戏的游戏网站、音乐网站、视频网站等。

（7）其他的功能网站。除了上述的网站类型外,还有很多提供其他功能与服务的网站,包括一些提供特色功能的网站,例如提供域名服务与网络空间服务的网站。

在实际的网络世界中,网站的分类并不绝对,经常是一个网站提供多种功能与服务(但通常以某种服务为主)。网站功能与服务的设置是与网站的运营目标、目标受众人群的特点等因素分不开的。

这种按照网站提供的功能和服务来分类的方式,实际上也是互联网对人们的生活和工作的影响范围和程度的反映。互联网现在还在快速发展中,随着这些新技术、新应用不断进入人们的生活,为人们所接受,就可能产生能提供新的功能和服务的网站。

第二节　新闻媒体网站

在所有的网站中,新闻媒体网站无疑是信息最丰富,传播功能最强的网站。通常来说,网络编辑也主要是为这类网站服务,从事信息的加工和传播工作。因此,本节专门对新闻媒体网站的类型进行详细介绍。

新闻媒体网站的分类方法各不相同,如果根据经营主体可分为传统媒体网站(如新华网)和新兴媒体网站(如新浪网);如果根据其经营性质可以分为公营媒体网站(如人民网)和商业媒体网站(如搜狐网);如果根据内容可以分为综合性网站(如人民网)和专业性网站(如中国新闻出版网)等。这些分类方法都从不同角度对新闻媒体网站进行划分,但有的分类方法容易产生交叉和重叠,对后文中网站定位的指导意义也不大。因此,本书根据新闻媒体网站发展现状,对其进行分类介绍,以期尽可能全面地展示新闻媒体网站的全貌。

一、从主体划分

可将新闻媒体网站划分为传统媒体的新闻网站(报纸、广播、电视)、商业类门户网站的新闻频道和原创新闻网站三种。

1.传统媒体的新闻网站

(1)报纸主办的新闻网站。网络版是报纸上网初期采用的形式,不少都以独立域名运行。这类新闻网站在内容和版式上主要是其母报内容的翻版和照搬;在表现形式上比较单一,主要是文字和图片;传播技术上也比较简单,超链接不多,几乎没有什么互动内容。

国内报纸的网络版有多种样式,例如较纯粹的网络版会在网站首页上直接标出"网络版"或"电子版"字样,如图 1-1 所示的 2007 年《萧山日报》电子版。一般来说,较早时期的地方性报纸采用这种简单上网模式的比较多。

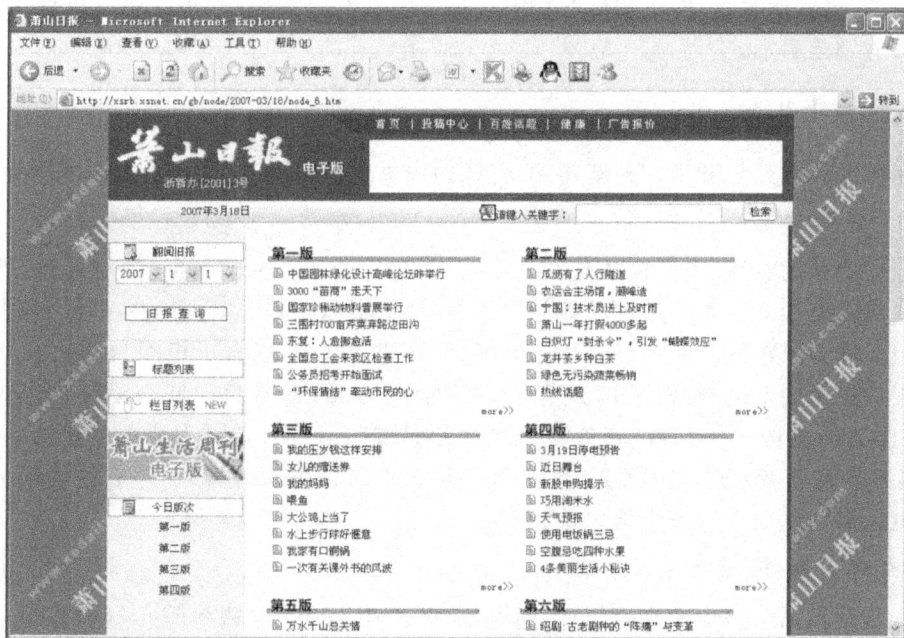

图 1-1 《萧山日报》电子版首页

报纸网络版如果在内容和功能方面扩大到一定程度,就会脱离网络版模式,成为其他类型的网站,尽管它们还是由报社主办的。《浙江日报》网络互动版"报网零距离"(www.bw.zjol.com.cn)就是这方面的一个典型例子。该网站于 2006 年推出,内容主要包括:今日视点、我要留言、浙报网友会、零距离调查、专题、钱塘网坛、消费气象站、校园 BBS、万家灯火、视频集锦等。目前,该网站已网聚了数以万计的忠实网友,为做好《浙江日报》与读者、网民的深层互动打下了良好的基础。

(2)广播电视主办的新闻网站。这是另一类传统媒体主办的网站。这类网站往往会把一些广播电视节目推介或预告到网上,以此作为自身在网络上的信息窗口。如中国广播网(www.cnr.cn)。

2.商业类门户网站的新闻频道

此类新闻网站多指新浪、搜狐、网易、雅虎等商业门户网站的新闻频道。这些门户网站从成立之初就紧密结合市场需求,在长期的发展中逐渐形成了信息服务、网络广告、移动增值服务(短信)、网络游戏、收费邮箱、电子商务等赢利模式。这类网站的最大特点是,其新闻运作往往只是机构整体运作中的一个组成部分,不对其整体平台的良性生存或者受益贡献起到决定性作用,这与其他新闻网站中,新闻业务是整体业务的核心和赢利潜力有很大不同。

3.原创新闻网站

这类新闻网站完全抛开对传统媒体的依附,独立进行新闻采编,直接在网上发布原创新闻信息。此类网站目前在我国大陆地区还未出现,仅在台湾地区出现过一个典型例子——《明日报》。

《明日报》由 PC home 集团与《新新闻》杂志投资 1.4 亿台币共同创办,于 2000 年 2 月 15 日正式开站,2001 年 2 月 21 日正式停刊。虽然只有一年的生命,但该报对中国网络媒体的影响非常大。《明日报》首次提出了"网络原生报"的设想,并有一大批传统新闻媒体的优秀人才以极大的热忱投入其中。该报曾在短时间内迅速形成了自己的公信力和社会影响力,但是由于受到信息采集成本高、投资回收慢、网民阅读习惯限制等多种制约因素影响,最终以自己的失败为业界换来了宝贵的经验启示。

二、从区域上划分

可将新闻媒体网站划分为国外新闻网站、国内中央级新闻网站、国内地方新闻网站三种。

1.国外新闻网站

国外新闻网站的管理、运营模式与国内不同,因此无论从报道的角度、风格还是从页面的设计都与国内媒体有很大区别。在国外新闻网站中,华文媒体尤其受国内用户关注,比较知名的网站有新加坡的联合早报网、加拿大的《环球华报》网站等。其中,联合早报网(www.zaobao.com)是新加坡报业控股属下的网站,是世界著名华文网站。1995 年 8 月,《联合早报》电子版上网发行,被海外学者誉为电子报刊业"亚太地区成功的典范"。目前,其日均页浏览量达到 800 万—1000 万次,月平均读者超过 400 万人,读者 90% 以上在新加坡国外,75% 左右在中国,其规模之巨,影响范围之广,堪居东南亚媒体之首。

2.国内中央级新闻网站

中央级新闻网站大多由中央级报社、通讯社、杂志社、电台、电视台等传统媒体组建,在新闻传播领域具有权威性,起到舆论导向的作用。此类网站有较多代表,如人民网、新华网、中新网、中国网、中国日报网等。

以人民网为例,人民网的前身是人民日报网,在 2000 年 8 月 21 日正式以人民网形象亮相,权威性、大众化、公信力一直是人民网持之以恒追求的目标和努力的方向。该网站是依托传统媒体建立的国家级网站,背靠《人民日报》采编队伍,信息加工能力强大。该网站在发展过程中,借助大报的评论力量和人才资源,坚持正确的立场,形成了主流的声音,从而能够进一步展现其权威特色,其评论的原创性在全国网站中是遥遥领先的。

3. 国内地方新闻网站

根据中央有关部门"每一个省建设一个重点新闻网站"的政策,地方新闻门户网站多由一个地区内的若干骨干媒体组建起来,也具备强大的信息传播能力,是地方新闻报道的权威媒体。

以浙江在线为例,该网站前身是浙江日报报业集团旗下的浙江在线互联网站、浙江省外宣办所属的中国浙江网和浙江广播电视集团旗下的浙江电视台网站。2002年12月,按照浙江省委的决策,这三家新闻网站整合重组为浙江在线新闻网站,由省委统一领导,宣传业务接受省委宣传部的指导和管理。浙江在线以新闻为主,信息主要来自浙江日报集团下属各报,拥有强大的资讯采集能力和加工能力。网站目前拥有30多个频道和子网站,并设有英文版、繁体字版和日语版。网站同时提供手机短信、互动直播、BBS论坛、在线调查、全文检索、数码冲印、在线多媒体点播、分类信息查询发布等网络信息服务,已超越了单一新闻服务网站,成为继《浙江日报》、浙江电台、浙江电视台之后新兴的综合型省级主流媒体。

三、从形式上划分

可将新闻媒体网站划分为综合型新闻网站、专业型新闻网站、论坛型新闻网站、搜索型新闻网站、博客型新闻网站等。

1. 综合型新闻网站

这类网站又分为两大部类。一种是由各种媒体机构组合而成,向综合型网站的方向和规模发展的。例如东方网,是由上海精文投资有限公司、上海文化广播影视集团、上海文广新闻传媒集团、上海东方明珠(集团)股份有限公司、上海信息投资股份有限公司、文汇新民联合报业集团、解放日报报业集团、上海教育电视台、劳动报社、青年报社联合组建的有新闻特色的综合型网站。另一种是由商业网络公司起家,以商业机构身份进入新闻传播业务领域活动,新浪、搜狐、网易、雅虎等商业门户网站即为此类网站。

2. 专业型新闻网站

与综合型新闻网站相对应,专业型新闻网站是指主要专业做新闻信息传播服务业务的网站。这类网站与前一种网站的区别主要在于:这类网站不仅专注于做新闻,而且具备做新闻的专业基础,新闻传播业务是其核心业务和赢利根本,如中国新闻出版网(www.chinaxwcb.com)。

3. 论坛型新闻网站

论坛型新闻网站的互动性和开放性,从根本上改变了新闻网站传播"单向、封闭、被动"的模式,论坛的草根性又赋予了网站平民化的传播风格。可以说,天涯、猫扑等论坛型新闻网站很大程度上弥补了现有主流新闻网站的传播缺陷。

4. 搜索型新闻网站

这类新闻网站和其他网站的最大区别在于,网站上的新闻是通过机器自动抓取获得,且新闻的摆放位置也是通过计算机自动计算得出,完全不经人手。具体而言,搜索型新闻网站具有如下特点。

(1)海量快速。如百度新闻可提供来自中国和全球的简体中文新闻文章以及相关新闻图片的链接,且新闻刷新速度极快,即使在节假日、深夜也可以不停地更新。

(2)高效廉价。如Google新闻程序抓取的效率相当于280人24小时不间断手动更新工作的3倍,但费用比新浪等门户网站的人力成本要低得多,便于有效控制成本。

(3)标准统一。此类网站通过计算机程序和算法来选择和排序,在特定时间内是固定不变的,计算机完全按程序来运转,评价标准和执行标准高度统一。

5. 博客型新闻网站

博客型新闻网站与论坛型新闻网站有相似之处,两者都有很强的交互性,都允许受众自己发布和传播新闻资讯。一般而言,由于博客的总体规模比论坛网民小,总体水平比论坛网民高,因此博客新闻的涉及面一般比论坛新闻要窄,深度比论坛新闻要高,是介于论坛新闻网站与普通新闻网站之间的一类网站,如博客资讯网(news. bokee. com)。

第三节 网 站 定 位

介绍了新闻媒体网站类型之后,我们进入网站定位策划环节。定位是营销学中的一个词汇,是由艾尔·里斯(Al Ries)和杰克·特劳特(Jack Trout)于1972年提出的。他们从传播的角度出发,认为定位是在潜在客户的心目中为产品确定一个合适的位置。这种传播定位是产后定位,后来越来越多的学者认为定位属于营销战略中的内容,而不仅仅是产品生产出来后的传播行为。他们主张定位必须对产品进行改变,认为定位包括产品的特征(如电子词典)、这些特征带来的利益(便于携带、容量大)、特定的使用场合(外出时使用)、特殊的使用群体(经常与外语打交道的职员、学生等)、比竞争对手的产品有更多的用途。

与产品的定位类似,网站的定位就是确定网站的特征、网站的使用场合和使用群体、网站的用途等内容。上节中按网站所提供的功能和服务给媒体网站分类时,就隐含着一定的网站定位内容。下文将针对网站定位的原则、影响因素、方法展开进一步介绍。

一、网站定位的原则

关于网站的定位,有不同的着眼点和侧重点,相对应地也有不同的定位方法,但都要遵循几个主要的原则。

1. 有明确的目标市场

这大体包含两方面内容:第一,明确网站究竟是做什么的,即网站将提供什么样的内容与服务;第二,明确网站的服务对象,即明确目标受众。只有明确了以上两方面内容,才能确定网站的目标和发展方向,避免盲目性。

在确定网站内容和服务时,最好能用几个关键词或一两句话进行概括,避免含糊不清。关键词和概括性口号可以在网站标题、首页等重要位置加以体现,以便用户能快速了解网站的内容特色和服务特色。

在确定网站目标受众时,需要弄清楚目标受众的范围、目标受众的特点和喜好、目标受众的数量以及数量随时间变化的趋势等内容。受众量的多少直接决定网站的发展方向和发展空间,如果受众数量严重不足,则无论网站做得多好,也注定难以获得成功。

2. 明确自身的优势和劣势

在定位网站前,要加强对自身的了解,知道自己擅长什么、有哪些优势,又有什么劣势和不足。一般来说,主业应该做自己擅长、熟悉的方面,而不要去做不擅长、不熟悉的方面,做到扬长避短。做自己有优势、熟悉的方面,才能更好地把握网民的需求,为他们提供真正有价值的服务,网站才容易成功。例如,如果自己的经验和资源在网络娱乐信息方面,却偏偏要将重点放在网络游戏方面,那么就会面临较高的市场风险。

3.了解市场状况

这首先需要了解竞争情况:当前市场中有哪些主要竞争对手、这些竞争对手的实力如何、竞争的激烈程度如何等。如果当前市场中竞争对手的实力太强或竞争过于激烈,就要进行慎重考虑。

此外,还需要了解市场的容量。市场的容量不应太小,否则不利于网站的生存,并且市场最好要有潜力,即市场的容量能够不断扩大。一般而言,朝阳产业的市场容量会不断扩大,而夕阳产业的市场容量会逐渐萎缩。市场的容量实际上与前面介绍网站的目标时讨论的受众情况直接相关。

上面这些因素实际上决定了网站的生存与发展的空间,如果这个空间太小,那么网站的生存和发展就会有问题,就像种在花盆里的树苗永远无法长成参天大树一样。

4.要量力而行

网站在建设和运营中,需要用到资金、技术、人力等资源。在定位网站时,要对所需要的各项资源有较为准确的估计。所需要的资源要在所能承受的范围之内,否则会使网站的建设和运营陷于被动,甚至可能因此而失败。

5.要有赢利模式

对于商业网站来说,要有自己的赢利模式。从长期来看,商业网站要想健康发展,没有稳定的收入来源是不行的。好的、可行的赢利模式是网站稳步发展的基石。因此,在定位网站时,要设计好赢利模式。虽然赢利模式在网站运营后可以更改,但最好在策划和定位时就有所考虑。

6.争取有特色、有创新

在互联网上数量庞大的网站中,经常有新网站诞生、老网站死亡。网站如何以有自己特色的内容、服务、外观、风格等吸引用户,并获得长久的发展,是网站定位和策划时需要认真考虑的一个问题。

特色可以源于网站的内容和服务。通过对目标受众和竞争对手进行深入的分析、对自己网站进行深入的挖掘,设计出某种有自己特色的服务和功能,就有助于提升网站的价值,有助于吸引网民和在市场中获得竞争优势。

特色也可以是网站的外观、风格等。设计良好、特色鲜明的外观和风格能给用户留下鲜明、深刻的印象,这有助于吸引用户再次浏览、有助于留住客户。

比有特色更上一层楼的是创新。如果能设计出有创意的、以前没有的服务和功能,就能带来无与伦比的竞争优势。创新是最好的独特,但提出创新的理念、服务、产品等却不是一件容易的事。

7.不要盲目追随、模仿

在互联网世界中,经常能见到这样的情况:某个网站很成功,然后在较短的时间内就出现了很多类似的网站。然而这些追随和模仿别人的网站多数是不成功的。这其中有很多原因:别人能做的网站,未必适合自己;更重要的是先进入市场的成功网站已经抢占了先机、获得了市场的认同,并且网民对他们认同的网站有一定的依赖性,后来者要获得网民的认同难度较大,尤其是完全模仿别人的网站。

这也不是说一定就不能模仿,但要想成功是有很多条件的。要在对自身特点、市场状况等进行深入分析后认为可行才可以。如果在模仿中做出自己的特色,能够在某个细分市场为网民提供他们需要的内容和服务,也是可能成功的。后面介绍的跟进式定位就是一种模仿定位。

二、影响网站定位的因素

在了解了网站的定位原则后,就需要考虑影响网站定位的有哪些主要的因素,如下所述。

1. 公司的战略

网站的定位与策划应当符合并服务于公司的战略,在公司战略规划的大背景中去发挥网站的作用。网站的定位还应当体现公司的战略,并能为公司战略的实现带来积极的影响。因此,在给网站定位时,首先应当弄清楚公司的战略,并考虑清楚网站在公司战略中扮演的角色和作用,而绝不能与公司的战略相左。

2. 资金和技术

资金对企业的重要性不言而喻,对网站的建设和运营也是如此。在网站定位策划中,要考虑到网站建设和运营对资金的需求,并且还应当考虑到意外的、不可控的情况出现时对资金链的影响,避免出现资金链断裂的情况。

技术也是网站定位应当考虑的因素。关于技术的选择,主要应考虑以下两点:一是选取最适合于网站建设的技术,而不一定是最新、最先进的技术;二是选取有利于网站运营、维护和升级的技术。总之,适合于网站的建设、运营、维护,乃至以后升级的技术就是适合的、应选择的技术。

如果公司不具备所需要的技术,就需要引进技术。这可以通过外包或者引进人才等措施来实现。

3. 人力资源

人力资源也是网站定位时需要考虑的关键因素之一。之所以把人力资源单独列出来,是因为网站建设所需的技术是可以用资金购买到的,但团结稳定、积极向上的团队,是资金不一定能购买到的。关于人力资源,应当考虑如下情况。

首先,现有的团队应当能担负起网站建设和运营的责任。如果不能满足这个要求,则需要按计划和进度引进相关人才,做好人才储备。引进人才的工作应当提前一定的时间进行,因为虽然现在各种人才都很多,但合适的人才,尤其是高端人才,是不容易得到的。当然,如果计划把网站的建设和运营都外包出去,则基本不需要考虑人力资源因素。

其次,负责网站建设和运营的人力资源团队应当保持相对的稳定,避免出现人才大量流动、团队不稳定等情况。

最后是关于人才的培养。除了从外部引进人才之外,内部培养也是一条重要的途径。从长远来看,内部培养、建立一个良好的人才再生机制才是获得人才的最有效的途径之一。内部培养人才有诸多优点,例如不需要外部引进人才所需的磨合期,培训得当的话还能增强团队的凝聚力和向心力。

4. 市场状况

市场状况可以说决定着网站的生死存亡。市场状况主要包括市场中的竞争状况和市场的容量问题。关于市场状况,与前文介绍网站定位的原则时讲述的市场状况是一致的,此处不再赘述。

5.赢利模式

赢利模式是商业网站应当高度重视的关键问题。没有好的赢利模式,再好的网站也会陷入困境。例如2000年左右的网络泡沫,当融资和烧钱结束后,没有良好赢利模式的网站很多都倒闭了。当前,网站的赢利模式主要有以下几种。

(1)在线广告。在线广告目前仍然是网站主要的收入来源。不同的网站可以根据自身受众的特点,吸引相应的广告商。

(2)电子商务。电子商务主要是B2C、C2C、B2B。其中B2C可直接赚取相应的利润,B2B主要是收取会员费和竞价排名的费用,而C2C主要是收取服务费。随着在网上消费的人数不断增加和网上支付安全性的提高,电子商务已经成为主要的网络赢利模式之一。

(3)移动增值业务。移动增值业务主要为彩信、短信、通过彩信和短信发送的电子杂志及电子书籍等移动增值业务。随着3G的不断普及,这类业务的发展也会有所分化,有特色的业务会获得更好的发展,而简单重复的业务则会萎缩。这也是普遍采用的赢利方式。

(4)会员收费。会员收费主要是通过为收费会员(很多网站称这类会员为VIP会员)提供与免费会员差异化的服务来获利的。对收费会员的服务还可以再差异化,并收取不同的费用,有些资源下载类网站,例如影视下载网站,就采用了这种赢利模式。除了向VIP会员收取会员费外,还可以通过组织线下活动来赢利,有些婚恋交友网站就采用了这种赢利模式。

(5)信息收费。网站将对有价值的信息与资料进行收费,只有付了相关费用才能在网上查询和浏览。例如收费的行业资讯和研究报告、收费论文、收费电子图书等。网站也可以将这些信息打包,并销售给其他网站或媒体。

(6)竞价排名。竞价排名主要用于搜索引擎,即某个企业在某搜索引擎注册关键词(一般为能代表其产品或服务的关键词)并付费后,当潜在客户通过该搜索引擎寻找相应的信息时,此企业将出现在该搜索结果的醒目位置,并由付费的多少决定搜索结果中的排名次序。

(7)网上教育和咨询。通过在网上提供教育与资讯服务来收费。例如各种远程教育网站和网校等。

(8)付费游戏。通过提供网络游戏和网络游戏的附属产品(例如虚拟游戏装备)来收费,例如一些专业的游戏网站。一些综合性网站也推出了网络游戏产品。

(9)企业信息化服务。这类服务是靠专门为企业的各类信息提供展示的平台来收取费用。例如一些招聘网站。另外,帮助其他企业建设和运营网站的网站也属于这一类。

(10)其他业务收费。除了上述的几种模式外,有些网站利用自己的资源来提供一些特定的服务来收取费用,常见的有收费电子邮箱、收费网络空间等。

网站赢利模式大体上是上面几种,但随着互联网的快速发展、新技术和新应用的不断出现,也可能产生新的赢利模式。另外,在某些细分市场,也可能会出现新的赢利模式,而能否敏锐地察觉出潜在的赢利模式,则要看网站策划者的洞察力和智慧了。

在选择赢利模式时,应当根据网站的实际情况尽量明确化、细化,不要含糊不清。另外,也不能脱离公司实际所掌握的资源,否则所策划的赢利模式有可能成为没有基础的空中楼阁。

6.其他因素

在网站定位时,应当进行法律咨询,所定位和策划的网站要在国家法律、法规允许的范围内运营。

此外,还要特别注意知识产权问题。如果网站可能涉及这方面问题,在策划时就应准备好相应的解决方案(例如通过合作解决),否则将来可能会因为知识产权问题而付出代价。

还有一些因素也是可以考虑的,例如公司的关系资源、领导尤其是高层领导的性格和风格等。关系资源也是企业经营中的一项重要资源。

最后,一些细节也是要注意的。有时候关键的细节对网站的成功与否也起着不可忽视的作用。例如有的网站将网页载入的时间控制在3秒内,因为如果网页载入的时间太长(例如超过10—15秒)很多网民就会不耐烦。

上面讲了网站定位需要权衡的因素,这些因素是错综复杂的,但如果网站策划者能针对各个因素,在充分调研的基础上进行细致而全面的分析和权衡,还是能够给出一个最优的策划方案的。当然,在某些情况下,因为某些限制性因素,最优方案无法实现时,还可以得到可接受的、可行的次优方案。

三、网站定位的方法

对于不同类型、不同主体、不同用途的网站,其定位的方法也会有所不同。对于商业性网站来说,网站的定位主要有三种方法,即跟进式定位、竞争式定位、创新式定位。

1. 跟进式定位

跟进式定位是指,当计划进入一个已经相对成熟的市场时,后进入者可以以该市场中的领导者为榜样,一定程度上模仿其产品和服务,并设法使其主打产品和服务与自己的产品和服务相联系,通过领导者的品牌在消费者心中的认知度使自己的产品和服务快速为消费者所知晓,并以此快速打入市场。

跟进式定位可以概括为模仿,向行业领袖看齐。

这种定位生存的空间在于:行业领袖无法占领全部市场,通过模仿快速进入剩余的市场。

2. 竞争式定位

相对于跟进式定位,当计划进入的市场尚属初期、并不成熟时,可以采用竞争式定位。这时各竞争者都进入不久或即将进入,大家基本处于一条起跑线上,网站可以根据自己的定位策划,充分利用自己的资源和优势,扬长避短,努力使自己成为领跑者,从而获得竞争优势地位。

竞争式定位可以概括为对抗,努力成为行业领袖。

这种定位生存的空间在于:明确自己和竞争者的优势、劣势及市场状况,在市场中确立自己的位置,努力成为领跑者。

3. 创新式定位

比上面两种定位方式更进一步的是创新式定位。创新式定位就是通过仔细分析自身特点和市场状况,准确找到自己独特的竞争优势,这种独特性可以是资本、技术、人力、内容、服务等方面,同时这种独特的优势是其他网站无法或很难模仿的。由于这种定位进入的是竞争者尚未涉足的市场,因此这个网站会因为自己的创新而具有得天独厚的竞争优势,很有可能成为这个细分市场的领袖。

创新式定位可以概括为发掘独特优势,努力成为行业领袖。

当前,差异化、个性化的"另类"消费有崛起的趋势。深入把握这种趋势,并找到适应这一趋势的自己的独特优势,从而开辟新的市场,这就是创新式定位的生存之道。

在考虑网站的定位方式时,还需要考虑进入市场的时机。关于进入市场的时机,可以考虑如下因素。

首先,应当分析相关行业当前的商业周期。商业周期一般会经历繁荣、衰退、萧条和顶峰四个阶段。应当分析当相关市场的周期处于哪一个阶段时,进入市场最为有利。

其次,要分析当前市场的竞争激烈程度和饱和程度。过度竞争会出现激烈的价格战,其后果不言而喻。如果发生了这种情况,那么这个时间就不是进入市场最有利的时间。

再次,还要分析当前市场中是否出现了一家或几家独大,并且这一家或几家的市场份额还在增长。如果是这种情况,那么进入者将事倍功半。

上述关于网站定位的方法,也不是一成不变的。在网站的实际建设过程中,根据自身的特点与市场的状况,定位的方法和实施步骤也会做出相应的调整。这要在网站建设的实践中逐步积累和提高。

在互联网的各细分市场中,有很多成功的网站。对它们的定位的研究,有助于提高自己的水平。下面是几个商业网站的例子。

新浪:定位于服务中国及全球华人社群的网络媒体与增值资讯服务提供商,主打服务之一是网络新闻。

网易:利用互联网技术,加强人与人之间信息的交流与共享,用户主体定位于年轻人,主打服务是网络社区、网络游戏等。

淘宝、易趣等 C2C 网站:定位于 C2C 的电子商务网,用户主体是年轻人。

当当网等 B2C 网站:定位于 B2C 的电子商务网,用户主体是年轻人。

前程无忧、智联招聘、中华英才网等网络招聘网站:定位于网络人力资源服务,用户主体是年轻的求职者和用人单位。

四、网站定位策划的流程

1. 定位网站主题和名称

网站主题是指网站主要的内容题材。找到一个好的网站创意,网站就成功了一半。从某种意义上说,选创意就是选成功。对于新成立的网站来说,在定位主题时要特别注意宜小不宜大,精确的定位往往有利于网站的进一步发展。因为在不同的发展阶段,定位是可以变化的,如美国著名的社交网站 Facebook 原来是为美国部分著名高校的学生提供服务的社区,而后来则向社会开放。如果一开始就向社会开放,很难想象 Facebook 能够流行起来。

网站名称一般出现在网站首页左上角,起到区别网站的目的。在国外,网站名称与域名有时重合,在我国,因网站名称一般是中文,而域名较少使用汉字,故两者虽然可能存在对应关系,但许多时候并不完全重合。

名字起得好,优美、响亮,叫起来顺口,听起来好听,既有个性,又与时代潮流合拍,对于树立网站品牌形象,促进网站销售,有十分重要的作用。具体而言,网站取名的注意事项可归纳为以下几个方面。

(1)有意义。网名向目标市场传达了企业的某些性质,它对企业希望表达出来的形象起到支撑作用,比如慧聪网,大家一看就可以联想到它是个资讯类网站,能给人带来知识和智慧。

(2)令人难忘。好的网名往往与众不同,而且还要易于记忆、发音和拼写。它可以用来区分竞争对手,并有自己独特的个性。如百度网的网名含有"众里寻他千百度"的含义,令人印象深刻。

(3)面向未来。好的网站名称将企业定位于成长、变化和成功之上,它有着宽广的触角,可以让企业轻松地延伸品牌效应。

(4)简单易记。网站取名一般不要超过6个字,太长了不容易记忆,如果实在太长,最好有个简称,这样更加方便以后的品牌推广。在运营的过程中,要引导用户记住你的简称。

(5)可视性。网站名称可以很好地用创意的手段和多媒体表现出来。如搜狐网的代言形象就是一只可爱的小狐狸,与网名十分契合。

(6)可保护性。网名策划好后,可以被注册为商标,网名注册的范围可以包括文字、Logo、域名等。除了商标注册,还需要去申请经营性网站备案,这样就可以通过注册对网站名称进行有效保护。曾引起大家关注的阿里巴巴商标案,就足以说明应该引起注意,经营性网站备案和商标注册,至少要做一个。

2. 定位网站用户

定位网站用户是一个双向工作。在网站策划之初,策划者首先要设想网站用户形象以及特征,然后根据市场调查情况,对调查信息进行研究分析,最终调整用户定位。

此外,在定位时,我们还得注意到网站用户具有双重性,即除了直接用户外,以广告商为代表的间接用户群也属于网站用户范围。

具体而言,在进行用户定位时,应该注重从以下几方面考虑。

(1)目标用户统计学特征,如现有规模、成长潜力、年龄结构、教育状况、分布情况、薪酬水平、上网时间等。

(2)目标用户态度与行为特征,如网络使用频率、信息需求、品牌忠诚度、信息获取渠道等。

(3)目标用户生活习惯与价值体系,如是否愿意尝试新事物、追求何种风格的生活方式、价值观是否多元、开放等。

3. 定位网站功能

定位网站功能,既可以从企业角度出发,也可以从用户角度出发。一般来说,可以分为主观功能与客观功能。

(1)主观功能,指从策划者角度希望网站达到的功能。如窗口展示功能、渠道营销功能、交流平台功能等。

(2)客观功能,指网站作为一个产品和服务的集合体,对目标用户的意义和作用。如信息传播功能、学习功能、咨询交流功能等。

4. 定位网站市场

定位网站的市场,主要就是回答三个基本问题:你的产品和服务是什么?与竞争对手相比,你的产品和服务的特色是什么?如何把自己产品和服务推荐给客户?

市场是网站生存的根本,网站能否在市场中站住脚跟并实现可持续发展,都建立在具体的市场环境,以及我们对这一环境的把握能力。

5. 其他内容

此外,还可以针对网站推广活动及主题策划、网站运营团队组建与管理等内容进行策划,以进一步丰富网站策略的内容。

【案例 1-1】世界商人网改版策划方案[①]

一、网站名称与域名

网站名称:世界商人网。域名:www.globalsaler.com。

二、网站定位

世界商人网是为商业会员提供产品销售整合服务的搜索贸易类 B2B 信息网站。所有的信息、产品、leaders、公司,只需要简单输入搜索,即可完成你要找的结果。通过搜索关键词等形式查找商品,形成在线服务交易流程。

三、网站市场背景分析

1.服务类型与模式特点

(1)服务类型。

服务类型划分为搜索引擎类服务、产品销售服务、技术保障服务、增值保值服务等;globalsaler.com 提供完备的模板与系统,有利于根据各级客户的服务需要而开发。

(2)模式特点。

以免费服务模式逐渐向收费服务模式过渡,最终以收费服务模式为主要运营与销售模式。

2.客户群体分析

客户分类:免费会员、银牌会员、金牌会员。

3.同类服务市场细化与汇总

同类服务市场细分图以及市场情况分析表(略),详细地展示同类服务市场细化情况与特色。

四、网站收支财务分析

根据规划网站的设置与构建制定粗略的财务分析表与规划表,便于网站公司做出针对性实施计划。

1.收益点分析

说明:此分析集中探索网站的收益方向与详细具体的收益计划,并且根据网站发展的形式需要,调整收益计划等。

(1)会员增值服务。

①银牌会员服务收费计划。

②金牌会员服务收费计划。

③会员个性化页面定制服务收费计划。

④独立域名服务代理注册收费计划。

(2)产品排名增值服务。

产品排名增值服务具体是会员提升产品在 globalsaler.com 的排名,除网站提供的"增加活跃度、诚信资料等"方式之外,还可以通过购买排名服务(关键词等)的方式,增加产品的排名服务。

(3)企业广告收益。

globalsaler.com 网站的世界排名靠前、访问量增加后,可以根据适当需要投放部

[①] 《世界商人网改版策划方案》,http://img2.vikecn.comTask2008-8/16/8240751_8701.doc。

分企业广告。如果有会员在网站上宣传自己的产品,网站制定"广告区域服务计划",通过包月、包周的方式制定收费标准等。

(4)其他服务收益项目。

globalsaler.com 网站后期可以建设"在线交易频道"、"商业直播频道"、"红利分销渠道"等多种渠道方式来增加网站的收益项目。

2.财务支出

(1)网站硬件设备支出,包括服务器、域名、空间等。

(2)网站程序设计支出以及测试期费用。

(3)网站员工开销与运营团队业务支出。

(4)网站推广活动支出。

(5)网站风险基金支出。

(6)网站安全维护、更新支出等。

(7)网站营销费用支出。

3.网站增值保值计划

(1)"即时通讯"软件增值计划。

(2)网站流通渠道增值计划。

(3)网站代销增值计划。

五、网站页面设计与技术实施

1.网站设计平面图(略)

2.网站整页设计平面图(略)

3.页面设计效果说明

页面底色搭配合理,颜色适合网站的性质需要;Logo 设计大方、突出;带有强有力的色彩等。

4.网站设计语言与程序

asp/asp.net 程序语言;后台设置采用 jsp、asp.net 是编译性语言。

5.空间、维护及测试管理

(1)空间。

国内著名的机房与服务器;保持 24 小时服务通畅。

(2)维护。

公司拥有专业的技术团队维护,保证图片、文字以及页面访问的流畅性。

(3)测试管理。

较为专业的测试管理措施,运营先进的网络程序制作,及时防护网站的安全计划等。

六、网站运营市场策略与计划安排

1.市场策略陈述

核心服务为主,次要服务为辅的链条性市场策略方式,采用"原子核能"效益推广网站。

2.核心策略

银牌会员与金牌会员服务核心推广,其他服务流程计划性与目的性开展跟踪。

3.各阶段策略整合

(1)网站测试期,试运营策略。

(2)网站推广初期,会员奖励计划。

(3)网站发展成熟期,会员发展计划。

(4)网站稳定期,各收益项目发展计划。

七、网站推广活动及主题策划

1.积分活动事宜

(1)积分目的与方式。

(2)积分意义与效果。

(3)积分活动过程。

2.广告宣传活动事宜

(1)搜索引擎优化。

(2)百度竞价广告。

(3)多功能广告服务。

3.其他宣传事宜

可采用的有效性推广策略与方法。

4.主题活动策划

(1)节日赠送活动。

(2)收费会员奖励促销活动。

(3)广告联盟推广活动。

八、网站实用性运营方法

1.网络推广精要

2.传媒推广精要

九、网站运营团队组建与管理

1.运营团队机构设置

团队机构可以设置为:业务部、技术部、策划部、客户部等。

2.团队规章制度

见《网络公司员工管理规章制度》。

3.业务奖励计划及分配策略

见《网络公司员工业务分红计划》以及《员工待遇计划》等。

十、网站风险计划实施方法

1.风险预案策略

风险投资预案是根据网站在风险期设定的初步可控性预案,核心是针对网站在风险性来临的情况下,有效地开展风险抵抗能力以及资金储备能力。风险预案策略有利于调整网站紧张局面中出现的应急策略,更好地维护网站的发展。

2.投资与运用(略)

十一、网站运营效果评估与诊断

制作网站运营效果评估诊断表以及财务分析表等

十二、网站各级客户分类营销

1.一般客户营销(略)

2.金牌客户营销(略)

十三、网站运营长期规划

1.短期规划(略)

2.长期规划(略)

十四、项目实施注意事项

【解析】

为一个即将创建的网站制订定位方案,可以从以下几个方面考虑:(1)调研当前同类网站情况,分析该类网站整体发展背景;(2)进行市场分析,重点分析互联网市场状况、市场趋势及市场机会;(3)结合网站自身资源和所处环境,进行SWOT分析;(4)进行竞争分析,其一确定有无行业垄断,其二从市场细分看竞争者市场份额,其三确定主要竞争对手;(5)根据网站的自身优势和劣势,确定定位策略;(6)为网站确立品牌建设思路和推广方案;(7)根据网站发展需要,制定投融资策略。

实训练习

1.某大学出版社主要以出版经、管、文、法、外语类高校教材和学术专著为主,出版社准备改版现有网站中信息展示的方式,同时增加书评等网站互动交流内容和电子商务功能,请运用网站定位原则和方法,分析该网站定位细节,形成一份网站改版的定位策划书。

2.某机构想新建一个婚恋网站,请结合现有婚恋网站建设情况,运用网站定位原则和方法,形成一份婚恋网站定位策划书。

第二章

网站频道与栏目策划

▶ 本章重点

1. 频道与栏目概念
2. 频道与栏目类型
3. 频道与栏目布局
4. 频道与栏目策划流程
5. 频道与栏目策划方案

▶ 学习目标

1. 了解频道与栏目的概念区别
2. 掌握频道与栏目分类标准
3. 了解频道与栏目布局
4. 掌握频道与栏目策划流程
5. 能根据具体频道和栏目情况,撰写策划方案

一个网站往往可以分为若干个频道,而频道下又可以划分为若干个栏目,栏目还可以划分为若干个子栏目。可见,频道和栏目是网站的重要组成元素。相应地,网站频道策划和栏目策划在网站策划中也占有重要地位。本章将具体对频道和栏目的概念、定位、策划原则、策划流程以及策划方案撰写进行具体介绍。

第一节　频道与栏目概述

网站将信息按照不同级次分类摆放,由此演变出了频道和栏目。所谓频道,一般是指拥有独立域名,并将相同属性或相同题材的信息汇集在一起形成的报道平台。而将频道中的信息进一步细化分类,以方便浏览和阅读,就产生了栏目。可以说,栏目就是频道中的子类别,相应地,栏目的网址一般附属于频道网址之下。

图 2-1　新浪网导航地图

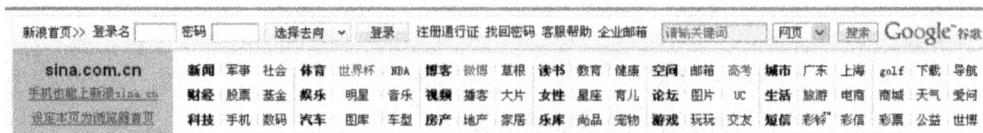

图 2-2　新浪网新闻中心首页导航条

图 2-3　新浪网国内新闻首页导航条

图 2-1 至图 2-3 给出了新浪网新闻频道和国内新闻栏目的例子，其中，新浪网新闻中心为网站频道，新浪国内新闻为网站栏目。从中可以直观地看到频道和栏目在域名和内容上的区别。

频道和栏目使得网站内容编排得更加有序、更加有条理，给人以整齐、专业的感觉。但频道和栏目设立后并非一成不变，它们可以根据受众的需求变化、网站的定位调整而不断变化，受欢迎的栏目可以在流量加大的情况下升级成频道，而不受欢迎的频道也可以在流量减少的情况下降格为栏目，甚至最终消亡。

频道和栏目在级别上的改变一般可以体现为以下三方面变化：内容、形式、功能。其中，内容方面的变化一般指内容设置的调整、侧重点的变更等；形式方面的变化一般指版式设计、版面位置、色彩方案等方面的变化；功能方面的变化一般指服务和交互手段的改变，比如网站和人的交互方式的变化。

频道、栏目的策划与建设和网站的建设息息相关。设计优良、深受受众欢迎的频道和栏目能为网站带来可观的流量，定位不清晰、内容毫无特色的栏目反而会引发受众的反感。因此，频道和栏目策划是网站选择赢利模式、挖掘潜在赢利模式的基础。

第二节　频道与栏目类型

频道和栏目设立的本质是以各种分类依据推荐产品的一种营销手段。与传统分类法不同的是，网络信息分类标准是多种多样的。也就是说，不是按某一种标准把所有的信息统一进行分类，而是综合各种标准设立的。具体来说，有如下几种分类标准。

一、以内容的性质为标准进行分类

这是网站的频道或栏目最常采用的划分标准。大多数网站的新闻频道都是根据新闻内容归属的范围分类，划分子新闻栏目。常见栏目有以下几种。

1. 时政新闻

一般与国家政治生活有关的新闻事件都可以放入此类。有些事件虽然可能发生在专门领域（如经济等），但是它们具有重要的政治或社会影响，也可以放入此类。

2. 国内新闻

发生在中国国内的新闻。为了和其他频道区别，一般全国性的新闻，会放入国内新闻，而某一领域的国内新闻会放入相应的新闻类别中。此外，发生在国外的新闻事件中，主要人物为中国人，也可以作为国内新闻处理。如我国国家领导人出访，一般可放入时政新闻或国内新闻头条中。

3. 国际新闻

发生在中国以外的新闻，如国际战争、各类动态、外交活动、国际人物等。

4. 法制新闻

发生在法制领域的新闻，如案件侦破、案件审理、法律纠纷等。但有些重大案件的影响主要在政治领域的，也可以放入时政新闻。

5. 经济新闻

发生在经济领域的新闻或对经济产生直接影响的新闻。如经济环境变化、企业动态等。

6. 科技新闻

发生在科技领域的新闻，如科技成果、科技人员、科技活动等。有些行业因为与科技结合较紧密，也可以放入科技新闻，如IT、通讯等。

7. 教育新闻

发生在教育领域的新闻，如教育政策变化、学校动态、重要考试、教师活动等。

8. 文化新闻

发生在文化界或与文化相关的新闻。音乐、美术、文学、文艺、读书、历史、文化保护、民俗等领域相关内容都可以列入此类。

9. 体育新闻

发生在体育界或与体育相关的新闻,如各类运动会、体育活动、运动员动态等。

10. 娱乐新闻

发生在娱乐界以及与休闲娱乐有关的新闻,如演艺活动、明星动态、最新娱乐活动等。

11. 社会新闻

发生在普通百姓身边的社会百态和家长里短。除此以外,不少网站还把奇闻轶事、天灾人祸也放入这类新闻之列。

二、以地域为标准进行分类

这也是一种常见的分类方法。很多网站都有地方新闻或地方频道。根据地域进行分类后,对应的频道或栏目中的文章通常有两类。一是稿件来源于地方。如新华网的各个地方频道,大都是由地方媒体或地方频道记者提供的稿件。二是稿件中涉及的事件发生在特定地域。如千龙网的"北京新闻"就是北京地区发生的新闻的集纳。

三、以信息的形式为标准进行分类

一个网站所采用的信息,除了文字类外,还涉及图片、图表、动画、音频、视频等,所以有时网站的频道或栏目策划是以信息形式为指标来进行分类的。

四、以文字稿件的体裁为标准进行分类

文字稿件也有不同的体裁。例如,文字类新闻稿分为消息、通讯、评论等不同种类,有时网站也会以此为标准进行分类。通常,评论/言论类的稿件被单独列为一个栏目甚至更多个栏目的可能性较大,而消息、通讯等则直接归到时政新闻、经济新闻这类栏目中。

五、以稿件的来源为标准进行分类

一些网站还会按照稿件的来源划分频道或栏目。为了强调网站原创性栏目,网站会将独创的内容作为频道或栏目列出来,如"搜狐网论"、"新华图片"等。

六、以稿件的时效性为标准进行分类

一些网站为了体现信息发布的时效性,会为时效性很强的内容设置专门的频道或栏目,如"最新新闻"、"滚动新闻"等。

七、以稿件的重要程度为标准进行分类

为了突出重要稿件,会设置相关栏目,如"要闻"。在"要闻"中的稿件,通常也会出现在它所属领域的栏目中。

八、以经营内容为标准进行分类

这一分类标准多适用于分类经营频道或栏目。顾名思义,经营频道或栏目就是与网站赢利和周边服务有关的一些项目,如交友、彩信、彩铃、商城、下载等。

九、以业务工作为标准进行分类

这一分类标准适用于政府网站或企业网站,如政府网站中的"政务公开"、"投资指南"、"服务导航"、"公众互动"、"领导信箱"等栏目,学校网站中的"党建园地"、"教育教学"、"科学研究"、"招生就业"、"合作交流"等栏目。

上述各种分类标准,在一个网站进行频道与栏目的规划中,可能会同时使用。正因为此,网络信息分类一般具有多元交叉的特征。但有时不同标准下划分的频道和栏目放在一起,还是会让人觉得无所适从。如图2-4所示,红网政务频道将"质量"栏目与"汽车"、"旅游"等栏目放在一起,让人很难理解"质量"栏目的内容。而将"教育"与"小说"栏目并列在一起,也让人觉得级次不一,很不均衡。因此,网站在设计信息分类体系时,尤其是首页导航条时,应综合考虑各种因素,尽量保持分类系统的合理性与规范性。

图 2-4　红网政务频道导航条

第三节　频道与栏目布局

从上节中,我们可以发现,频道和栏目的布局对有效传递网站信息有极为重要的作用。一般来说,统一分类标准下的频道和栏目放在一起,可以在范围上相互补充,不仅容易让人快速理解,还会给人均衡、顺畅的感觉;反之,将不同分类标准的频道和栏目放在一起,则不易让人快速了解内容,甚至会产生怪异的感觉。

那么,为何目前大部分网站中都存在频道、栏目的布局问题呢?首先,大部分网站对导航条设置的认识还未达到一定的高度,在频道栏目分类、频道栏目命名、频道栏目布局上花的时间精力还比较少;其次,即使对导航条重要性有足够认识,但为了能将热门频道或栏目在网站醒目位置上加以展示,只能放弃布局规范;最后,部分网站对本站自身情况了解不够,对网站应该突出的重点信息和服务了解不够,也影响了网站频道和栏目的合理布局。

那么,如果需要突出网站的某一频道或栏目应该如何处理呢?以新闻频道为例,目前新闻网站导航区域的布局与架构,存在着两种基本的类型[①],具体如下。

---

①　紫竹:《重新审视新闻网站建设与发展过程中的几个理念问题》,http://media.people.com.cn/GB/22100/61748/61749/4282030.html。

一、频道制架构

所谓频道制架构,是指在导航区域把新闻频道与其他综合资讯类频道等量齐观,新闻频道在频道入口上与其他频道处于同等的地位。

例如,网易有20多个频道,由于它采用了频道制架构,其新闻频道尽管排在第一个,但从版面上看,它只占导航栏的1/20不到,如图2-5所示。

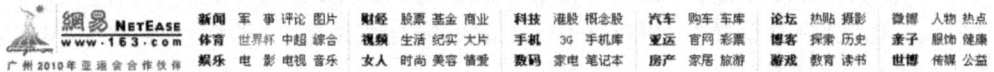

图2-5　网易首页导航条

这一布局方法虽然也比较均衡,但没有有效地突出新闻频道在首页上的地位,用户看不出新闻频道比财经、体育、娱乐、IT、科技等众多综合资讯类频道更为重要。对于新闻网站而言,频道制导航条存在较大的缺陷。

二、板块制架构

所谓板块制架构,是指在导航区域把新闻频道与其他综合资讯类频道明显区分,以板块的概念凸显新闻频道的重要性。

例如中国江苏网2004年4月新改版的首页就采用了板块制,如图2-6所示。它的导航区域设有"新闻"、"资讯"、"服务"和"地方"四大板块,马上就把新闻频道从原来在导航区域内只占十几分之一的地位提高到了四分之一的地位。在这种板块制架构里,新闻频道里的一级栏目,如"时政"、"南京"、"经济"、"科教"、"社会"等栏目,原来的地位是低于资讯类众多频道的地位的,在首页上看不见,现在却与它们"平起平坐",可以从首页一步点入。

图2-6　中国江苏网首页导航条

这两种导航布局,显然,板块制更能突出新闻频道的新闻内容及其资源优势。频道和栏目的布局问题看起来只是一个页面形式设计问题,实际却是关系到网站的内容重点能否得到战略性体现的重要工作。

第四节　频道与栏目策划

现在的网站,尤其是大型、综合性网站,其内容有不断细分的趋势,相应地,频道和栏目的数量也有不断增多的趋势。我们在进行频道和栏目的策划时,一定要按照一定的步骤和流程科学地进行。

一、频道与栏目的定位

与网站策划一样,频道和栏目的策划也需要进行定位。频道和栏目的定位原则和需要考虑的因素与网站定位相似,但后者的定位更要特别关注几个方面:所依托的市场环境、发展思路和策略、产品反馈。

1. 频道与栏目所依托的市场环境

这一环节主要是要认真研究即将推出产品的总体市场容量、目标受众需求,分析竞争对手的内容特点和商业模式,总结自身的优势和劣势,为制定自身发展思路打下基础。

2. 频道与栏目的发展思路

在明确市场情况以及自身优劣势的情况下,确定频道与栏目要实现的短期目标和长期目标,并据此确定不同阶段产品的内容、形式和运作模式。

3. 频道与栏目的产品反馈

在产品测试和试运营阶段,通过市场调研,及时收集反馈信息,将结果修改到产品发展思路和发展方向中。

二、频道与栏目的策划流程

在完成网站频道与栏目的定位后,需要对其进行策划。一般来说,频道与栏目策划主要要经历如下阶段。

1. 确立频道与栏目的内容框架

根据频道与栏目的分类标准,搭建频道与栏目的框架,确定每一个细类的名称和对应的归类信息。

2. 确定频道与栏目的页面布局

频道与栏目是否在首页出现,在首页什么位置出现,在其他页什么位置出现,出现的类目要达到几级,如何处理与现有频道、栏目的关系,这些问题都需要在页面布局中解决。

3. 页面设计

根据频道与栏目的布局原则,使用相应的页面设计软件精心设计其版面。版面设计包括页面布局、色彩搭配、文字的字体和大小、内容区域、多媒体区域等。

4. 更新与维护部署

频道与栏目的更新频率、更新时间段、每次更新的数量都需要在这一环节解决。

5. 内容推广

采用何种方法推广、推广的时间表如何确定、是否有合作推广媒体、如何合作等,都需要在这一环节考虑。

三、策划方案撰写

频道与栏目策划方案有多种模板,但一般包括如下基本项目。

1. 项目背景

主要介绍新的频道与栏目筹建的背景,对市场需求、受众规模、商业价值进行分析。

2. 市场环境

着重分析受众群体的规模和特点、竞争对手优劣势、自身优劣势。

3. 目标与定位

确定频道与栏目要实现的短期目标、长期目标及其定位。

4. 产品内容

制作频道与栏目结构图,对各个频道和栏目进行详细介绍。

5. 网页设计

确定不同级别页面的风格、版式、色彩方案等。

6. 技术解决方案

写明频道建设所需要的技术、硬软件需求等,方便工程师做好项目衔接。

7. 推广计划

确定合作媒体、合作的方式、合作进度表等。

8. 运作经费预算

预算经费时,要把各方面成本包括人力成本、差旅费、设备使用费、版式设计费、专家论证费、其他支出等各项收入尽可能考虑到,以方便财务人员审核。

9. 人员、部门分工情况

尽可能将可能涉及的部门、人员写明确,便于整体协调和安排,以确保项目实施时所有人员能到位。

策划书最重要的是要经过决策机构的审阅,可能会有一些细节问题或专业问题未能考虑周全,作为策划者要及时根据各部门的反馈意见,对策划书进行修改和完善。

四、策划方案实施

完成了新的频道与栏目的策划,就可以按计划和进度实施新的频道与栏目的建设了。无论策划方案多么完美,都要在实施过程中一步步实现,所以方案的实施非常重要。在实施中,需要注意一些重要事项。

1. 确保良好的沟通

策划人员要与负责实施的项目开发组、测试组沟通好,确保开发人员和测试人员正确、充分地理解策划方案;由于编辑人员是新的频道与栏目的最终使用者,所以编辑也要和开发人员做好沟通,确保好用、易用、维护方便。

2. 控制好进度

实施时,要按计划控制好进度。在项目实施的整个阶段,要平衡好工作量,避免出现前松后紧、赶进度等情况的发生,这会给实施质量带来不良影响。每当到达关键节点时,都要做好检查和测试,保证节点前一期工作的质量。

3. 做好测试

在实施的各个阶段,测试工程师要做好测试工作,要及时通知开发工程师解决系统漏洞;当项目完工后,还要做好整体测试工作。编辑人员也要测试网页是否好用、易用,速度是否满意等。

【案例 2-1】宠物频道策划方案[①]

一、宠物频道最终实现目标

成为网络中最大的宠物饰品、食品和宠物交易的销售网站。

二、宠物网络市场现有状况

目前,宠物市场生意火暴,其中比较完善的有以下几家。

1. 销售类

www. petmall. com. cn

www. petglobal. net/imall/index. php3

www. pet2002. com

www. hellopet. com. cn/chaoshi/index. shtml

www. jlpet. com

www. chinapet. net

www. rich88. net/8shopwd. php? wdid＝780712（深圳一家比较知名网站）

2. 资讯类

www. 99pet. com

www. pethk. com/main. php

www. shanghaipet. org/shanghai/index. asp

www. petism. net

从排名上看,资讯类远远高于销售类,点击量的多少直接影响着网络销售的多少。

三、宠物频道整体规划

1. 定位

宠物频道定位成销售和资讯相结合的综合频道。单纯的销售不足以吸引宠物爱好者的目光,很难在短时间内提高频道点击率。必须要做到:

（1）在频道中开设宠物论坛,给大家交流的机会,能迅速网罗一批忠实客户。

（2）频道首页开设宠物新闻,提供最新资讯;开设宠物知识栏目,主要针对宠物美容、驯养、医疗保健。这样能提高网站知名度。

（3）产品销售的同时,要考虑销售手段,简单的低价促销,已成了网络销售的过时策略,要配合资讯中的美容、驯养、保健进行销售,例如:提出一种宠物的美容方法,就相应地提供所用的工具,结合资讯进行销售,力争营造出让顾客有要做到推荐的方法必须购买我们推荐的商品的感觉。

---

① 《宠物频道策划方案》,http://sns. fjsen. com/space. php? uid＝674666&do＝thread&id＝141。

2.分类

频道分类要以宠物饰品、食品为主,以宠物资讯为辅,宠物销售为次。

(1)宠物饰品、食品分类

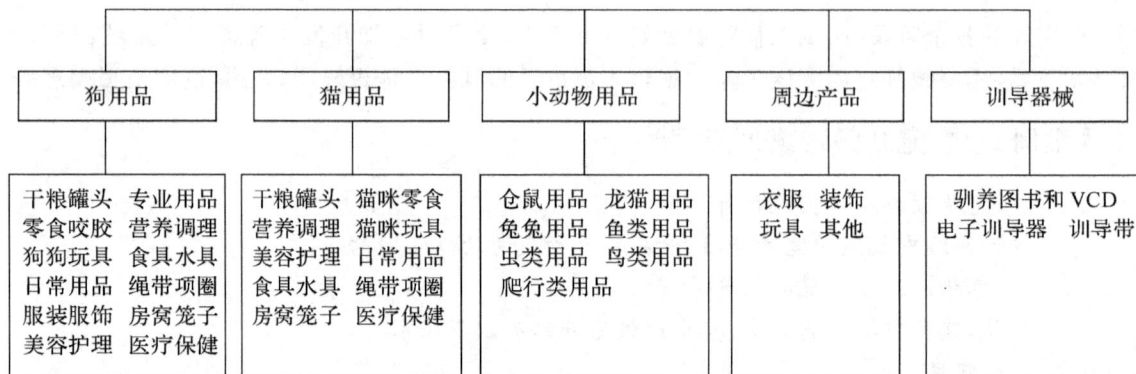

狗用品	猫用品	小动物用品	周边产品	训导器械
干粮罐头　专业用品 零食咬胶　营养调理 狗狗玩具　食具水具 日常用品　绳带项圈 服装服饰　房窝笼子 美容护理　医疗保健	干粮罐头　猫咪零食 营养调理　猫咪玩具 美容护理　日常用品 食具水具　绳带项圈 房窝笼子　医疗保健	仓鼠用品　龙猫用品 兔兔用品　鱼类用品 虫类用品　鸟类用品 爬行类用品	衣服　装饰 玩具　其他	驯养图书和 VCD 电子训导器　训导带

(2)宠物资讯分类

宠物新闻	专题报道	美容常识	医疗保健	爱宠论坛	爱宠影展

3.商品选择

针对这种比较专业的频道,食品种类要避免大而全,要做到少而精,主力推广知名品牌。理想合作结果:能与厂家建立良好的合作关系,开设不同品牌的网络会员,提供线下没有的会员优惠服务。

饰品种类刚好相反,必须做到大而全,这类商品销售的随机性很大,因此商品必须涉及面广、品类丰富,才能迅速产生销量。

4.实施策略

(1)前期销售策略。

①价格战。与同行业网站进行比较,列出商品最低价格,刺激顾客购买。

劣势:由于价格降低,利润势必减少。

优势:能迅速打开销路。价格战的最终目的,就是以量取胜,在拥有销量的同时,可以直接与厂家建立合作关系,得到厂家的各种促销支持。

②捆绑销售。把相关产品进行组合销售。例如,针对狗类,狗狗服装＋绳带＋项圈＋房窝＝一种特价狗粮＋营养品＋狗咬胶＋食具水具＝一种特价。这种方案在于,要每周推出不同的捆绑模式,轮换进行特价销售,要给顾客每周的新鲜感。

优势:能带动不同品类商品的销售。

③配合资讯销售。提供不同的宠物美容、保健、驯养策略,结合策略组织相应产品进行促销。例如狗狗美容××方案。

介绍方案时,侧重点放在如何使工具达到效果,然后结合方案推广产品。

优势:宠物的美容、驯养一直是最热门的话题,也是宠物饲养者花费精力和金钱最多的,选择最好的真实的方案,是达到销售目标的最好途径。

(2)前期合作策略。

①供货商方面,选择知名品牌,例如皇家、宝路、伟嘉、喜悦、来福、雀巢普瑞纳。合

作目的：得到厂家的各类活动支持。

②宠物服务方面，选择比较正规的机构合作，免费将其推荐给顾客，为他们在网上树立公司的良好形象，拓展他们的销售范围。合作目的：享有相应的折扣，并能得到专家资源和专业信息资源。

③宠物交易方面，前期要采取外包合作或者提供平台销售，严格审核合作方的合法性。同时要侧重和一些知名机构合作，例如宠物收容所。合作目的：外包或提供平台，能为频道带来利润。与知名机构合作能整体提升网站形象和信誉度。好的口碑是网络忠实顾客的最好武器。

5.前期最终目标

一是达成与知名品牌，如皇家、宝路、伟嘉、喜悦、来福或者雀巢普瑞纳中任意1—2家厂商合作，能获得线上活动的厂商支持。

二是与较大的宠物美容院、宠物医院有相当稳定的合作关系，享有比较好的折扣，并能利用对方的专业信息和专家资源。

三是在宠物交易方面，应该侧重针对宠物收容所，因为与这类机构合作，能树立良好网站的整体形象，好的口碑最能赢得顾客的信赖和支持。

6.后期赢利方式

(1)会员服务。国外专业机构统计，养一条狗一生花费的资金相当于一辆奔驰的价格。由此看出，宠物行业最有利润的不是消耗品而是服务。所以，开展综合会员服务，势在必行。

(2)实施策略。在前期能达成与皇家、宝路、伟嘉、喜悦、来福或者雀巢等知名品牌中任意两家厂商合作的前提下，联合1—2家大型宠物医院、美容院，共同推出E国宠物会员俱乐部，收取会员费，提供服务如下。

①定期为会员宠物进行体检、美容、各种特训等，并享有一定折扣。

②组织"狗友"、"猫友"进行各类活动，例如开春"狗友"春游、狗狗婚姻所。

③开办"×××宠物明星"在线评比活动，由厂家提供奖品或提供免费美容、体检。

④提供节日宠物托管，并享有一定折扣。

⑤提供免费的专家咨询。

⑥购买宠物用品享有折扣，并附有赠品(赠品由厂家提供，会员能买到比一般赠送更超值的赠品，例如：一般顾客买二赠一，会员则买一赠一)。

此时，销售产品就成了会员服务中的一项。

四、宠物频道需求

1.频道设计要求

宠物频道要求做成资讯和销售综合的页面，整体有别于现有的所有部类页面。具体要求为：有资讯、论坛、服务板块；前期以资讯、论坛为吸引点，能配合上述促销活动；论坛功能全面。

2.频道人员配置要求

要求增加一个助理，协助做基础工作。后期运营需要2—3人，分别负责频道编辑、商品维护、商务开发。

【解析】

为一个即将创建的频道/栏目制订方案,可以从以下几个方面考虑:(1)调研当前同类频道/栏目的情况,分析该类频道/栏目的整体发展背景;(2)进行市场分析,重点分析所策划频道/栏目的市场状况、市场趋势及市场机会;(3)结合网站自身资源和所处环境,进行 SWOT 分析;(4)进行竞争分析,其一确定有无行业垄断,其二从市场细分看竞争者市场份额,其三确定主要竞争对手;(5)根据网站的自身优势和劣势,确定该频道/栏目定位策略;(6)为频道/栏目确立品牌建设思路和推广方案;(7)根据频道/栏目发展需要,制订经费预算和分工方案。

实训练习

1.任选三个新闻网站,对其新闻频道进行分析和对比,指出它们各自的优点和缺点,并提出改进方案。

2.浙江在线想新增一个休闲娱乐频道,要求该频道需具备浙江特色,有较大的市场发展潜力,并能整合网站其他频道资源。请运用频道策划相关知识,提交该频道策划书(至少需包括市场定位、频道定位、栏目划分、栏目结构图、栏目说明等内容)。

第三章

网络专题策划

本章重点

1. 网络专题定义
2. 网络专题发展历程
3. 网络专题特性
4. 网络专题类型
5. 网络专题的作用和效果
6. 网络专题内容策划
7. 网络专题形式策划

学习目标

1. 熟悉网络专题的概念、特点和类别
2. 理解网络专题编辑思想
3. 掌握网络专题策划流程
4. 能根据具体专题情况,撰写策划方案

网络专题是伴随着网络媒体的发展和网络信息服务业务的渐趋成熟而兴起的。由于网络专题具有跨时空、超文本、多媒体、容量巨大、互动传播、影响力强等优势,目前它已成为各个网络媒体进行新闻报道和引导舆论的"重型武器",成为它们提高访问量和增强自身影响力的重要手段。

由于网络专题发源于新闻领域,且在新闻领域应用最为广泛、成熟,因此本章的介绍多侧重于网络新闻专题。

第一节　网络专题概述

一、网络专题定义

20 世纪 90 年代末,专题开始较多地出现在新闻网站上,之后逐渐被多数网站采用。由于发展的时期较短,目前对于网络新闻专题并没有一个统一的定义。综观各家学者对网络新闻专题定义的研究,主要可以分成以下几个角度。

1. 从专题涉及的选题角度定义

这种定义认为:"网络新闻专题是以'集装箱'的方式,对社会政治、军事、经济、文化等方面的某一主题或某一事件进行快速、立体扫描与透视的一种新的新闻表现样式。"[①]

2. 从专题的表现形式定义

这种定义认为,"网络新闻专题是以集纳的方式围绕某个重大的新闻事件或事实,在一定的时间跨度内,运用新闻的各种题材及背景材料,调用文字、图片、声音、视频、图像等多种表现形式进行连续的、全方位的、深入的报道和展示新闻主题前因后果来龙去脉的新闻报道样式"[②]。

3. 从专题的作用和效果角度定义

这种定义认为,"网络新闻专题是指基于网络技术支持,综合运用多种表现手段,展现某个特定主题或事件的一组相关新闻信息的总汇,它旨在通过对现有新闻资源进行深度开发,挖掘出事件背后的真相与联系。这种整合式的新闻报道样式充分利用了网络媒体的各种优势,除集声、像、图、文于一体展现现代社会的多元思维外,还同时具备信息传播的高度适时性、参与性和互动性,容易形成传播强势,是一种行之有效的新闻传播手段"[③]。

这些定义分别从不同的角度出发,对网络新闻专题进行了分析。虽然表述方式有所不同,但以下因素是它们共有的内容:网络新闻专题主要是针对特定主题或者事件所做;网络新闻专题需要综合运用多种表现手段表现信息;网络新闻专题是一种行之有效的网络信息组织和传播方式。

二、网络专题的产生和发展

1. 网络专题的起源

由于时效性的关系,网络新闻最初仅是按照时间顺序简单排列。随着时间的推移,网络编辑逐渐发现相同主题的单条网络新闻可以组成专栏进行发布,网络专题的雏形也随之出现。

网络专题的最初形态可以称之为专题栏目。这种栏目只是简单聚合相同主题的网络新闻,访问者点击栏目链接时,展现在屏幕上的通常是多条新闻标题的列表。和单纯按照时间顺序排列的新闻不同,这种专题栏目首先有一个共同的主题,但主题之下的各文章之间并没有区别,基本上还是按照时间顺序排列。后来,网络编辑又发现,网络专题栏目这种形式还可以针对其中点击率较高的新闻再加以细化编辑。在这一思路下,专题栏目开始发展成为网站频道的下一级栏目,而其中的热点文章则开始形成一种专题报道的形式,并逐步形成了一则以重头网络新闻为主,辅以背景资料、相关报道作为链接的报道方式。

2. 网络专题的发展初期

从1999年开始,以澳门回归事件报道为代表的网络专题报道方式开始将网络专题这一形式带入了公众的眼帘。也是在这一时期,网络专题开始以一种独立的网络新闻组织方式出现在网民眼前。

---

① 季桂林:《网络新闻专题探析》,《军事记者》2001年第3期,第20页。

② 廖卫民、赵民:《互联网媒体与网络新闻业务》,复旦大学出版社2001年版,第345页。

③ 蒋晓丽:《网络新闻编辑学》,高等教育出版社2004年版,第236页。

总的来说,这个阶段的网络专题的质量还不高,大多是新闻信息的简单堆积。其主要表现在两个方面:首先,在内容上缺少对具体事件的分析报道或综述,即使有也大多转载自传统媒体,广度有余,深度不足,内容整体水平低;其次,在形式上主要通过图片和文字来表现信息,虽然超链接技术的使用可以使专题中图片和文字的数量超过纸质媒体,但是这种单一的表现形式使得网络新闻专题更像是传统报刊的电子版本,而未能体现出网络媒体多元、互动的特点。

例如图 3-1 展示的"古巴男孩监护权之争"专题,由新浪网在 2000 年 1 月 19 日推出。从图中可以发现,该专题只是把所有的相关新闻信息由新到旧逐一罗列起来,图片数量较少,更没有音频或视频方面的信息,整个版面看上去比较简单。

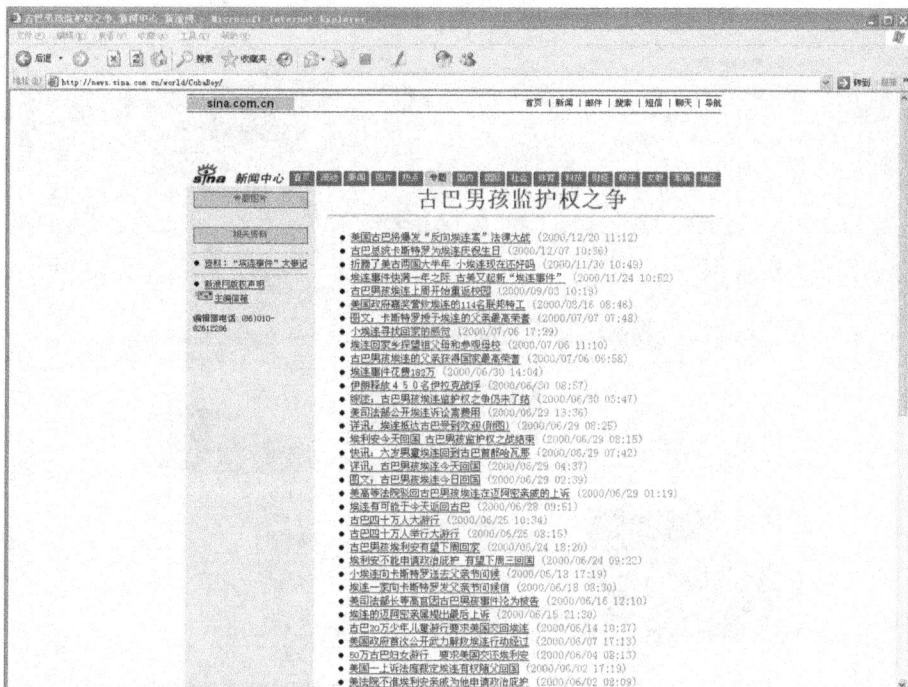

图 3-1 "古巴男孩监护权之争"专题页面

通过对该专题的新闻稿总量、视频报道、图片资料、综述和评论、背景资料等数据的统计(见表 3-1),我们发现这个专题整体信息量较少,更像是一个积累新闻稿的资料库,缺少进一步的整理和分析,或从方便网民角度对它们进行归类。

表 3-1 "古巴男孩监护权之争"专题资料数据统计表

专题名	新闻稿总量	视频报道	图片	综述和评论	资料或背景	起始时间
古巴男孩监护权之争	104 条	0	11 张	3 篇	1 条	2000 年 1 月

3. 网络专题的发展成熟期

随着网络专题的进一步发展,网络编辑又发现,像资料库这样的简单专题已经不能适应访问者的需求,因此,他们开始谋求一种更好的专题组织方式,网络专题开始呈现出一种多元化深度报道的态势。在这一阶段,网络新闻专题在内容上不再是信息的简单堆积,而是运用解释、分析、预测等方法,从历史渊源、因果关系、矛盾演变、影响作用、发展趋势等多个方面报道新闻。同时在形式上充分整合文字、图表、图片、声音、动画等多种形式的符号,能够承载最丰富的信息,取得更优的整体效果。

同样是新浪网组织的网络专题,2010年4月推出的"智慧传承的城市——新浪世博特别报道"专题,无论在内容还是形式上都比"古巴男孩监护权之争"有很大的提高。如图3-2所示,该专题除了色彩明快鲜亮,生动活泼以外,还采用了较多静态和动态图片来展示博览会的全貌和细节,并设置了视频报道和Flash动画报道等来展示重要新闻的相关资料,使得整个页面动静结合,达到了立体传播的良好效果。

图3-2 "智慧传承的城市——新浪世博特别报道"专题页面

通过对该专题的新闻稿总量、视频报道、图片资料、综述和评论、背景资料等数据的统计(见表3-2),我们发现这个专题的信息十分丰富,各项信息数量都比前者增加了不少。

表3-2 "智慧传承的城市——新浪世博特别报道"专题资料数据统计表

专题名	滚动新闻总量	视频报道	图片	综述和评论	资料或背景	起始时间
智慧传承的城市——新浪世博特别报道	8000余条	900余条	3900余张	200篇	至少50条以上	2010年4月

三、网络专题特点

1. 网络专题传播优势

(1)非线性阅读。传统媒体中的专题,一般总是归属在某个栏目下,而且每个专题是一个相对封闭的单元。而网络专题的超链接设置可以实现多种文本的平面组合和互通,每个文本或文本中的元素,都能与另一个文本或文本中的元素相连,构成了图文并茂、声情并茂、层次分明的立体信息网络。

(2)海量信息、检索方便。一个专题就是一个数据库。为了方便找到指定的素材,不少新闻专题都设置了搜索功能,搜索的方式主要有两种:一是按照关键词搜索,比如新浪网,如果要查找相关内容,只要在搜索框内输入关键词,就能搜索到新浪网上所有标题或正文中含有关键词的新闻专题。另一类是按时间搜索,比如搜狐网,其搜索框是按年份、月份、日期来设计的,只要给出时间范围,网络就能列出该时间段的所有新闻。无论哪种,都操作简便、快捷,不受时间、地点和文本的限制。

(3)题材多样。网络专题的题材选择比传统媒体专题更加宽泛,不仅包括了大量的硬新闻,而且包括了大量的服务类专题。如"清爽夏日 60 天"专题,从女人化妆、穿着、体形等各个方面进行了报道,如同一本最完备的夏日实用手册,并配以新颖有趣的赠奖互动节目,充分展现了网络的优势。

即使是硬新闻,由于网络媒体相对宽松的语言环境,网络专题往往敢于打破传统媒体的话题禁忌,对传统媒体轻描淡写处理的话题也通过专题形式来组织。例如风靡一时的木子美日记、昆明"女体宴"等事件,都在相应的网络专题中做得热火朝天。

(4)跟随、互动式报道策略。由于不用考虑容量的限制,网络专题还可以采取"跟随"、"互动"式的报道策略,突出报道过程,重视受众反馈,把受众整合到事件中,使其与事件同呼吸、共进退。

比如新浪网新闻中心制作的"美国弗吉尼亚校园枪击案"专题,专题有校园枪击案详细过程,有校园枪击案的各方反应,有现场目击者的讲述,有网友对媒体报道方式的批评,有社会各阶层对枪击案的评价议论,有赵承熙个人日记等,内容极其全面。随着事件的继续发展,专题还收录了赵承熙姐姐向被害人家属道歉的画面,学者对赵承熙犯罪心理研究,甚至还有对亚裔的影响分析等,使受众在浏览网页的过程中,可以体验到整个事件的发展过程,并随时发表对事件的看法,增强了专题的影响力。

(5)互动式阅读引导网络舆论。网络受众以中青年群体为主,他们厌烦传统媒体灌输式、轰炸式、说教式的报道,渴求一种平等式、辩论式、娱乐式的新闻报道模式。网络专题的互动性阅读便迎合了用户的这种需求。大部分专题有互动设置,包括论坛、留言板以及即时聊天功能等。借助这些互动设置,网友对新闻传播的参与度得到空前的提高,人们能够在网上畅所欲言。

2. 网络专题的传播劣势

(1)超链接技术与"信息迷宫"的矛盾。超链接技术的充分应用使读者可以进行高度自由的非线性阅读,但花样繁多的链接也会分散网民对重要新闻的注意力,影响网民对整个事件的整体把握,有的网友在点击链接后如同身陷"信息迷宫",很可能找不到回来的路。

(2)海量信息与报道深度的矛盾。网络专题的容量增加了,但受众能否在如此庞杂的信息海洋中找到自己所需要的东西?受众是否真的感觉到信息冲击带来的知识愉悦?这些信息究竟有多少是有用的?有多少是仅仅用来填充版面的无用信息?

(3)题材多样与稿源单一的矛盾。目前中国的网络媒体除了传统媒体所创办的网站外,其他网站都没有新闻采写权,而只有新闻登载权。所以大多数网络专题都只能靠转载传统媒体网站的新闻报道来制作专题。受此限制,虽然网络专题的题材范围比较广,但稿源单一的缺陷,使得大多数网站的专题内容出现严重的同质化现象。

(4)视觉疲劳与网络阅读的矛盾。网络专题虽然提供了丰盛的资讯大餐,但需要用户长时间保持某种姿势坐在电脑前。为了享受这丰盛的免费大餐,受众要付出健康的代价。

(5)充分互动与有效引导的矛盾。互动性是网络专题的一大法宝,但是由于网民在互联网上的身份是隐性的,其提供信息的目的也非常复杂,因此编辑很难做出准确判断。网上著名的虚假新闻"盖茨被刺案"发布之后,国内有些网站就迅速制作了相对应的新闻专题,在假新闻的传播过程中造成了恶劣的影响。

第二节 网络专题类型

不同的专题内容,需要用不同的方式去组织与实现。制作网络专题的第一步,是要认清所做专题的类型,以便采用合适的方式进行策划和制作。

根据不同角度,专题可以划分为以下类型。

一、根据内容属性分类

根据专题所确定的主题内容,可以将其划分为"财经"、"教育"、"科技"、"体育"、"娱乐"等类别。图 3-3 显示了腾讯新闻专题频道下的各类专题,就是按照其主题的内容属性来划分的。

图 3-3 腾讯新闻专题的部分截图

二、根据事件属性和周期分类

根据事件属性和周期,专题还可以分为以下类型。

1. 事件类专题

事件类专题是报道最新发生的重大事件的专题,一般源于突发事件,可分为自然性重大突发事件和社会性重大突发事件。这类专题新闻性较强,在策划上是被动的,持续周期由新闻事件的历程决定。这类专题着重于对报道主题的延伸性挖掘,需要及时添加、更新大量的新闻事实,追踪整个事件的发展态势,同时提供大量的背景材料佐证事件的意义,满足受众获取信息的需求。

通常情况下,制作新闻事件类专题不需要花太多的选题工夫,只需要依照事件本身的大小和影响范围,决定是否采用专题的形式给予综合报道。例如,前文中提到的"校园枪击案"专题便是网站在第一时间捕捉到新闻事件原貌,经过快速详尽的分析、解读,并整合相关的新闻资源,最终形成专题,呈现在网民们眼前的。

2. 主题类专题

主题类专题一般源自可预见的主题,服务性较强。由于前期可预见,在策划上往往就是主动的,持续周期由策划者和主题进程共同决定。一些重要的纪念活动、体育赛事、社会热点问题的专题都属于此类专题。如"新中国成立 60 周年"专题、"世界杯"专题、"两会"专题等。

3. 挖掘类专题

挖掘类专题是对某一事件的不同观点的辩论争锋,或对某一事件的来龙去脉进行不同的分析解读。因此,这类专题的选题通常需要进行前期的周密策划。

首先,选题要具有独创性和开拓性。每一个选题都应该有新的构思,以形成鲜明的个性特色。

其次,确定好选题后,还需从编辑思路、受众需求、社会影响等诸多因素综合考虑,"精加工"新闻资源,从新闻中提炼出观点,进行深入研究和系统总结,进而得出新的观点,最终让受众看到新闻背后的新闻,领悟到新闻事件的实质。如"人民币该不该升值"、"公务员该不该取消终身制"、"高考该不该由各高校自行出题"等。

4. 资讯服务类专题

资讯服务类专题的特点可以一言以蔽之,即"以新闻传知识,以服务广新闻"。对于资讯服务类专题而言,首先必须重视和坚持专题传播知识和提供服务的定位,做到了这一点,受众就会感到自己登录的网站不但有新闻可读,还有资讯"可用",从而产生更多的依恋感,网站也会获得更多的支持。在这类专题中,有些报道因为适合于长期播出而深受用户欢迎,最终会演变为一个专栏,如"清爽夏日 60 天"、"出国完全手册"、"自驾车指南"等。

5. 活动类专题

此类专题专门为活动所做,重在推广和引导用户参与,如"我为游戏狂　好礼大放送"、"网上重走长征路"、"联合调查:选出你心目中的二十世纪中国十大文化偶像"等专题。

三、根据编辑方式分类

根据对专题编辑加工的程度,专题还可以分为以下类型。

1. 采访型专题

此类专题需要网站针对一定的选题,组织力量进行采访报道,最终制定而成的。采访型专题是网站的一个重要的原创内容。

2. 编辑型专题

编辑型专题通常指在一个特定的主题之下,进行相关材料的组织与整合。也就是说,通常素材是现成的,编辑的任务是按照一定的方式将这些材料组织起来。目前网上大部分专题属于编辑型专题。这一情况的出现主要有如下原因。一是有关政策的限制。根据《互联网站从事登载新闻业务管理暂行规定》第七条规定,非新闻单位建立的综合性互联网站不得登载自行采写的新闻。因此大部分网站只能整合现有新闻素材制作专题。二是网络新闻写作人才很匮乏,特别是能利用多媒体手段进行采访报道的人才极度缺乏,迫使网站制作编辑型专题。

尽管如此,编辑型专题也能体现网站的信息加工能力,通过选题上的策划、报道的角度与内容的选择等,网站编辑的社会观察力和思考力,以及新闻素质都可以很好地体现在专题中。

四、根据报道态度分类

根据对专题报道态度的程度,专题还可以分为以下类型。

1. 客观性专题

客观性专题追求的是客观性和全面性,稿件之间只是用简单分类的方式加以组织。

2. 主观性专题

主观性专题则追求针对性,内容上讲求稿件之间的严密逻辑关系,整个专题往往像一篇文章一样,并带有一定的主观评价。

我们无法简单地评价这两种专题的优劣。只能说这两种不同性质的专题都有其合理的理由,也能适应受众的不同需求。总体而言,做主观性专题有更大的风险,对编辑的挑战也更大。因此编辑在制作主观性专题时,选择主题应尽量慎重,挑选那些适合做主观性专题的题材。同时编辑人员也应该尽可能地提高自身的思考与判断能力,以便更好地把握纷繁复杂的现象。最后,即使是主观性的专题,也要防止将网站的意见凌驾于受众的意见之上,或者出现一边倒的情况。只有尽可能保持公允,才能获得更好的意见表达效果。

五、根据更新程度分类

根据对专题更新的程度,专题还可以分为以下类型。

1. 动态型专题

对于动态事件,大多数专题都是伴随着时间的进展而不断更新的,专题始终处于一个开放的过程,这类专题可称为动态型专题。

2. 静态型专题

有些新闻专题是一次性完成的,一旦推出,便不可再更新,这可称为静态型专题。

内容的不断变化是动态型专题的优势,也是它的劣势。优势是这样可以尽可能保证报道的时效性,劣势是如果编辑方法不当,反而会给受众带来困惑与阅读负担。

静态型虽然内容上比较好把握,容易保持整体性,但较差的灵活性与可扩展性会使得信息快速老化,影响专题效果。

用 Flash 整合的专题都是静态型专题,一些 Web 页面承载的专题也属此类,此类专题更适合报道非事件性专题。

第三节　网络专题策划

"凡事预则立,不预则废",对于网络专题这样的一个系统工程来说,策划尤其重要。网络专题的策划包括选题、角度、形式和内容等方面的谋划和布局。只有经过精心的策划,才能制作出有新意、有深度、有吸引力的专题。

一、网络专题的主题选择

构建一个专题,首先需要确定选题。选题会受到多种因素的影响,有时是突发事件的推动,有时是重大节庆或事件的来临,也可能是对重要社会现象或问题的挖掘。不论是哪一种选题,其本身都应该具有一定的可操作性。策划专题时,要由编辑人员根据当时的实际情况和编辑人员本身及网站的能力来选择主题。具体而言,可以从以下六个方面来衡量和考虑。

1. 选题内容是否真实

网民从专题中要了解的是客观外界的真实情况,因此,专题所反映的客体必须是客观存在的事实,不能是虚假的东西。专题内容的不真实,即是新闻所反映的客体缺乏客观根据。

2. 选题的内容是否新鲜

专题是做给网民看的,网民要从中了解刚刚发生的新闻,而不是人所共知的旧闻。因此,专题内容应是网民所未知的,有助于消除网民认识上的不确定性。

3. 选题的内容是否是网民需要的

选题的内容是否吸引网民就要判断选题的内容是否是受众需要的。网民未知的东西,未必是网民需要的。只有网民未知而且对网民有益或有用的,才是网民需要的。

4. 选题同政策、法律、道德的相互关系

专题要想在网站上发布,是为了向网民提供信息和知识,传播先进的思想,宣传党和政府的政策。作为一种精神产品,不能不考虑发表后可能产生的社会影响。因此制作专题时,必须将专题的所有内容同政策、法律和道德规范相对照。

5. 选题同本网站定位的关系

上面所讲的四点适用于任何网站,但是各网络编辑在运用它们分析专题内容时,还需要考虑本网站的定位。

6. 选题同本网站资源的关系

在制作专题的时候一定要考虑是否有足够的背景和相关资料的支持。一般来说,各家网络媒体推出的专题其实都是自己的优势主题,即使选题看似重复,在制作和运营上也尽量有自己的侧重和偏向。例如新华社、人民网依托其母体分布于海内外的强大的新闻采编队伍,就可以在主题选择上使用一些报道规模大、政治性强的专题;而一些商业类门户网站,则可以依托其强大的互动能力,多策划一些资讯类专题或挖掘类专题。不同网络机构都有自己的优长劣短,只有在专题制作和运营过程中,发挥自己的资源优势,树立自己的品牌选题领域,才能在各大网站的竞争中保持不败。

二、网络专题的角度策划

角度就是指新闻报道中发现事实、挖掘事实、表现事实的着眼点和入手处。确定好选题后,接着要做的就是进行选题角度的策划。专题虽然具有海量的特征,但并不是"拣到篮子里的都是菜",所以在面对各种各样的信息的时候,我们要做好选题角度的策划,为选题找到最佳报道,只有通过特别的角度来制作专题,才能使我们的专题具有自己的特色。

具体而言,做好专题的角度策划应该做到以下几点。

1. 通过阶段性特征来展示事物的发展

对一些老生常谈的话题,如果想在报道中做出新意,就要对该类事件的不同阶段的不同特征有深入的认识。

例如有关艾滋病的报道是近年来媒体长盛不衰的一个报道话题,特别是"艾滋病日"这样的时刻,各种媒体都需要进行相关的报道。然而,随着时间的流逝,艾滋病这一社会问题在不同阶段也体现出不同的特点。在以往的很长一段时间里,对艾滋病的报道重点都落在该病的治疗方

面。新浪网在"2005年艾滋病人群开始直面公众"这一新闻专题中，将报道角度转向艾滋病患者不断克服自身的心理障碍和社会偏见，更加坦然地面对现实。这一报道体现出了在对待艾滋病问题上的社会进步，揭示出了这一新闻主题的阶段性特点，也具有较强的积极导向。

2. 通过对背景的分析来看现实

目前的专题大多是对新闻事件本身的报道，侧重点主要是新闻事实以及未来的走向，而对新闻背景的分析只是其中的一个小栏目，不容易形成自己的特色。如果我们把着眼点放在新闻事件发生的背景和原因，就更有助于读者理解当前发生的新闻事实，当然也更有利于专题形成自己的特色。

例如2006年2月，三名中国工程师在巴基斯坦遇袭身亡。这是自2004年以来在巴基斯坦发生的第三起中国工程师遇害事件，可见这一事件的发生并非偶然。因此，一些网站将报道的视角落在了事件的背景分析方面。例如人民网推出了"三同胞巴基斯坦受袭身亡，谁是幕后黑手"专题，从中巴关系、巴基斯坦国内局势和内部矛盾等方面，对事件的深层背景进行了分析。这种报道弥补了其他网站仅注重过程与结果报道的专题的不足。

3. 通过典型来反映整体

一般的新闻事件都有自己的典型人物、典型时刻、代表性的符号、典型的意见等，我们在选择专题的角度时，可以通过对这些典型的描述来反映一个人或一个群体对全程、全局，或者整件事件的影响。

很多新闻事件都有一个较大的时空跨度，尽管网络空间的"海量性"可以满足这样一个大跨度所需要的空间，但是，从采访和资料收集的角度看，这会耗费大量的工作量，而从受众的角度看，他们也未必需要如此多的信息，而且，在这样多而杂的信息里面，受众要想找出对自己有用的信息还是有点困难的。在这种情况下，对典型时刻的浓墨重彩的渲染，其效果远远要比全过程的蜻蜓点水式的记录要好。

例如哥伦比亚新闻学院制作的"地铁7号线"专题，就以地铁7号线为典型空间，反映不同种族移民在地铁7号线的变化，使"纽约移民"这一抽象话题得到了最生动、具体的体现。

三、网络专题的内容策划

确定好选题和角度后，接下来要做的就是内容的策划。内容是一个专题的灵魂，一个专题要想有吸引力，首先它的内容必须有新意、有见地而且要全面丰富。另外对内容的结构搭建也很重要。因此，专题的内容策划主要包括专题结构的搭建，文字内容的选择，多媒体手段的应用、互动等方面。

1. 专题的结构搭建

除了单篇式的专题报道以外，简单的新闻专题需要包括最新动态、背景材料、视听内容、互动交流等部分。如果规模不大，就可以做成单页式，把所有的内容集中放在上面；如果规模较大，可以先建立一个自己的小系统，其实就是网站的微缩版。编辑人员可以模仿网站的架构，安排首页、栏目分类、最新报道、相关资料、评论互动、图片内容、音频视频、语言选项等内容。

2. 文字内容的选择和编辑

虽然网络专题强调多种媒体的融合，但文字常常是最重要的一部分。因为文字可以全面及时地传递信息，图片、音频、视频虽然直观，但它们未必能传达专题所需要的一切信息，而且这些素材的采集与编辑较之文字内容也更困难、更费时。因此，在时效性要求高、信息需求广泛的情况下，文字仍然是专题的主力军。一般的专题都先是通过文字的带动，然后再用其他的方式补充说明。编辑文字内容可以重点考虑如下方面。

(1)背景材料。新闻背景就是新闻发生的历史、现实原因和环境。新闻背景可以使网民对新闻发生的历史原因有一定的了解，又可全面深刻地了解当前新闻的"前景"。在信息海量涌现的时期，网民对新闻背景的需求比以往任何时候都强。我们可以通过网站自身的数据库、各种知识库以及其他网络资源去寻找背景材料，有些时候，也需要借助报纸、杂志和书籍等。

(2)深度分析。作为深度报道的一种形式，网络专题需要对文字进行有自己独特见解的深度分析。目前国内的不少网站是通过其他媒体特别是专业媒体来获得深度报道的稿件，但是从发展趋势来看，网站应该培养出更多能胜任深度分析的人才。

(3)评论。许多新闻专题都离不开评论，而文字的评论力量是不可取代的。网络专题中的评论可以来源于网站编辑或者特约评论员撰写的评论，可以邀请相关领域专家写评论，当然也可以是网友评论。

(4)整合各种素材。很多时候，图片、音频、视频等内容之间便会显得很分散，缺乏有机结合，而文字可以把这些多媒体材料结合起来。要把各种材料整合好就要求网站编辑独具慧眼，善于发现稿件之间的潜在联系。

3. 图片的选择和编辑

我们在选择和编辑图片时要根据图片在网络专题中的作用来取舍。例如要表达具有代表性的瞬间，可以利用和选择那些跟新闻的主题和新闻时间发展直接相关的新闻照片。此外，我们还可以把相关图片嵌入到文字报道中，以求达到一种相互印证的效果。甚至还可以集纳一组联系密切的图片，制作成图片短剧。

网络专题中的图片可以以静止的方式出现，也可以用幻灯片的方式连续播出，或者被集成到Flash中。图片可以单张运用也可以成组运用。

但在编辑图片时也需要注意，不要在专题中无谓地堆积图片，一定要适量、适度。

4. 音频编辑制作

为了使专题更加生动，往往会在专题中加入一些音频素材，主要包括各种资料录音、背景和环绕音响、音乐等。

为了采集足够的音频素材，可以考虑在采访时对每个采访对象的讲话进行录音。当然，前提是征得对方的同意。此外，网站应该有一个基本的音频素材库，积累一些常见的自然音响、音乐等资料，以备不时之需。

5. 视频编辑制作

视频素材在网络专题中往往兼具图片、音频、动画等作用，运用得当可以产生很好的效果。但是鉴于目前网络技术方面，特别是网络传输方面的实际情况，一般受众不会在专题中点击太多的视频内容，因此在使用视频素材时，应该精挑细选，将最有代表性和说服力的视频内容放到专题里面。

四、网络专题的版面设计

网络专题的版面设计既是展现风格的方式，也是引导阅读的手段。好的版面，既要符合一定的审美要求，又要条理清晰、重点突出、方便受众阅读。好的版面设计往往可以提升一个专题的内容的价值，相反，蹩脚的设计有可能就会埋没了好的内容。

1.网络专题的栏头设计

大多数网络专题都有一个标题区,点明专题的主题,我们称之为栏头。专题的栏头是吸引人们注意力的第一要素,也是烘托专题气氛的一个重要手段。一个精心制作的专题栏头,可以让人们在瞬间形成对专题的好印象。

要做好专题的栏头,需要做好以下几点:色彩醒目抢眼、文字表述准确、情绪传达到位。

图 3-4 是新浪网在连战访问大陆期间制作的专题栏头。栏头中合成了两张连战的照片,照片的整体色调为黑色,与标题的白字形成鲜明的对比,在蓝色的背景上也显得很醒目;栏头文字将连战的行程简洁地勾勒了出来,不仅吸引了人们的视线,也使得人们对事件的基本线索有了清晰的把握;栏头的面积虽然有限,但整体布局较为恰当、色彩搭配合理,富于层次感,既有一定的视觉冲击力,又与主题相吻合。

图 3-4 "连战访问大陆"专题栏头

2.网络专题的首页设计

网络专题的版式设计主要体现在首页上,因为首页是整合专题各种内容的主要载体,内容也相对繁杂,更需要进行专门设计。

专题的首页设计是一个创造性的工作,并没有专门的规定。但由于一些网站已经形成了一定的专题首页版式风格与特色,这些版式风格反过来影响了受众,培养起了他们对专题的阅读习惯。

从网络专题首页的总体情况看,一般网站专题首页都是信息密集展示型首页,即在专题的首页中尽可能多地呈现信息。少量专题则会借鉴传统报刊的封面设计方式,制作信息量较少的封面式首页。

网站的专题应尽可能保持一定的稳定性。这样便于读者阅读习惯的形成。摇摆不定的风格变化,往往会给读者带来困惑。但是一些特别重大的专题可以根据内容的需要设计特别的版式。

目前,网络专题首页设计主要有以下几种版式。

(1)"日"形结构。这类版式在国内的新闻网站上使用较多,人民网、新华网、新浪网、搜狐网上都较为常见。

版面构成:①专题正上方的中央是栏头,首屏的左边部分是视频或焦点照片,各栏目名称紧接在栏头下;下面的主题位置是最新新闻,接下来依次是各栏目的最新新闻。②由小幅图片组成的图片集锦将专题拦腰截断,使人们在阅读了一段文字之后有一种视觉上的变化,图片集锦的版面也构成了第二屏的一个新的视觉中心,使人们再度进入一个阅读兴奋状态。图片集锦后又是文字栏目的最新内容。其布局大致如图 3-5 所示。

栏头		
焦点图片	最新消息、主要栏目	多媒体信息或其他信息
图片集锦		
受众调查图片专题链接	其他栏目	背景资料

图 3-5　"日"形页面格局

（2）"T"形结构。版面构成：这种版式将页面分割成三个区域，专题的栏头位于屏幕的右上方，屏幕的左侧以图片为主，栏头与图片构成类似英文字母"T"的形状，而屏幕的右下区域以文字稿件为主，各类专栏自上至下依次排列。人民网专题较多采用这种版式，其大致结构如图 3-6 所示。

图片为主的 多媒体材料	栏头
	各栏目文字稿件

图 3-6　"T"形页面格局

（3）"门"形结构。版面构成：这种版式将版面分成四个区间，栏头位于屏幕上方，屏幕的中间部分为主要的文字栏目内容。而左右两侧是图片或相关信息及链接等。整个版面构成一个"门"形，给人以平衡和稳定感。

新华网较多采用这种版式，其布局大致如图 3-7 所示。

栏头		
图片及相关信息链接	各栏文字内容	图片及相关信息链接

图 3-7　"门"形页面格局

（4）平行线形结构。版面构成：这种版式是将版面依一定的比例关系分割成两栏，除栏头外，其余所有内容都分布在两栏中，左侧的一栏为核心信息，右边的一栏是与之对应的周边信息与辐射信息。两栏内容平行发展，右边的信息紧密呼应左边的内容。网易较多采用这种版式。其布局大致如图 3-8 所示。

栏头	
核心信息	周边信息和辐射信息

图 3-8　平行线形页面格局

（5）"三"形结构。版面构成：这种版式将版面依垂直方向分割成三个部分。通常这三个部分可以是网络专题的标题、菜单、主体内容。其布局大致如图 3-9 所示。

标题
菜单
主体内容

图 3-9　"三"形结构

除了以上这些常规版式外,网络专题还可以有其他的风格,在此不再赘述。

3. 网络专题的色彩和线条

网络专题中,色彩主要用以传情达意、引导视觉、分割版面、营造美感,因此我们在网络专题中选择的色彩,应尽可能达到以上几点功能。

线条在网络专题中的主要作用是分割空间,以及突出重点内容。在选择线条时,要注意它的线形、粗细和色彩。线条在网络专题中的数量要适中,要避免可有可无的线条的使用,因为线条同样要占用宝贵的空间,过多的线条会影响到主题内容的安排,同时也容易造成视觉上的混乱。

五、网络专题制作和策划过程中需要注意的几点问题

1. 网络专题制作的重点应放在信息整合和加工环节

独家新闻在网络上一般很难做到,所以网络专题竞争的关键是能否在同一事件中发掘出比别人更多更深的信息,及对新闻信息进行深加工,以信息加工服务来赢得"注意力"。

对于网络时代来说,提供信息并不是最重要的,对信息进行有效的处理才是竞争中的有力武器。在新闻素材加工之后,如果媒体信息是独特的,就会吸引网民上自己的站点。所以网络专题制作的重点应该放在信息的整合加工,把报纸、网络、电视的新闻整合在一起,从时间、空间上进行组合,发挥不同媒体的优点,比如电视直播的速度、杂志的深度。这样才能比报纸等传统媒体更好地满足多层次受众的需要。

2. 以受众为中心,满足受众的需求

用户上网除了获取方针、政策和新闻信息外,更多的是想获得和自己的工作生活有关的信息。为了满足受众多方面的需要,网络专题除了提供新闻外,还应该根据专题的性质提供丰富多彩的实用性信息和综合服务。

另外,建立完备的数据库,实现关键词查询、全文检索功能也都十分必要。

3. 重视提升互动性

良好的沟通、互动能形成畅通的反馈渠道,提升信息的传播效果,改善传播者和受众之间的关系。便捷、双向的互动性本是网络传播区别于其他媒体的特征之一,在网络专题中,增加互动首先是要在专题中增加可供互动的方式,如 BBS、E-mail、网上随机调查、手机短信互动等,其次是指把互动的方式摆在更加合适和显著的位置。

第四节　网络专题制作

不同网站的具体专题制作流程都有所不同,本节主要介绍一些知名网络媒体的专题制作流程,以方便大家了解专题制作的常规工作。在此基础上,总结制作好专题需要特别注意的方面。

一、知名网络媒体专题制作流程

1. 千龙网专题制作全流程[①]

根据千龙网的实践,网络新闻专题从构思到制作的最优规范流程,一般而言需要以下步骤:策划选题→确定选题→每位参与者提交自己的方案→负责人汇总后分发给每位参与者→每位参与者对所有方案分别进行打分→负责人根据打分情况进行加权处理→选出分值最高的方案→汲取其他落选方案中的亮点融入既定方案中→专题策划定型→分工制作→完成。

2. 新浪网体育频道重要专题工作流程[②]

(1)赛前后方原创组与前方报道组或特约记者联系首发名单,发布体育短信。了解赛场情况,发布赛前现场文章。图片组发布现场赛前图片,值班编辑首页体现。

(2)后方直播组维护直播室操作无误,比赛开始前5分钟值班编辑将直播室链接推上各页面,改为"正在直播"。

(3)后方原创组赛中就突发事件第一时间制作新闻稿,同时与前方报道组或特约记者保持联系,第一时间发布最新现场情况和专家点评,对进球、红黄牌等重大情况第一时间发布快讯。值班编辑不断修改重点页面,体现最新新闻。视频组第一时间制作重点镜头视频。

(4)图片组第一时间发布前方报道组或特约记者传来的图片,开场5分钟内发布比赛现场图,值班编辑页面重点体现。赛中紧盯外电滚动图片,选取精彩图片制作图组,值班编辑各页面重点体现,直播组将最新图片、新闻在直播室体现。

(5)上半时结束直播组发布半场直播实录,原创组发布半场战报。

(6)比赛结束前10分钟准备好短信模板、头条模板,传送新闻中心。比赛结束1秒钟内发布短信,1分钟内发布实录、战报,相关页面(专题、积分榜、射手榜等等)初步修改完毕。

二、专题制作注意要素

此外,要制作一个好专题,还需要注意以下内容。

1. 编辑思路

这是整个新闻专题的灵魂,直接决定了专题的质量水平。一个好的新闻专题必须有一个巧妙的或者独特的编辑思路。一个好的编辑思路有赖于编辑开动脑筋,认真思索新闻背后究竟隐藏了什么。

2. 栏目设置

这是整个新闻专题的骨架,处理不当就必然导致专题内容不丰满,后天畸形。栏目设置应该用发散性的思维,从新闻实质出发,把思路外延,构建一个内容丰满的新闻专题,然后根据各个栏目的重要性合理分配栏目位置。

3. 专题构架

这是新闻专题的阅读导向的体现。好的新闻专题必须做到让读者沿着自己的编辑思路走,

---

① 周科进:《网络媒体表现形式的集大成者:网络专题》,http://www.people.com.cn/GB/paper79/12459/1120594.html。

② 陈彤、曾祥雪:《新浪之道》,福建人民出版社2005年版,第152页。

这样才能达到良好的传播效果。新闻专题的构架多种多样,但一个最基本的准则是要分清各个栏目的主次,然后按照主次合理安排各个栏目位置。

4.标题制作

这是新闻专题的视觉刺激,如何根据新闻内容提炼一个好的标题直接决定着专题的传播效果。编辑们必须明白一个道理:报纸的新闻标题和网络的新闻标题是不一样的,报纸标题紧跟内容,读者可以浏览;而网络新闻只有一个标题,标题的好坏直接决定了新闻内容的传播效果。

5.跟进式维护

网络媒体的报道是实时的,这就要求跟进式维护。这不仅体现在新闻的滚动播出方面,也体现在栏目的调整方面,当增则增,当减则减。

6.版式设计

这是新闻专题形式美的体现,可以直接推动内容的传播。无论是平面媒体还是网络媒体,"内容永远滞后于视觉",如何让读者从看到的第一眼就被吸引住,页面效果便显得至关重要。这就要求编辑具备较高的审美层次和较强的鉴赏力,去构建专题框架和表现形式。

【案例 3-1】"我爱冰淇淋"专题策划方案

一、选题说明

1.专题题目

缤纷夏季,我爱冰淇淋!

2.选题动机及意义

冰淇淋是一种很有特色的食品,具有很长的发展历史,有着很深的文化内涵,自古以来一直深受人们的喜爱。尤其到了炎热的夏季,冰淇淋便成了老少皆宜的消暑佳品。轻轻地咬一口,凉凉的感觉沁人心脾,融化在嘴里的甜蜜滋味令人无法拒绝,给人带来一种幸福的好心情。但实际上,人们除了去商店购买、吃冰淇淋解暑外,对这种常见的食品并不了解。于是,我们便想通过做一个冰淇淋的专题向大家全方位介绍有关冰淇淋的知识。

在这个专题中,我们会向大家介绍冰淇淋的来源、冰淇淋的品尝与制作,还会给大家展示一些有关冰淇淋的有趣的衍生产品和故事,网站所呈现的内容与人们日常所关注的健康、实用信息、时尚、情感息息相关,可以说,此专题融知识性、实用性、趣味性于一体,颇能激发受众的兴趣,引起共鸣。另外,目前网络上有关冰淇淋的专题内容单一,尚未出现整合冰淇淋全方位信息的专题报道。网络上的冰淇淋专题目前主要有两种形式,一种是以图文形式的静态页面呈现,另一种是以视频网站的视频形式呈现,还未出现两者有机结合的形态,而"缤纷夏季 我爱冰淇淋"专题则是用动静结合的网页形态将有关冰淇淋的全方位信息整合呈现。所以,在内容设置和网页形态运用上都具有一定的创新。

二、网站定位

1.内容定位

现有的冰淇淋的网站主要有三种形式:一是品牌冰淇淋的官方网站,二是冰淇淋商的招商广告推广网站,三是一些美食、时尚网站的冰淇淋专题(主要是制作冰淇淋,如海报网)。而我们的网站定位与这三种都有所不同,我们做的是向冰淇淋爱好者介绍有关冰淇淋的各种信息并提供交流平台的网站。因此,网站的内容必须是全面的,并且是网友所感兴趣的、想要了解的、能引起共鸣的。基于此,我们打算在这个网站上放置各种有关冰淇淋的实用、有趣的文章和视频,设置网络投票和交流区域供网友发表意见和看法,提供新近冰淇淋的打折信息,同时也投放一些广告。

2.用户定位

受众定位:大学生、白领阶层。

受众特征:喜爱冰淇淋、注重生活质量、追求时尚与个性、经常接触网络。

受众经济状况:良好。

受众分布:经济、商业较发达的大中型城市等。

3.功能定位

资讯服务型专题。

三、网站内容设计

1.网站整体结构

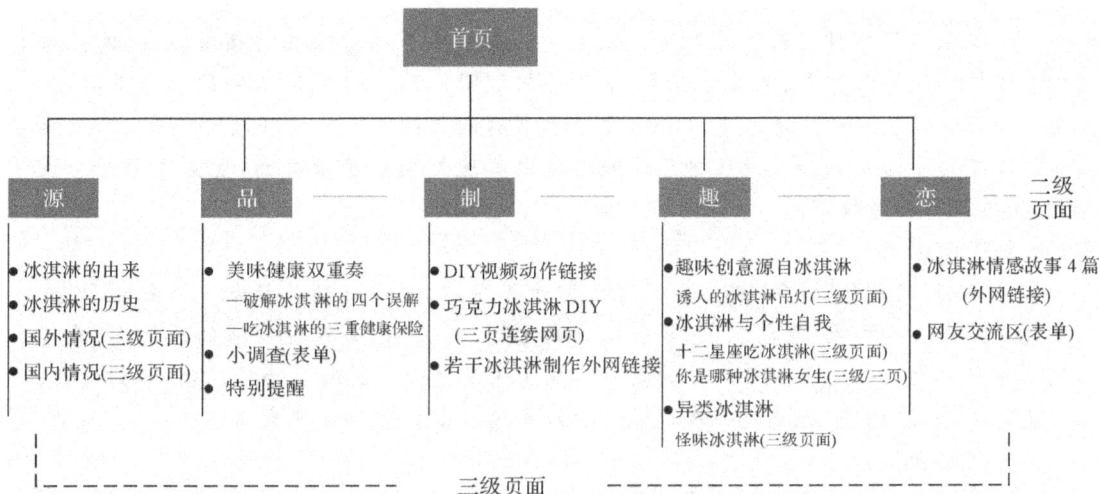

从上图可以看出,本网站的主框架是树状结构。整个站点以首页为中心,然后从这个中心向外分散出 5 个分支,在这些分支上,可以继续生出新的枝干。每一级网页与上下级网页都是相互连通的。

网站的树状结构点开首页即一目了然,首页属于封面型,包括主图和 5 个按钮,按钮居于图片右侧,竖排。首页统领 5 个子页面。二级子页面中"源"、"制"、"趣"、"恋"具有三级链接。"源"、"趣"均有自己制作的三级页面;"制"是三页连续的网页,在该页面中设有外网链接;"恋"均为外网链接。

同时,在树状结构基础上按照网页信息的分类,对各级网页进行网状编排。网状编排主要通过第三级页面右侧的"热门排行 TOP10"来实现,可链接到其他板块的相关文章。

2.频道划分与内容

"缤纷夏季 我爱冰淇淋"分为 5 个频道:冰淇淋·源、冰淇淋·品、冰淇淋·制、冰淇淋·趣、冰淇淋·恋。每个频道均用一个字概括该频道的主要内容,即有关冰淇淋的历史、食用、制作、乐趣、情感。5 个频道各有自己的特色内容,但都离不开冰淇淋之宗。

（1）冰淇淋·源，即冰淇淋的源头，主要内容是冰淇淋的来源和历史，以及国内外发展的情况。

（2）冰淇淋·品，即冰淇淋的品尝食用，主要内容是该怎样品鉴冰淇淋以及如何健康地食用冰淇淋，并利用表单做一个冰淇淋口味及品牌的网络调查。

（3）冰淇淋·制，即冰淇淋的制作，主要内容是如何自己在家制作冰淇淋，包括视频材料和文字材料。

（4）冰淇淋·趣，即与冰淇淋相关的趣物趣闻，主要内容是与冰淇淋相关的创意物件，从吃冰淇淋看人物的个性，以及创意冰淇淋等。

（5）冰淇淋·恋，即冰淇淋之恋，主要内容是与冰淇淋相关的恋爱故事，将赋予冰淇淋浪漫色彩，并利用表单制作文本域供网友发表观点。

四、网站界面设计

由于是生活休闲类的专题，又与"吃"相关，因此页面设计的风格亲切平实又带有时尚元素，整体给人以轻松、愉悦的感觉。

1.版面设计

网站采用了多种页面设计类型。由于网站是由5个相对独立的频道构成，因此我们在保持二级页面背景、上端导航条、下端版权说明以及整体风格不变的情况下，对各个页面都做了不同的设计。二级页面设计类型有两栏型、块型、上下框架型等，三级页面则以拐角型为主。为了使各种尺寸的浏览器都能美观地显示页面，把主页面居中设置，版心设得相对较窄。

2.色彩方案

主色彩：淡黄色、橙色、桃红色。主要用于导航栏、文章标题与背景。搭配色彩：浅灰色、淡蓝色、咖啡色、黑色、白色等。网站的主色调选用的是鲜艳明丽的暖色调，希望网友带着愉悦的心情去浏览我们的网页。同时采用接近冰淇淋实物的颜色，如奶油色、巧克力色、水果色等，这就能够在视觉上引起冰淇淋爱好者的心理共鸣。

3.图形图像

由于网站采用的是鲜艳的暖色系，容易引起视觉疲劳，因此在网站页面上运用了大量的线、面来分割区域，使得页面看起来整洁、有层次感。运用横线、竖线以及花边以形成明显的阅读区域，采用规整的矩形，将某种分类信息装在里面，使得信息产生聚合作用。有些面铺上底色，使得原本平淡的页面具有更强的分割感。这样就冲淡了色彩带来的凌乱感，反而使页面疏密有致、生动流畅。

4.文字排版

静态文字：正文——宋体，12磅、14磅；标题——宋体、新宋体，大于18磅。游动字幕：导航栏下面和视频上方均设置有一条自右向左的循环滚动字幕。页面所采用的字号不大，但是行间距设置得比较大，这种排版比较符合年轻人的阅读习惯，视觉感受也比较舒适。

5.处理图片

选择契合网站主题和文字内容的图片，色彩鲜艳，成像质量良好，根据页面设置的不同需求处理、裁切、缩小图片，以提高网页浏览速度，并将一些图片添加动画效果，做成Flash。动静结合的图片形态使得网页更具动感和多样性。

6. 交互设计

(1)在二级页面设定页面标题,使网友可以一目了然地知道页面的主题。

(2)设置超链接,网站中设置了站内链接、站外链接,每一页面中均有返回上一级页面和首页的链接。每个页面都表明了当前位置,用户可以轻松地回到上一级频道。

(3)添加了表单功能,设置投票和交流区域。

五、网站素材说明

1. 稿件体裁

由于网页内容偏生活类的关系,所用的稿件基本上都是记叙、说明性的文字,并非严格意义上的新闻稿件。

2. 运用的媒体形式

从总体来看,图文参半。有的页面文多图少、有的页面文少图多,视具体情况而定。

文章:10—15 篇。

图片:各种大小的图片若干张,多为中小图,配合文字使用。

音频:1 首歌,作为首页背景音乐。

视频:3 个,1 个作为网页主要内容,其余 2 个作为广告。

Flash:5 个,2 个作为辅助说明,3 个是广告。

3. 网站素材的搜集与筛选

根据网页栏目的划分以及内容的构想,利用百度和谷歌等搜索引擎以及数据库查找相应的信息,并从中选取有用的文字、图片、音乐下载下来;利用 iTudou 下载 Flash 视频文件;利用 IE 浏览器 Internet 选项的查看文件,查看并保存有用的 Flash 网页广告。

首先,在搜索过程中有选择地下载信息,如在百度中打入"冰淇淋",可以搜到 4100 条信息,而实际下载的不到 10 条。接着,将下载的资料、素材做初步的筛选并按照频道设置进行分类。在实际制作某一频道时,再次将素材进行筛选,去除一些色彩、风格与网站不匹配的图片和一些内容重复的文字,保持页面的整洁美观。

4. 素材的制作

除了利用 Dreamweaver 8 进行网页的整体制作外,利用了其他软件制作工具进行素材的制作和加工。

(1)利用 Photoshop 制作图片。包括首页大图的 PS 处理、合成和 5 个按钮的制作,二级页面 5 个单字标题的制作,三级页面 banner 图片的制作,以及其他二、三级页面图片的抠图去背景、调整颜色、压缩、裁切和格式转换等。

(2)利用 Macromedia Flash 8 制作 Flash。将图片转换为元件,并在关键帧处修改、设定影片属性,制作图片淡入淡出 Flash、图片水平移动 Flash 等。

(3)结合处理好的素材,使用 Dreamweaver 8 进行网页设计和模板制作。

六、工作进度

1. 制作流程

第一阶段:可行性分析、确定主题、构思主题。

第二阶段:搜集素材、绘制版面设计稿、确定基本框架。

第三阶段:制作专题网页、发布网页、测试网页。

第四阶段:专题推广。

2.后期维护

(1)网站测试:页面功能测试、页面内容测试、页面链接测试。

(2)设置页面标题:给每个页面设计与本页内容相匹配的标题,即使用户打开多个窗口,都能通过标题即知道内容。

(3)界面优化:减少无用信息。减少与主题不贴切的内容,以便内容紧凑,并且方便用户很快找到。

【解析】

为网络专题制订方案,可以从以下几个方面考虑:(1)根据专题内容,分析其所属的类别,如新闻专题还是资讯类专题;(2)根据其所属类别的特性,制定专题的目标受众、专题定位及报道思路;(3)按照专题定位及报道思路确定内容结构及页面风格;(4)确定信息获取来源(合作媒体)、专题制作团队分工和工作日程表;(5)专题发布后,根据竞争专题情况对专题进行维护更新;(6)为专题确立推广方案进行有效推广。

▶ **实训练习**

1.任选三个不同网站制作的世博会专题,分析其内容和页面设计特点。

2.自选主题,撰写一篇不少于1000字的专题策划方案,方案中必须含有以下项目。

(1)选题说明:题目、进一步细化的说明、选题意义、新闻角度。

(2)内容:搜集的信息量、新闻体裁、划分的小栏目。

(3)配置方式:(联合、连续、对比、参照、相关)运用哪一种或几种编排方式。

(4)形式:页面设计的风格、色彩、布局;运用的媒体形式(文、图、音频、视频及比例)。

(5)技术解决方案:所利用网页设计及制作工具、表现形式(静态、动态)。

(6)人员分工和工作进度:参与人数;职责分配;专题制作进度表。

第四章

网络信息的采集与筛选

▶ **本章重点**

1. 网络信息来源分析
2. 网络信息价值判断
3. 网络信息筛选
4. 网络信息归类

▶ **学习目标**

1. 了解网络信息筛选的有关法规和知识
2. 掌握稿件价值判断的基本方法
3. 能根据稿件的归类原则对稿件进行分类

我们在网上所浏览和欣赏的丰富多彩的信息，多数是网络编辑采集整理的。信息的采集是指从各种来源采集可供发表的信息。信息的筛选是指将采集来的信息按照一定的标准进行选择。采集和筛选是网络编辑工作的一个基础环节。网络编辑的信息采集与筛选的能力，直接决定着网站内容的质量。

第一节　内容采集来源分析

网络信息可以有不同的来源，质量参差不齐，因而也可以有不同的处理方法，有些来源的稿件可以不经过审查直接使用，而有些稿件却必须要经过严格审查才可以使用。

网络信息的来源一般有以下几个途径。

一、本网站原创的稿件

本网站采编人员采写的稿件，一般都有计划性，并且从选题到内容采集、加工等都由自己掌控，因而质量容易得到保证。

二、国内其他网站的稿件

采用国内其他网站的稿件时,需要注意下面几个问题。

1. 稿件的最初来源

需要弄清稿件是该网站原创的,还是来自其他网站或传统媒体。如果不是原创的,则应该找到稿件的最初来源,以便对稿件的质量进行判断。

2. 源网站的资格

需要弄明白该网站是否具备登载新闻的资格。如果不具备,则不应采用其原创的新闻稿件。

3. 著作权相关问题

需要采用其他网站的稿件时,要征得作者同意并注明原报道出处,并遵守相关法规。

三、国内传统媒体的稿件

国内传统媒体一般都有较严格的质量控制体系,因而稿件的质量是有保证的,并且稿件的来源也容易弄清楚。但在选用这些稿件时,需要注意版权问题。

四、来自网民的稿件

当想采用网民的稿件时,要注意几个方面。

1. 稿件的内容

对稿件的内容要严格审查,不能含有国家法律、法规所禁止的内容。

2. 稿件的真实性

对稿件中内容的真实性,要注意审查。最好能与原作者取得联系。

五、国外媒体的稿件

对来自国外媒体(包括网站)的稿件,国家有较严格的限制和规定。采用这类稿件时,要遵守相关规定,报国务院新闻办公室审批。

第二节　内容采集方法

目前流行的采集技术主要是人工采集、采集器自动抓取以及定制信息等。

一、人工采集

人工采集是最常见的网络信息采集方式。当前的网络信息中,用户接触最多的是以 Web 页面存在的信息。另外,电子邮件、FTP、BBS、新闻组也是互联网上获取信息的常见途径。以新闻信息采集为例,常见的人工获取信息方式有以下几种。

1. 通过相关领域的专业网站采集信息

如果是选择新闻稿件,其专业网站可参考前文中的新闻网站分类(见第一章第二节),此外,一些研究新闻和新闻传播的网站也可作为信息来源之一。

2.通过搜索引擎采集信息

搜索引擎是最常用的搜索信息的工具,使用搜索引擎可使用两种方法:一是通过关键词来检索,二是通过目录式搜索引擎的目录体系来查找。除了 Google、百度等大众搜索引擎外,还可以考虑使用某一行业的专用搜索引擎,用专业搜索引擎找出来的信息具有学术性强、质量高等优点。例如 MyLaw 搜索引擎(www.mylaw.com)就是搜索法律信息的专业搜索引擎。

3.通过相关领域重要组织或机构的网站采集信息

一些国际重要组织的网站本身就是收录高质量资源的站点,将他们的网站纳入采集库,可以快速获得高质量的信息。

4.通过相关领域专家的网站采集信息

相关专家的个人网站如同重要组织机构网站一样,是快速获取高质量信息的重要选择。

5.通过相关领域重要论坛采集信息

相关领域重要论坛的信息一般也很有效,有的论坛还提供免费订阅等功能。

6.通过相关领域专业数据库采集信息

专业数据库一般需要付费才能使用,例如新华社综合数据库(www.info.xinhua.org)就是目前新闻信息方面的知名数据库。

人工采集方法的特点是,需要通过人力来搜集信息,效率比较低,但是可以在采集过程中同时进行信息筛选,所采集信息的质量一般较高。

二、自动采集

以 RSS 技术为代表的自动采集技术可以从很大程度上改变传统信息采集的状况。所谓 RSS 技术是指站点用来和其他站点之间共享内容的一种简易方式(也叫聚合内容),通常被用于新闻和其他按顺序排列的网站,例如 Blog。网络用户可以在客户端借助于支持 RSS 的新闻聚合工具软件,在不打开网站内容页面的情况下阅读支持 RSS 输出的网站内容。而网站提供 RSS 输出,也有利于让用户发现网站内容的更新。

1.RSS 类别

目前,RSS 阅读器基本可以分为三类。

(1)运行在计算机桌面上的应用程序型 RSS 阅读器。这类阅读器通过所订阅网站的新闻站点,自动、定时地更新新闻信息。此类阅读器中,国外的 Awasu、FeedDemon 和 RSSReader 这三款较为流行,国内有周博通、看天下、新浪点点通等软件。

(2)内嵌于已在计算机中运行的应用程序中的 RSS 阅读器。例如,NewsGator 内嵌在微软的 Outlook 中,所订阅的新闻标题位于 Outlook 的收件箱文件夹中。另外,Pluck 内嵌在 Internet Explorer 浏览器中。

(3)在线的 Web RSS 阅读器。这类阅读器的优势在于不需要安装任何软件就可以获得 RSS 阅读的便利,并且可以保存阅读状态,还可以推荐和收藏自己感兴趣的文章。如抓虾网(www.zhuaxia.com)。

2.RSS 使用

(1)新浪点点通软件。新浪点点通软件界面主要分为四个部分,如图 4-1 所示。

①菜单区:实现频道管理、文章管理等功能。

②频道列表区:分类列出用户定制的所有频道。点击频道名,可在右方打开频道内的文章标题。

③标题区:列出某频道对应的文章标题列表。标题通常按照时间顺序进行排列。文章由RSS种子提供者进行即时更新。

④文章阅读区:点击某一标题即可在此区域显示文章的标题和内容提要。如要阅读详细信息,点击链接,即可跳转到相关页面。

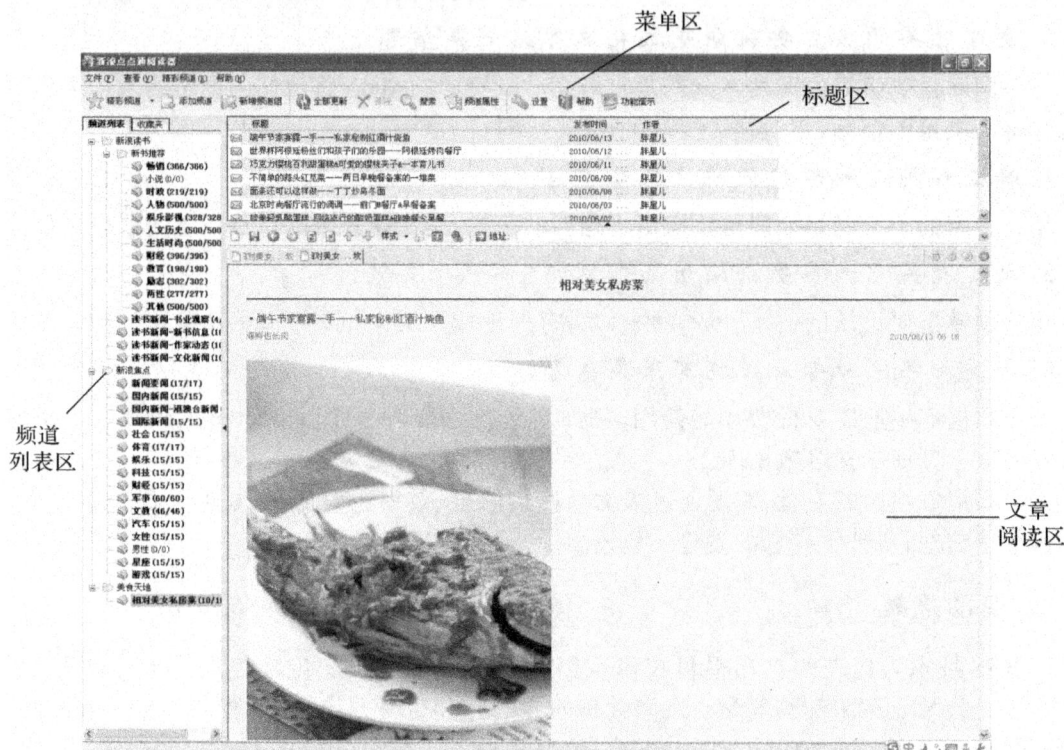

图 4-1　新浪点点通阅读器界面

(2)抓虾网。

第一步:注册。

①点击右上角"注册",拥有一个抓虾账号后,即可享受到抓虾网便捷、快速的个性化服务。

②抓虾网为未注册的用户,在"我的频道"里提供了简单的博客订阅服务。

第二步:订阅喜欢的博客。

①到"频道大全"订阅喜欢的博客,可以按类别选择订阅,也可以在右上角的输入框内输入感兴趣的关键词(如"徐静蕾")。

②如果你喜欢阅读朋友的博客,也可以到"我的频道",选择左边的添加频道选项,输入好友博客的网址,如图 4-2 所示。

按类别挑选

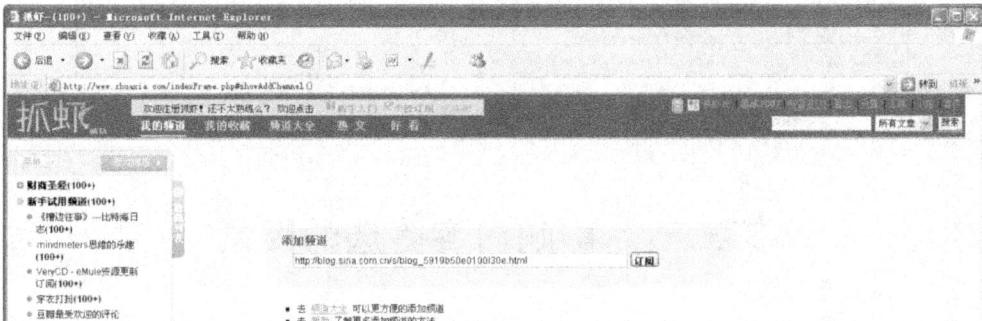

直接添加地址

图 4-2 抓虾网订阅信息界面

第三步:收藏并推荐你喜欢的文章

①在"我的频道"可以看到所有关心博客的文章与更新。如果特别喜欢其中一篇文章,可以点击文章标题前的"推荐"按钮,推荐到抓虾网"热文排行"上去,如图 4-3 所示。

②也可以点"收藏",以后无论何时何地,都可以在"我的收藏"里看到自己的积累与收藏,如图 4-4 所示。

图 4-3 抓虾网推荐信息界面

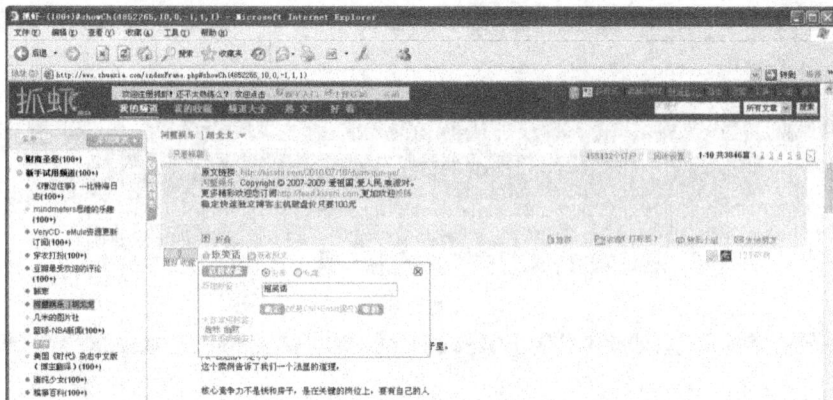

图 4-4　抓虾网收藏信息界面

第三节　影响内容筛选的因素

稿件在网上的发布,受几个方面因素的限制。首先,内容的发布要遵守国家相关的政策和法规。其次,稿件内容必须真实可信。第三,应对网站的目标受众的特点、兴趣等有所了解,这样才能有针对性地筛选出合适的稿件。

一、与网络内容发布有关的国家相关政策和法规

1.《互联网新闻信息服务管理规定》

2005 年 9 月 25 日国务院新闻办公室、信息产业部发布了《互联网新闻信息服务管理规定》。这个规定包含了与互联网新闻信息发布相关的内容,节选如下。

第一章　总　　则

第一条　为了规范互联网新闻信息服务,满足公众对互联网新闻信息的需求,维护国家安全和公共利益,保护互联网新闻信息服务单位的合法权益,促进互联网新闻信息服务健康、有序发展,制定本规定。

第二条　在中华人民共和国境内从事互联网新闻信息服务,应当遵守本规定。

本规定所称新闻信息,是指时政类新闻信息,包括有关政治、经济、军事、外交等社会公共事务的报道、评论,以及有关社会突发事件的报道、评论。

本规定所称互联网新闻信息服务,包括通过互联网登载新闻信息、提供时政类电子公告服务和向公众发送时政类通讯信息。

第三条　互联网新闻信息服务单位从事互联网新闻信息服务,应当遵守宪法、法律和法规,坚持为人民服务、为社会主义服务的方向,坚持正确的舆论导向,维护国家利益和公共利益。

国家鼓励互联网新闻信息服务单位传播有益于提高民族素质、推动经济发展、促进社会进步的健康、文明的新闻信息。

第四条　国务院新闻办公室主管全国的互联网新闻信息服务监督管理工作。省、自治区、直辖市人民政府新闻办公室负责本行政区域内的互联网新闻信息服务监督管理工作。

第二章　互联网新闻信息服务单位的设立

第五条　互联网新闻信息服务单位分为以下三类：

（一）新闻单位设立的登载超出本单位已刊登播发的新闻信息、提供时政类电子公告服务、向公众发送时政类通讯信息的互联网新闻信息服务单位；

（二）非新闻单位设立的转载新闻信息、提供时政类电子公告服务、向公众发送时政类通讯信息的互联网新闻信息服务单位；

（三）新闻单位设立的登载本单位已刊登播发的新闻信息的互联网新闻信息服务单位。

根据《国务院对确需保留的行政审批项目设定行政许可的决定》和有关行政法规，设立前款第（一）项、第（二）项规定的互联网新闻信息服务单位，应当经国务院新闻办公室审批。

设立本条第一款第（三）项规定的互联网新闻信息服务单位，应当向国务院新闻办公室或者省、自治区、直辖市人民政府新闻办公室备案。

（下略）

第三章　互联网新闻信息服务规范

第十五条　互联网新闻信息服务单位应当按照核定的服务项目提供互联网新闻信息服务。

第十六条　本规定第五条第一款第（一）项、第（二）项规定的互联网新闻信息服务单位，转载新闻信息或者向公众发送时政类通讯信息，应当转载、发送中央新闻单位或者省、自治区、直辖市直属新闻单位发布的新闻信息，并应当注明新闻信息来源，不得歪曲原新闻信息的内容。

本规定第五条第一款第（二）项规定的互联网新闻信息服务单位，不得登载自行采编的新闻信息。

（下略）

第十九条　互联网新闻信息服务单位登载、发送的新闻信息或者提供的时政类电子公告服务，不得含有下列内容：

（一）违反宪法确定的基本原则的；

（二）危害国家安全，泄露国家秘密，颠覆国家政权，破坏国家统一的；

（三）损害国家荣誉和利益的；

（四）煽动民族仇恨、民族歧视，破坏民族团结的；

（五）破坏国家宗教政策，宣扬邪教和封建迷信的；

（六）散布谣言，扰乱社会秩序，破坏社会稳定的；

（七）散布淫秽、色情、赌博、暴力、恐怖或者教唆犯罪的；

（八）侮辱或者诽谤他人，侵害他人合法权益的；

（九）煽动非法集会、结社、游行、示威、聚众扰乱社会秩序的；

（十）以非法民间组织名义活动的；

（十一）含有法律、行政法规禁止的其他内容的。

第二十条 互联网新闻信息服务单位应当建立新闻信息内容管理责任制度。不得登载、发送含有违反本规定第三条第一款、第十九条规定内容的新闻信息；发现提供的时政类电子公告服务中含有违反本规定第三条第一款、第十九条规定内容的，应当立即删除，保存有关记录，并在有关部门依法查询时予以提供。

第二十一条 互联网新闻信息服务单位应当记录所登载、发送的新闻信息内容及其时间、互联网地址，记录备份应当至少保存 60 日，并在有关部门依法查询时予以提供。

（下略）

这个规定的第二条明确说明了互联网新闻信息服务的含义和范围，即"包括通过互联网登载新闻信息、提供时政类电子公告服务和向公众发送时政类通讯信息"。规定的第五条则指出了具有从事互联网新闻信息服务资格的三类中国网站。第三章对网站所发布的新闻信息的来源做了限定，并且在第十九条中明确指出了新闻信息服务禁止刊载的内容。

网络编辑在采集新闻信息时必须遵守这个规定。此外，网络编辑还需要了解其他相关的法律法规。国家的相关法律、法规也在不断地发展和完善，网络编辑需要不断更新自己的法律知识。

2. 与著作权相关的法律法规

目前转载是网络新闻的一个主要来源，因此在转载其他媒体的内容时，除了遵守国家关于互联网新闻发布的相关法律、法规外，还要注意著作权问题。对于网络编辑来说，除了《中华人民共和国著作权法》和其他相关法律、法规外，还需要特别注意《信息网络传播权保护条例》。

《信息网络传播权保护条例》已于 2006 年 5 月 10 日通过，并于 2006 年 7 月 1 日起施行。该条例的有关内容如下。

第二条 权利人享有的信息网络传播权受著作权法和本条例保护。除法律、行政法规另有规定的外，任何组织或者个人将他人的作品、表演、录音录像制品通过信息网络向公众提供，应当取得权利人许可，并支付报酬。

但第六条规定在某些情况下，可以不经著作权人许可，不向其支付报酬。

第六条 通过信息网络提供他人作品，属于下列情形的，可以不经著作权人许可，不向其支付报酬：

（一）为介绍、评论某一作品或者说明某一问题，在向公众提供的作品中适当引用已经发表的作品；

（二）为报道时事新闻，在向公众提供的作品中不可避免地再现或者引用已经发表的作品；

（三）为学校课堂教学或者科学研究，向少数教学、科研人员提供少量已经发表的作品；

（四）国家机关为执行公务，在合理范围内向公众提供已经发表的作品；

（五）将中国公民、法人或者其他组织已经发表的、以汉语言文字创作的作品翻译成的少数民族语言文字作品，向中国境内少数民族提供；

（六）不以营利为目的，以盲人能够感知的独特方式向盲人提供已经发表的文字作品；

（七）向公众提供在信息网络上已经发表的关于政治、经济问题的时事性文章；

（八）向公众提供在公众集会上发表的讲话。

在互联网上，侵犯著作权集中表现在：某些网站未经著作权人的许可就在网络上公开登载其作品，比如转载传统媒体或其他网站的作品而未经著作权人许可；或者某些传统媒体未经许可就从网络上下载并发表网络原创作品。

网络编辑了解了这些与著作权相关的法律、法规、条例，有助于在网络传播中避免侵犯他人的著作权，也有助于保护网站自身的权利。

二、受众的特点

信息服务主要目的是为了满足目标受众需求，这有助于网站在激烈的竞争中生存并获得发展。因此网络内容的筛选不能不顾及他们的构成、特点和喜好。

据中国互联网络信息中心（CNNIC）于 2010 年 1 月发布的《第 25 次中国互联网络发展状况统计报告》显示，目前中国网民的规模、结构特征、主要网络应用的使用行为情况如下。

1. 网民规模

（1）网民的总体规模。如图 4-5 所示，截至 2009 年底，我国网民的规模达 3.84 亿人，较 2008 年增长 28.9%，在总人口中的比重从 22.6% 提升到 28.9%，互联网普及率稳步上升。我国互联网普及率低于发达国家（美国、日本和韩国普及率分别达到 74.1%、75.5% 和 77.3%），但高于世界平均水平（25.6%）。另外，目前有 3.46 亿网民使用宽带上网，在总体网民中占 90.1%。

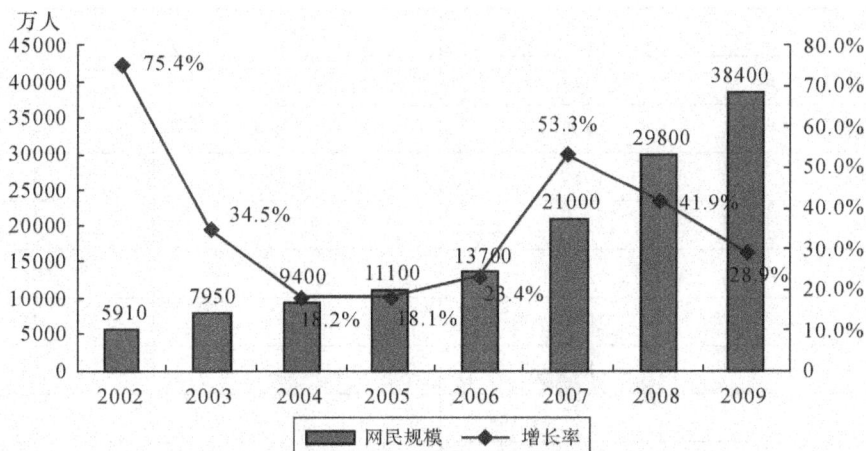

图 4-5　网民的总体规模与增长率

（2）分省网民规模。我国大陆各省、自治区、直辖市的互联网发展状况有一定的差异，如表 4-1 所示。各地的互联网发展程度与地区经济发展水平呈一定的正相关，即地区经济越发达，其互联网发展状况也就越好。

表 4-1   2009 年分省网民规模及增速

省份	网民数（万人）	普及率	增长率
北京	1103	65.1%	12.6%
上海	1171	62.0%	5.5%
广东	4860	50.9%	6.7%
天津	564	48.0%	16.3%
浙江	2452	47.9%	16.3%
福建	1629	45.2%	18.1%
辽宁	1595	37.0%	40.2%
江苏	2765	36.0%	32.7%
山西	1064	31.2%	29.9%
山东	2769	29.4%	39.6%
海南	244	28.6%	13.0%
重庆	803	28.3%	34.3%
青海	154	27.7%	18.5%
新疆	634	27.5%	1.4%
吉林	726	26.6%	39.6%
陕西	995	26.5%	25.9%
河北	1842	26.4%	38.1%
湖北	1469	25.7%	39.9%
黑龙江	912	23.9%	47.1%
内蒙古	575	23.8%	49.4%
宁夏	141	22.8%	38.2%
湖南	1406	22.0%	40.7%
广西	1030	21.4%	40.3%
河南	2007	21.3%	56.4%
甘肃	535	20.4%	63.6%
四川	1635	20.1%	48.2%
云南	844	18.6%	54.0%
西藏	53	18.6%	12.8%
江西	790	18.0%	29.5%
安徽	1069	17.4%	47.9%
贵州	573	15.1%	32.3%

2. 网民的结构特征

(1)网民的性别结构。目前中国网民中,男性和女性的比例为 54.2:45.8,女性网民的比例略低于全国人口中女性的比例,如图 4-6 所示。

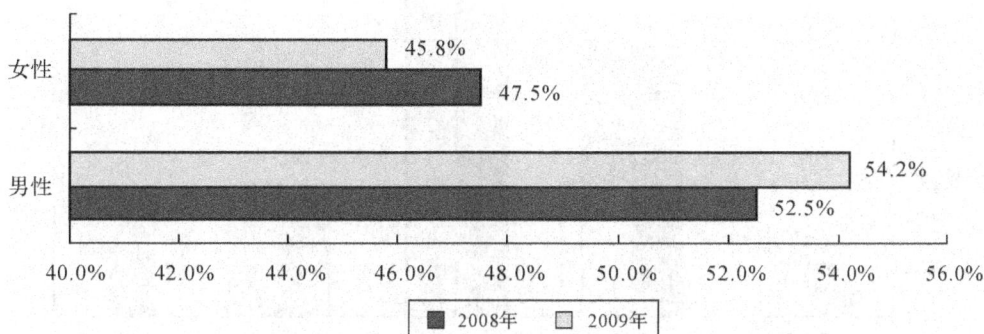

图 4-6　网民的性别结构

(2)网民的年龄结构。与 2008 年相比,中国网民的年龄结构更为优化,也更加均衡。30 岁以上年龄段人群的占比增加,网民的年龄结构如图 4-7 所示。

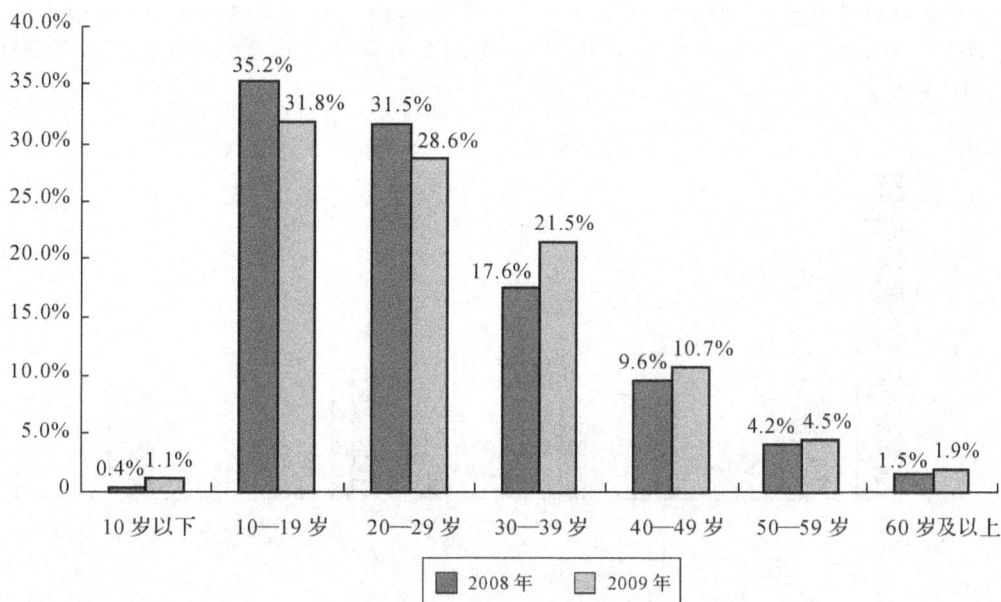

图 4-7　网民的年龄结构

(3)网民的学历结构。网民的学历结构如图 4-8 所示。其中,小学及以下学历的网民数量的增速超过整体网民数量的增速。

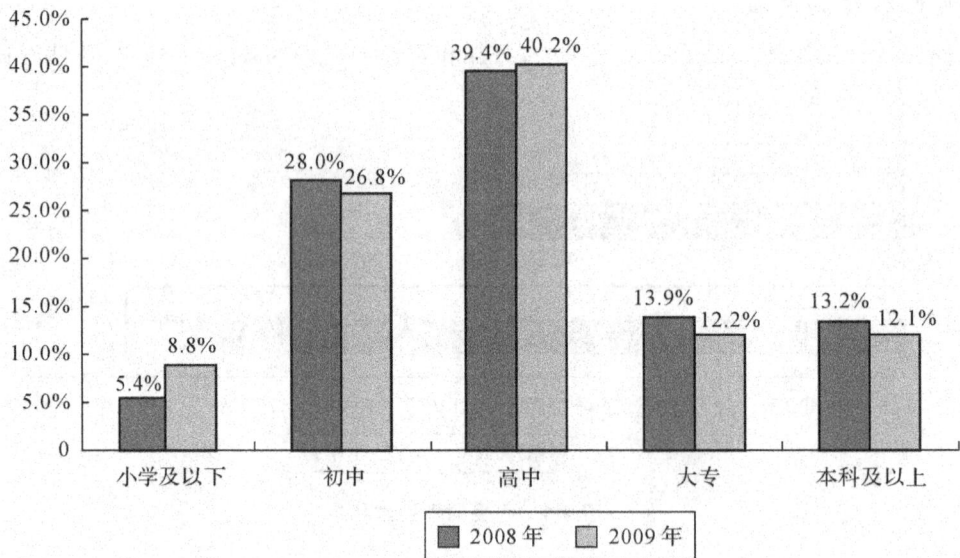

图 4-8　网民的学历结构

（4）网民的职业结构。2009 年，中国学生网民群体的占比有较明显的下降，但仍然是占比最大的群体。产业、服务业工人和无业、下岗、失业等网民群体的占比增长相对较快。网民的职业结构如图 4-9 所示。

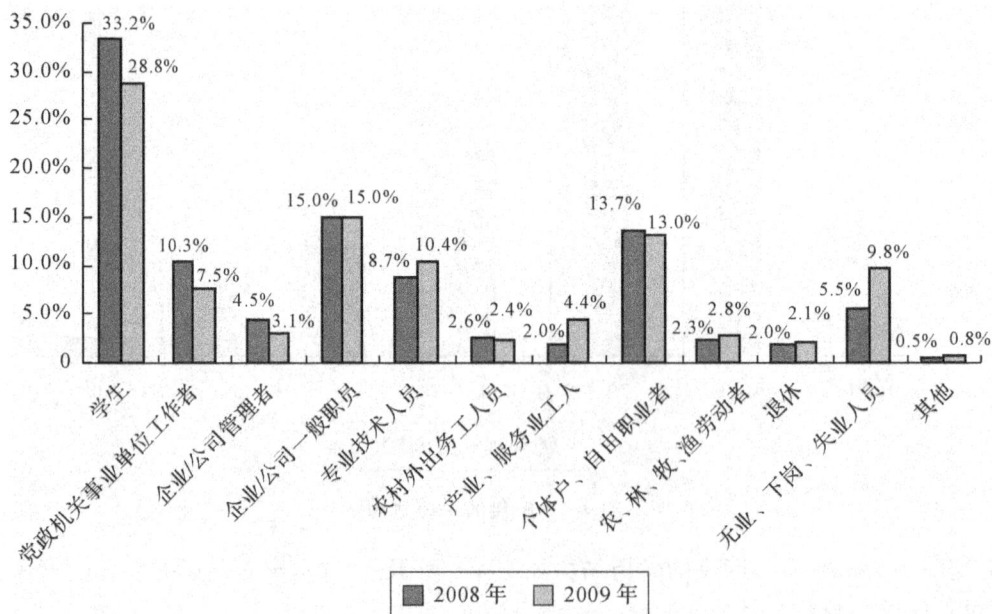

图 4-9　网民的职业结构

（5）网民的月收入结构。如图 4-10 所示。

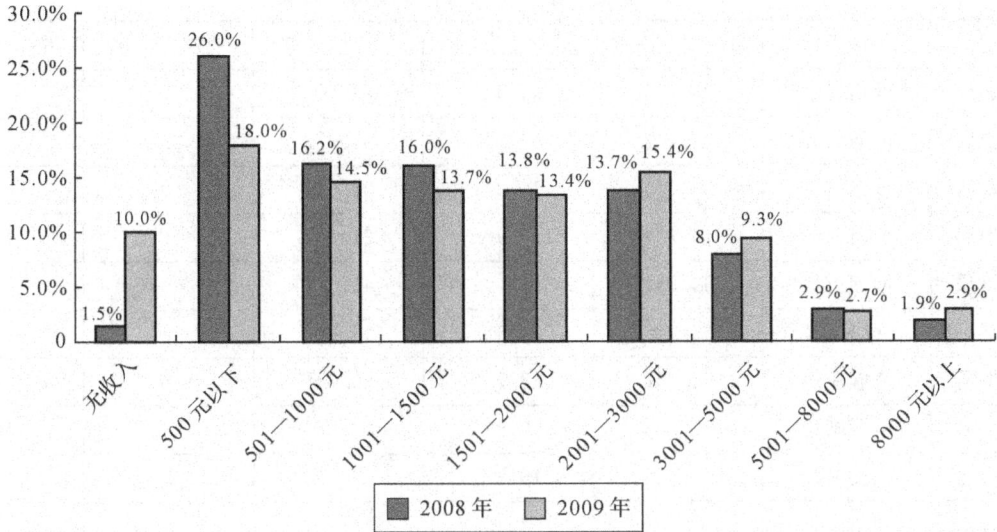

图 4-10　网民的月收入结构

（6）网民的城乡结构。2009 年，农村网民规模达到 10681 万，占整体网民的 27.8％。同比增长 26.3％，如图 4-11 所示。其中，2008 年的数据来自中国互联网络信息中心（CNNIC）于 2009 年 1 月发布的《第 23 次中国互联网络发展状况统计报告》（本次统计调查数据的截止日期为 2008 年 12 月 31 日）。此报告中也有 2007 年的网民城乡结构数据，此处也有引用。

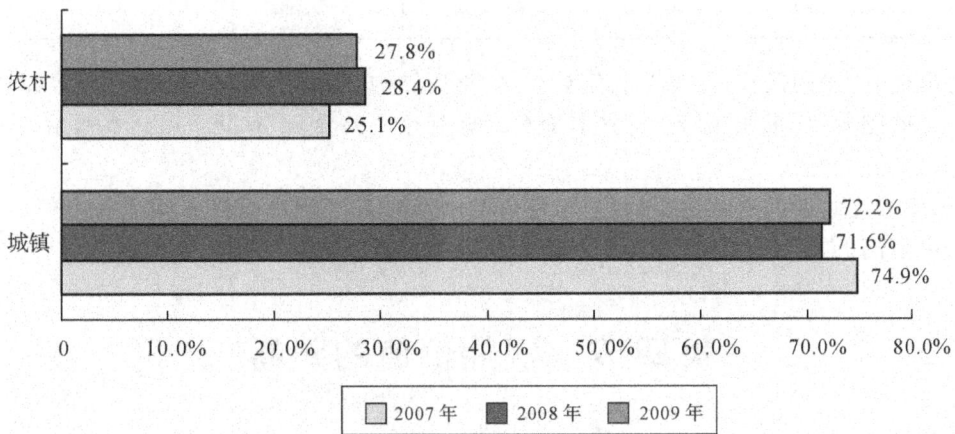

图 4-11　网民的城乡结构

3. 主要网络应用使用行为

截至 2009 年 12 月，各种网络应用的使用情况如表 4-2 所示。使用率最高的是网络音乐、网络新闻、搜索引擎等，但商务交易类应用的增长率较快，其中，网上支付的增长率最快。

表 4-2　各类网络应用使用状况及用户增长

类型	应用	2008 年使用率	2009 年使用率	用户增长率	使用率排名	增长率排名
网络娱乐	网络音乐	83.7%	83.5%	28.8%	1	11
信息获取	网络新闻	78.5%	80.1%	31.5%	2	9
信息获取	搜索引擎	68.0%	73.3%	38.6%	3	7
交流沟通	即时通信	75.3%	70.9%	21.6%	4	13
网络娱乐	网络游戏	62.8%	68.9%	41.5%	5	6
网络娱乐	网络视频	67.7%	62.6%	19.0%	6	14
交流沟通	博客应用	54.3%	57.7%	36.7%	7	8
交流沟通	电子邮件	56.8%	56.8%	29.0%	8	10
交流沟通	社交网站	—	45.8%		9	
网络娱乐	网络文学	—	42.3%	—	10	—
交流沟通	论坛/BBS	30.7%	30.5%	28.6%	11	12
商务交易	网络购物	24.8%	28.1%	45.9%	12	5
商务交易	网上银行	19.3%	24.5%	62.3%	13	4
商务交易	网上支付	17.6%	24.5%	80.9%	14	1
商务交易	网络炒股	11.4%	14.8%	67.0%	15	3
商务交易	旅行预订	5.6%	7.9%	77.9%	16	2

综上所述,中国网民在性别结构、年龄结构、学历结构、职业结构、收入结构、城乡结构等方面都存在一定的差异,如果能在信息筛选时充分考虑到这些差异,将有助于提高本网站的信息传播效果。

此外,由于网络新闻占有重要的地位,在研究受众时有必要对网络新闻进行专门的研究,以掌握受众中不同的人群在浏览、阅读网络新闻方面的特点。

第四节　稿件价值的判断

内容筛选时究竟选择什么样的内容,一个重要的标准是从网络传播的角度对它的价值进行判断。包括稿件的真实性、权威性、时效性、实用性、趣味性等。

一、真实性

真实性判断,就是判断稿件中所涉及的事物、事件及其要素是真实的、客观存在的。

网络传播开放、快速的特性给虚假信息的传播带来了便利,导致网络上信息的真实性难以保证,危害也很严重。

2003 年 3 月 29 日上午,中国日报网站报道了一则消息,称"微软总裁比尔·盖茨被谋杀"。消息来源于美国有线电视新闻网(即 CNN)。国内网站新浪、搜狐等纷纷转载,并且通过手机短信发布了该消息。北京时间当日中午 12 时 20 分,微软公司致电中国日报网站,称此消息是

2002 年愚人节的恶作剧。这条源于互联网的假新闻令中国新闻网站的信誉受到了严重损害。

判断信息的真实性，可以从以下几个方面进行。

1. 从信息本身来判断

（1）信息的来源。当计划选用某则信息时，首先要查明信息的来源。通过对信息提供人的背景、身份等的考察，判断信息的真实性。对于那些来源不明的信息，无论重要与否，都不能轻易采用。

（2）信息的要素。判断信息的真实性，还要查看信息的要素。查看何时（when）、何地（where）、何事（what）、何因（why）、何人（who）等要素是否齐备，并且必要时进行核对。对于要素不完整的信息要谨慎。

（3）信息的引语、背景等附加资料。一般而言，事件都有其背景，尤其是新闻事件。通过对信息的引语、背景等附加资料的考察，也有助于查明其真实性。

（4）信息的细节。信息的细节不仅有助于查明其真实性，也可以通过细节看出信息的准确性。信息细节的核实，可以通过调查（比如与信息提供人、当事人、知情人等联系以查明真实性）、与其他媒体（尤其是权威性的媒体）的类似信息核对，或通过查找有关资料来进行。信息中的引文和其他引用的资料，也应有可靠的来源，也要注意其真实性和准确性。

2. 多源求证

为了保证信息尤其是新闻信息的真实性，通常要进行多源求证，即不能在仅有一个信息来源的情况下，就采用并发布信息。多源求证是指对两个以上与事件无关的独立消息来源进行核实，以确定消息的真实性。

例如上面的比尔·盖茨被谋杀的消息。如果进行多源求证的话，就比较容易判明信息的真伪。比尔·盖茨是全球 IT 界的重量级人物，如果他被谋杀，美国的主要媒体都会有相关报道。所以只要通过对几家重要媒体进行核实，很快就能判断出消息的真伪。

在进行多源求证时，还应当注意，网络媒体经常对一条新闻相互转载，所以，不能看到有几家网站发布了某条新闻，就认为这条新闻可以发布，因为这条新闻可能源于同一个来源。因此一定要注意鉴别独立的消息来源。

3. 运用逻辑

除了上述几个方面外，判断信息的真实性，也离不开逻辑。这里包含两个方面。首先是信息本身的逻辑。对于逻辑混乱，甚至不符合常理的信息，更要多方面地、综合地分析和判断其真实性。其次是信息采集者的逻辑。网络编辑在判断信息的真实性时，也要开动自己的脑筋，运用自己的逻辑思维去判断。

上面的比尔·盖茨被谋杀的消息也可以运用逻辑来判断。试想，如果这样一个世人皆知的全球 IT 界的重要人物真的被谋杀，美国甚至全球的大小媒体肯定会闻风而动，在很短的时间内就会有大量的相关报道，不会仅有 CNN 一家媒体进行报道。

4. 技术判断

在互联网世界中，信息的造假也会出现。比如模仿某家网站的界面、风格等做一个冒牌的网站或网页，并在这个冒牌的网页上发布假信息。对于这种造假，一般通过比对冒牌网站的网址就能验明网站的真伪。另外，还有网站被黑客攻击，网站内容被篡改，伪造或篡改图片、音频、视频等情况。

所以除了采用多源求证、逻辑分析等方式来判断消息的真伪外，还应掌握一定的互联网知识及其他方面的知识和技术,以帮助判明真伪。比如,图片的造假常常是通过一些图像处理软件(比如 Adobe 公司的 Photoshop)来完成的,这些伪造或篡改过的图片在技术上常会留下一些篡改的痕迹或破绽。但有时这些伪造的图片也确实制作精细,常达到以假乱真的程度,增大了判断的难度。

5. 其他需要注意的问题

(1)特殊时间(尤其是愚人节时期)。对愚人节等特殊时期的消息要谨慎。每年的愚人节可能会出现一些搞怪、恶作剧的消息,对这些消息要保持警惕。例如,1996 年 4 月 1 日,美国在线发布了一条新闻:在木星上发现了生物。该报道声称,美国政府已经掌握了木星存在生物的证据,但将这一消息闭而不发。这条新闻上网后,人们大量跟帖,并纷纷打电话给政府有关部门询问情况。

在愚人节等特殊时期,除了可以用上述的各种方法判断信息的真伪外,掌握一些常识、扩大知识面也有很大的帮助。对于上面的例子,至今还没有确凿的证据表明外星生物存在,也没有确凿的证据表明外星生物曾经造访地球。知道了这一点,当看到这样的信息时,就会在大脑里先打个问号。

(2)经常出现假新闻的媒体或来源。对于经常出现假新闻的媒体或来源的消息,也要保持警惕和谨慎。网络编辑可以在日常的学习与工作过程中,积累这方面的信息,并将这些常出现假新闻的来源整理成列表,以备必要时查对。

二、权威性

在互联网上传播的信息,常常有这样的情况,同一个事件,从不同的来源获得的消息常常会有所不同,有时候还会大相径庭、互相矛盾。因而在采集信息时,就要注意信息的权威性。

判断信息的权威性,可以从以下几个方面进行。首先要看信息来源是否具有权威性。比如信息是否来自国家权威性部门、权威性媒体等。通常而言,来自这些权威性部门和媒体的消息都经过了严格的查证,权威性是有保证的。其次,对于一些涉及重大问题的研究成果,还要考察其研究方法是否科学,研究是否具有代表性、普遍性等,并以此判断研究结论是否具有权威性。再次,对于从网络中得到的各种信息,可以通过同类信息的比较发现它们是否有差别,从而进一步去找到最具权威性的材料。

三、时效性

信息的时效性对受众和网站都很重要。对于受众来说,如果信息的时效性差,那么信息对网民的吸引力就差。比如延迟了较长时间才发布的新闻,可能已经不是当前的热点,因而网民的关心程度也就减弱了。此外,时效性太差的信息,由于时过境迁,信息的可用性也会成为问题,甚至会毫无价值,比如财经类信息的时效性就很强。另外,如果时效性差,则可能网民早已从其他网站或传统媒体那里知道了这个信息。对于网站来说,争取第一时间发布信息是吸引网民,并在竞争中获得优势的重要手段。

关于时效性,有下面几种情况。

1. 突发性事件

对于突发性事件,能够第一时间报道,那么所报道的信息就有很强的时效性。例如 2010 年 4 月 14 日,青海省玉树县发生地震就是典型的突发性事件。

2. 渐进的事件

对于逐渐进展、表现为一个过程的事件,看起来时效性不强,但如果能找到一个好的由头进行报道,就能较好地体现时效性。如下文中关于高铁的报道,虽然高铁建设较早就开始进行了(建设开始时间在 2005 年 6 月),但由于正好有一个好的由头,即石太客运专线即将开通运营,此时对高铁建设过程中发生的事情做报道,就能给人以较强的时效感。

【案例 4-1】石太客运专线:山区高速铁路的典范[①]

石太客运专线马上就要开通运营了,在将近四年的建设中,建设者克服了各种困难在山区成功建成了高速铁路,创造了中国铁路建设史上的新业绩。

石太客运专线总长 189 公里,从 2005 年 6 月开始动工建设,由于是在山区建设高速铁路,为了让列车在高速运行下仍能保持良好的平稳性,施工人员采取了逢山开洞、逢沟架桥的建设办法。

石太客运专线 Z11 标项目部总工程师谷金明:石太线客专属于山区铁路,桥隧比例特别大,为了提高速度,半径采用五千米以上,因此隧道比例大概能占到 40% 以上。

在整个工程中,太行山隧道和太钢特大桥是两个突出的亮点,建设者克服了冬季施工的困难,全长 27.84 公里的太行山隧道和跨度 1000 多米的太钢特大桥不仅创造了中国铁路建设史上的奇迹,而且在亚洲也处于领先水平。

石太客运专线 Z11 标项目部总工程师谷金明:第一个是我们采取暖棚法,搭暖棚、生炉子取暖,第二提高混凝土标号。

4 月 1 日石太客运专线正式运营后,设计运行速度为 250 公里每小时的动车组首发将开行 17 对列车,在满足旅客出行需求的同时,太原与北京间的时空距离也将大为缩短。

3. 过去的事件

报道已经发生较久的事件,如果想有较好的时效性,可以采用利用由头报道的方式。如很久以前发生的事情有了新的发现或披露了新的信息,或由于某种原因成了一时较热的话题,这些都可以是较好的由头。案例 4-2 就是利用对某事、某人等的周年纪念的由头来对成渝铁路进行报道的。

【案例 4-2】成渝铁路:新中国的第一条铁路[②]

新华网北京 8 月 11 日电 中国地大物博,铁路作为国家的重要基础设施、国民经济的大动脉、大众化的交通工具,在经济社会发展中发挥着巨大作用。而在纵横交错的铁路

[①] 《石太客运专线:山区高速铁路的典范》,http://www.sx.xinhuanet.com/jrtt/2009-03/30/content_16106980.htm.

[②] 《成渝铁路:新中国的第一条铁路》,http://news.xinhuanet.com/politics/2009-08/11/content_11862271.htm.

线中,有一个令新中国铁路建设者们振奋且永远不能忘怀的名字,它在中国铁路发展史上具有极其重要的意义,因为它是新中国自行修建的第一条铁路——成渝铁路。这是中国自行设计施工,完全采用国产材料修建的第一条铁路,是中国铁路史上的一个创举。

成渝铁路1950年6月开工建设,1952年6月通车,1953年7月交付运营,线路西起成都,东抵重庆,全长505公里,作为中国西南地区第一条铁路干线,是连接川西、川东的经济、交通大动脉。成渝铁路于上世纪80年代末实现了电气化。

早在1903年,清政府就有兴建川汉铁路的意向,而它的西段就是成渝铁路。到1936年,国民政府成立了成渝铁路工程局,次年开始修筑。后来,政府更以修路为借口,不知搜刮了多少民脂民膏,结果只是在地图上画了一条"虚线"。

新中国成立后,百废待兴,面临着西南刚刚解放,战争尚未完全平息,社会秩序尚未安定,国家财政相当困难等各种不利因素,党中央和政府为了西南人民,决定在极其艰难的条件下立即开始兴建成渝铁路。

解放大西南和建设大西南,是邓小平波澜壮阔的一生中的重要一页。在西南,邓小平屡建殊功,功勋卓著,显示了卓越的政治才能。主持修建新中国第一条铁路——成渝铁路,就是其中光辉的一页。

需要注意的是,如果需要对较久以前的事情进行报道,则除了需要找一个较好的由头外,还有必要对事情的内容进行核实,以免因为时日较久,内容中的某些要素发生了变化。

最后,不能因为追求稿件的时效性就放弃对稿件必要的审核。在这方面,中国媒体也付出过惨重的代价。2000年8月29日凌晨,中俄女排决战尚未结束时,新浪网的奥运频道却突然登出一条信息,称中国女排失利。在女排比赛尚未结束时即标题宣告中国女排失利,对新浪网的传媒形象造成了极差的影响。

四、重要性

网络编辑在选择新闻时,还应该优先选择那些重要的、有较大影响的、对多数人来说有意义的信息。一般而言,评判重要性的标准可以是消息所涉及的事件、现象等对社会的影响的程度。影响的范围越广、影响的程度越深、影响的时间越长,重要性就越明显。

五、显著性

显著性是指新闻中的事实的知名度。这个知名度与新闻中涉及的人物、事件、地点、时间等的知名度有关。知名度越高的人物所从事的活动的显著性就越高。

六、趣味性

轻松有趣的内容无疑对网民有较强的吸引力,因此趣味性也是评价网络信息的价值的一个标准。趣味性能起到锦上添花的作用,但并非必不可少的要素,不具备趣味性的稿件也可以在网络上发布。

关于趣味性,常见的有轶闻趣事,如关于小动物、大自然等的内容,此外还有内容或文风有趣、诙谐、幽默。人们在紧张的工作之余,能读到趣味性强的文章也是一种不错的放松心情的途径。例如下面关于松鼠和鸽子争食的有趣报道,能在一笑之间唤起人们的快乐。

【案例 4-3】英摄影师捕捉松鼠与鸽子争食精彩瞬间(图)①

在实施攻击前,灰松鼠张牙舞爪,看上去像是在向鸽子怒吼

灰松鼠扑上前去,欲对鸽子发动攻击

新浪科技讯　北京时间 5 月 29 日消息,据国外媒体报道,英国摄影师西蒙·达克(Simon Dack)在布赖顿的自家花园里,幸运地捕捉到松鼠与鸽子争抢食物的精彩瞬间。

当鸽子试图抢走坚果时,灰松鼠立即做出反击,做势上前欲"拼命"。据达克介绍,看见鸽子靠近,灰松鼠就像是捍卫自己的宝贝一般,抬起两个前爪,做出张牙舞爪的架势,鸽子见状抖抖羽毛,悻悻地飞走了。灰松鼠证明自己性格坚强,绝不会轻易放弃它的领地,在赶走鸽子以后,它开始享用自己的胜利果实。

灰松鼠的好斗给达克留下了深刻印象,于是给它取了一个"普特姆金斯"(Putemupkins)的绰号。他说:"或许,它是阿特丽克斯·波特(生于维多利亚女王时代的女作家)塑造的动画形象'松鼠纳特金'的老大哥,脾气还不太好。"

北美灰松鼠在 19 世纪 70 年被引入英国,用于给公园带来生机。然而,数十年以

---

① 《英摄影师捕捉松鼠与鸽子争食精彩瞬间》,http://tech.sina.com.cn/d/2010-05-29/13374244974.shtml。

后,它们的足迹便遍及大半个英国。灰松鼠比英国本地红松鼠更大、更具进攻性,结果它们将大部分红松鼠赶出了自然栖息地。灰松鼠还因偷鸟的食物而臭名昭著,所以,那只不幸的鸽子也许正试图夺回属于自己的东西。

在关注趣味性信息时,也要注意是否符合科学常识,不能为了迎合趣味性而传播一些没有根据的消息。

另外,还要注意的是,趣味不等同于庸俗。目前,网络上庸俗信息很多,网络编辑应该为网民采集趣味性强的、健康的内容。

七、实用性

与传统新闻媒体不同的是,内容的实用性也是衡量网络稿件内容价值的一个重要标准。介绍知识、提供资料等都属于实用性的范围。信息的实用性与趣味性一样,都不是必备要素。

网络信息的实用性首先要求信息本身具有真实性。对虚假信息而言,谈实用性是没有意义的。虚假的实用性信息甚至具有很大的危害性。其次,信息的权威性也影响着信息的实用性。现在网络上有时会有一些说法不一,甚至互相矛盾的信息,令人们无所适从。这些没有权威性的信息,其实用性也无从谈起。最后,信息的实用性还表现为信息的可用程度,也就是人们利用此信息时,是否具备一定的可操作性。比如向读者介绍一款新出的软件,不但要介绍其优缺点、对电脑配置的要求,还应说明如何才能得到或买到这款软件和其他人们可能需要知道的各种细节。另外,实用性信息一般也是动态信息,信息的时效性越强,对受众的价值越高。实用性信息如果能和个性化服务结合起来,对其目标受众而言,将会有更大的吸引力。

具体筛选信息的时候,可以按照以下步骤和流程操作。

步骤一:先根据稿件新闻价值(权威性、时效性、重要性、显著性、趣味性、实用性)挑选值得发布的稿件。目的是淘汰不具有新闻价值的稿件,这类稿件往往所占比例较大。

步骤二:再根据国家法律法规,分析、挑选符合传播导向的稿件。目的是淘汰具有负面社会影响、导向不正确的稿件。

步骤三:在具有良好社会效果的稿件中,根据稿件对媒介的适宜性,分析、挑选符合本网站特色的稿件。目的是淘汰与媒体定位和编辑方针不符合的稿件。

最后留下的都是具有良好社会效果、具有传播价值并符合网站定位的稿件,在稿件正式决定采用前,必须再对其真实性进行核实,如果不实,也可以淘汰不用。

第五节　稿件的归类

稿件筛选完后,还要将稿件分类,放于网站中相应的栏目中。恰当的分类,能够方便读者的查找和阅读,更好地为读者服务。

一、网站的结构

如图 4-12 所示,网站常常分为若干个频道,每个频道下面有若干个栏目。根据需要,栏目下面还可以设有子栏目,以此类推。

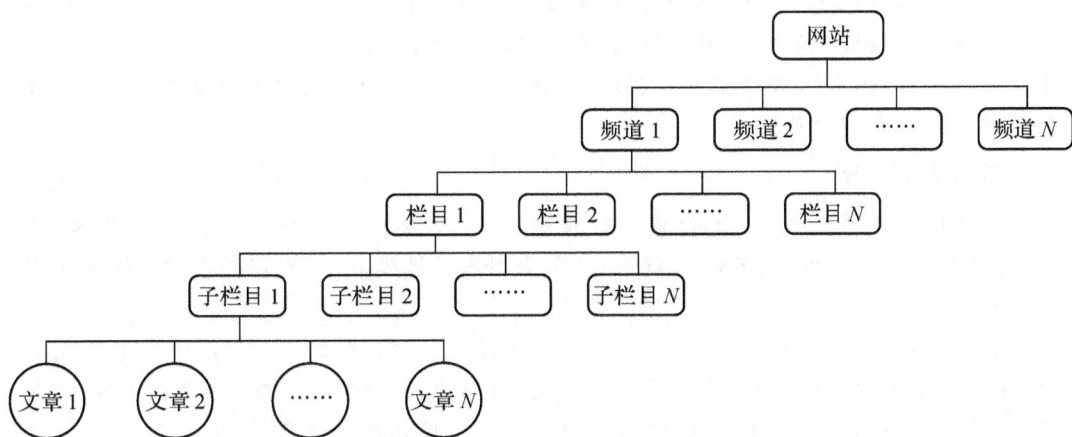

图 4-12   网站基本结构示意图

上图是一个比较简单的树状结构模型,共有 5 层。大型网站的结构要复杂得多,但组织方式基本是一致的。

二、归类依据和方法

稿件分类常常采用按内容的性质进行分类,这时稿件中的关键词就是重要的分类依据。关键词选择的准确与否,不仅会影响到稿件的归类,也会影响到给稿件添加超链接,因此应当选择好关键词。

关键词是指能说明稿件主题的词语。关键词可以是主要人物的名字、人物所属的领域和事件所属的与所影响的领域等。一篇稿件中常常有多个关键词,关键词的选择不同,稿件所归属的类别也可能会不同。

在选择关键词时,可以考虑如下几个方面。

1. 当稿件中涉及多个人物时,可根据其知名度和影响力确定关键词

案例 4-4 是关于英国著名物理学家史蒂芬·霍金对时光机器的论述的报道。由于霍金在物理学界具有较高的知名度,因此把"霍金"这一人物名称作为关键词是合适的,由于霍金是国外知名科学家,其言行会受到世人的关注,所以这篇文章可以归入国际新闻类别。进一步分析霍金的论述所属的领域和在该领域内的影响,会发现案例中霍金所论述的"时光旅行"属于物理研究方面的,所以也可以以"物理"、"时光旅行"等为关键词,归入科技新闻中。

【案例 4-4】霍金称时光机理论上可行   警告勿回去看历史①

> 英国著名物理学家史蒂芬·霍金继日前承认外星人的存在后,又发表一个惊人论述:他声称带着人类飞入未来的时光机,在理论上是可行的,所需条件包括太空中的虫洞或速度接近光速的宇宙飞船。不过,霍金也警告,不要搭时光机回去看历史,因为"只有疯狂的科学家,才会想要回到过去'颠倒因果'"。

---

① 《霍金称时光机理论上可行   警告勿回去看历史》,http://news.xinhuanet.com/world/2010-05/05/c_1274216.htm。

据英国媒体报道,物理学家霍金在最近拍摄的一部有关宇宙的纪录片中提到,人类其实能建造出接近光速的宇宙飞船,并且能够进入未来。霍金甚至说,自己是因为担心别人把他当成"怪人",所以才不敢乱说话,也不愿意多谈有关时光机的东西,直到通过纪录片后才敢大方讨论。

时间也有缝隙

至于时光机的关键点,霍金强调就是所谓的"4度空间",科学家将其命名为"虫洞"。霍金强调,"虫洞"就在我们四周,只是小到肉眼很难看见,它们存在于空间与时间的裂缝中。

他指出,宇宙万物非平坦或固体状,贴近观察会发现一切物体均会出现小孔或皱纹,这就是基本的物理法则,而且适用于时间。时间也有细微的裂缝、皱纹及空隙,比分子、原子还细小的空间则被命名为"量子泡沫","虫洞"就存在于其中。

回到"遥远过去"

而科学家们企图穿越空间与时间的极细隧道或快捷方式,则不断地在量子天地中形成、消失或改造,它们连接两个不同的空间及时间。部分科学家认为,有朝一日也许能够抓住"虫洞",将它无限放大,使人类甚至宇宙飞船可以穿越;另外,若动力充足加上完备科技,科学家或许也可以建造一个巨大的"虫洞"。

霍金指出,理论上时光隧道或"虫洞"不只能带着人类前往其他行星,如果"虫洞"两端位于同一位置,且以时间而非距离间隔,那么宇宙飞船即可飞入,飞出后仍然接近地球,只是进入所谓"遥远的过去"。不过霍金警告,不要搭时光机回去看历史。

飞船够快也能去"未来"

霍金表示,如果科学家能够建造速度接近光速的宇宙飞船,那么宇宙飞船必然会因为不能违反光速是最大速限的法则,而导致舱内的时间变慢,那么飞行一个星期就等于是地面上的100年,也就相当于飞进未来。

霍金举人造卫星为例,指卫星在轨道运行时,由于受地球重力影响较小,卫星上的时间比地上时间稍快。由此,霍金就设想出一艘大型极速宇宙船,可在1秒内加速至时速9.7万公里,6年内加速至光速的99.99%,比史上最快的宇宙船阿波罗10号快2000倍。船上的乘客就是变相飞向未来,作出名副其实的时间旅行。

名词解释:"4度空间"

即使是在太空中,万物也都有时间的长度,在时间中漫游,意味着穿越该"4度空间"。

霍金举例指出,开车直线行进等于是在"1度空间"中行进,而左转或右转等于加上"2度空间",至于在曲折蜿蜒的山路上下行进,就等于进入"3度空间"。穿越时光隧道就是进入"4度空间"。

那么是不是都要以人物作为首选关键词呢,在案例4-5中,出现的人物是华天软件的董事长,他在普通大众的心目中知名度和影响力并不是很高。而这篇文章是关于工业软件的话题,因此"工业软件"更适合作为本篇报道的关键词。相应地,可以将这篇报道归入到科技新闻中,或者更细致一点归入到IT类的科技新闻中。

【案例 4-5】制造业"中国芯"明年有望实现[①]

本报讯(记者沈衍琪)"工业软件国产化的时代即将到来,中国制造业即将用上'中国芯'!"在昨日召开的第 13 届科博会制造业信息化高峰会上,一位中国企业代表的宣言引来了众多与会专家和业内人士的一片掌声。

慷慨陈词的这位企业代表是来自国内工业软件领军企业之一华天软件的董事长杨超英。他昨日透露,由华天软件与日本 UEL 合作开发的新一代工业软件 CAD/CAM 系统已经完成了第二代 SINOVASION2.0 版本的研发,预计明年即将实现完全市场化。这意味着,我国首次拥有了自主知识产权的 CAD/CAM 系统,这一创举将为制造业企业的"心脏"输入"中国血液"。

工业软件对于制造业企业的作用有多大?专家举例指出,一台小小的日本某品牌数码相机售价 3000 多元,其中近七成都来自软件设计的贡献,而产品不断地更新换代提高附加值,也都是在原有的工业软件基础上升级而成。多位与会专家指出,工业软件正是实现我国制造业信息化的灵魂与基础,只有通过工业软件,才能使机械化、电气化、自动化等传统意义上的工业化向数字化、智能化、网络化等信息化意义下的工业化转变。

但业内人士指出,目前,我国制造业企业所使用的工业软件 CAD/CAM 系统都是以高昂的价格进口,而一些小企业由于成本限制,不得不去寻找"山寨"软件,这也进一步挤压了国产工业软件的生存空间。

"由'中国制造'到'中国创造',工业软件是个桥梁。"杨超英表示,尽管起步艰难,华天软件推出的国产 CAD 软件 SINOVASION2.0 目前装机已经超过 2000 套,正式用户 150 余家。专家表示,通过国产工业软件的大规模应用,有望改变我国制造业在国际市场上只占数量不占品牌优势的"隐形冠军"身份。

2. 确定关键词应顾及读者的兴趣和需求

在为文章确定关键词时,不能不考虑网站目标受众的需求、兴趣、品位等方面的因素。因此,应当尽可能地按照这个要求来确定关键词,并将文章归入大多数读者认同的、感兴趣的、关注的类别中去。

在案例 4-6 中,主角是世界著名乐团(美国费城交响乐团和休斯敦儿童合唱团)和制药企业(阿斯利康公司)。虽然他们也可以作为关键词,但事情发生在中国,并且是在 2008 年"5·12"汶川大地震灾后重建工作这一大背景之下,那么著名乐团来华演出为灾区献爱心事件的关键词就可以定为"抗震救灾"、"爱心巡演"等,并归入国内新闻、抗震救灾专题或四川新闻(或北京、广州、上海新闻,因为演出是在这三个城市举行的)中。虽然这则稿件也可以归入娱乐新闻中的音乐新闻,但关注者肯定不如归入国内新闻或抗震救灾的专题多,因为抗震救灾是当时国家和人民最关心的热点事件。

---

① 《制造业"中国芯"明年有望实现》,http://tech.sina.com.cn/it/2010-05-29/10414244860.shtml。

【案例 4-6】 世界著名乐团来华演出为灾区献爱心[①]

中广网北京 5 月 30 日消息（记者于闻）四川大地震引起全世界的关注和同情。全球领先制药企业阿斯利康在斥资 1460 万元投入四川救灾重建后，又通过赞助世界著名的美国费城交响乐团"2008 亚洲巡演"和休斯敦儿童合唱团中国巡演的独特方式，向灾区人民送上祝福之音。

费城交响乐团是世界著名的交响乐团之一。1973 年，在当时的特殊历史条件下，克服了重重障碍，费城交响乐团首次来华演出，为中美两国关系正常化充当了亲善大使，在两国人民之间架起了音乐的桥梁。费城交响乐团此次北京—广州—上海巡演是为了纪念乐团首次访华 35 周年，同时为庆祝中美建交 30 周年系列活动拉开序幕。四川大地震也牵动了来访的音乐大师们的心。指挥大师克里斯朵夫·艾森巴赫将率麾下的百年老团，携手中国青年钢琴家郎朗为灾区人民献上祝福之音，为中国人民的抗灾加油，为北京奥运喝彩。

休斯敦儿童合唱团是美国著名的儿童合唱团。阿斯利康将赞助四川灾区孤儿来北京观看演出，并与美国小朋友联欢，希望通过孩子们天真可爱的歌声慰藉灾区儿童受伤的心灵，帮助他们坚强面对人生，面对未来。

阿斯利康中国高级副总裁吴浣苓在 5 月 29 日的发布会上说："我们希望用音乐表达对四川地震逝者的思念，对抗震救灾工作者的敬意，希望用音乐来凝聚力量，表达与灾区同胞并肩作战的决心，传递早日重建美好家园的祝愿。"

费城交响乐团和休斯敦儿童合唱团致阿斯利康的函说："休斯敦儿童合唱团致力于把孩子美妙的歌声带给全世界的人民。这次巡演将为中美两国儿童间的文化交流创造良机。孩子是未来的领导者，他们将为世界创造更祥和、更美好的明天。休斯敦是全球最大的医疗中心之一。我们非常感谢阿斯利康在这个领域所作出的杰出贡献，更对阿斯利康通过支持艺术发展为促进世界和平所作出的努力表示由衷的敬佩和谢意。看到四川地区发生的灾难，我们和其余的美国人民都很难过。希望通过休斯敦儿童合唱团的演出，对地震中的遇难者表示沉痛的哀悼，并通过音乐帮助他们坚强，给予他们力量。"

音乐作为传递爱的桥梁，仅仅是阿斯利康公司救灾重建计划的一部分。这家公司已经捐出现金 813 万余元、药品 50 万元，同时向四川灾区启动了 600 万元的灾区重建项目。包括："农家女实用技能培训学校"，培训基层防疫员，开展卫生防疫工作，向群众普及卫生防疫知识；为 500 名灾区孤儿和残障儿童提供为期 1—3 个月的教育资助和心理辅导；按照世界卫生组织的标准在灾区建设 2 个乡镇卫生所，为当地百姓提供高质量的医疗服务。

3. 从事件的影响来看，选择的关键词应尽可能与读者的关注点相符

案例 4-7 说的是欧洲物理学会授予中国科技大学潘建伟教授 2005 年度的欧洲物理学会菲

---

① 《世界著名乐团来华演出为灾区献爱心》，http://news.sina.com.cn/c/2008-05-30/075813947339s.shtml。

涅尔奖的事件。虽然事件发生在德国慕尼黑,但主角是中国科学家,为祖国争得了荣誉,因此,关键词可以选择"中国人首获菲涅尔奖"、"潘建伟"等。因此,这篇报道也可以归入"科技新闻"、"国内新闻"或两个类别的相关子栏目。

【案例 4-7】潘建伟教授获菲涅尔奖　中国人首摘此桂冠[①]

中广网杭州 7 月 1 日消息(记者章恒)据浙江省科技厅消息,6 月 14 日在德国慕尼黑召开的欧洲量子电子学与量子光学年会上,欧洲物理学会授予中国科技大学潘建伟教授 2005 年度欧洲物理学会菲涅尔奖。这是中国人首摘此桂冠。

欧洲物理学会菲涅尔奖以 19 世纪最伟大的光学家菲涅尔命名,每两年颁发一次,主要授予在量子电子学和量子光学领域作出杰出贡献的青年科学家。

潘建伟是浙江省磐安县双溪乡人,1970 年出生。由于父亲在东阳工作,从小学到中学潘建伟都在东阳念书,只在假期才回老家双溪。1987 年他以优异成绩考入中国科技大学,1996 年赴奥地利因斯布鲁克大学深造,并在 1999 年获博士学位。

潘建伟教授多年从事量子信息领域的研究工作,并取得了一系列开创性的研究成果,其主要贡献有:首次实现量子态隐形传输,量子纠缠互换,三光子、四光子、五光子纠缠,量子纠缠纯化。其中五光子纠缠实验完全在国内完成,并于去年发表在英国《自然》杂志上。从 1998 年以来,潘建伟的上述主要工作已经被他引 1700 余次。

潘建伟小组突破性的成果,应用被爱因斯坦称之为"神秘的远距离活动"的"量子纠缠"原理,人们可以使通信实现 100% 保密。然而纠缠的量子在光纤中的传输距离最远只有 100 公里。潘建伟的科研成果,使量子通信距离有可能达到地球的每一个角落。今年 4 月 20 日,美国《物理评论快报》发表了潘建伟领导的中国科技大学实验小组关于 13 公里自由空间纠缠光子分发的研究成果,这一成果为实现全球化的量子保密通信奠定了实验基础。英国《新科学家》以"长城—开启全球化量子通信之密匙"为题,报道了这一工作以及他们未来的研究计划。

需要注意的是,有时候稿件常常会有多个关键词,相应地,这些稿件也可以被分入到多个类别中去。但是如果将同一个稿件放在过多的类别中,则可能会引起读者的不满情绪。因此,当某一篇稿件可以被归入到较多个类别中的时候,作为网络编辑,应该协商解决,以找到合理的解决办法。

▶ 实训练习

1.任选一则网络新闻,按照网络新闻的七个价值判断标准给出每个纬度的分值,并说明这则新闻最吸引你的一个角度。

2.按照网络稿件归类原则,找出一条归类不合理的网络新闻,说明理由并给出其更合理的归属栏目。

---

① 《潘建伟教授获菲涅尔奖　中国人首摘此桂冠》,http://news.sina.com.cn/o/2005-07-01/16426324761s.shtml。

第五章
网络文字信息编辑

本章重点

1. 稿件的改错
2. 稿件的增补
3. 稿件的压缩
4. 稿件的改写
5. 标题与内容提要制作
6. 稿件超链接设置

学习目标

1. 了解网络稿件的错误类别
2. 掌握网络稿件修改和优化的方法
3. 能根据网络要求,制作网络稿件标题与内容提要
4. 能灵活运用超链接技术进行网络稿件层次化写作

　　虽然网络可以方便地采用多种媒体形式表现信息,但文字仍然是传播信息最重要的载体。网络稿件在发布前,除了要经过审读、校对、增删、制作标题导语等传统加工程序外,还要通过超链接设置来对稿件进行扩展和整合。所以稿件内容的加工是网络编辑的日常工作中非常重要的一个环节。

第一节　稿件的校正

　　校正即指改错,涉及面很广,下面介绍一些常见的错误。

一、辞章性错误

　　辞章性错误主要存在于文字表达方面,比如错别字、语法错误、标点符号错误、数字误用、单

位符号错误、名称使用不规范等,具体情况如下。

1. 错别字

错别字是稿件中最常见的错误之一,有的错别字对内容的理解没什么障碍,但有的错别字可能会造成对内容的误解。不管何种类型的错别字,都必须细心发现并及时改正。

网络稿件中的错别字可能是输入错误、繁简体错误、异形词错误、同类词错误等等,有些有专门的词表规范,如简化字总表、异体字表,有些则没有。

2. 语法错误

常见的语法错误包括:用词不当、搭配不当、指代不明、成分残缺、成分多余、语序不当、句子杂糅、不合逻辑、关联词语误用等。

(1)用词不当是指词语的误用错用,使句子不通或表意不明。

①词性误用:有名词、动词、形容词、数量词、代词的误用以及副词、介词、助词、连词的使用不当。

例1:今天气候晴朗。

解析:名词"气候"是指某一地区的天气状况和大气状态,应改为"天气"。

例2:他把节俭下来的钱捐给了灾区。

解析:形容词"节俭"应改为动词"节省"。

例3:观众对他的精彩表演报以了热烈的掌声。

解析:"了"是状态助词,表示已完成,此例中应删除。

②词义不当:包括词语理解不当、词义轻重不当、词义范围不当及词的色彩义使用不当。

例1:既然是批评,就应该直截了当,一针见血;不过,太不留情面的批评也是不足为训的。

解析:"不足为训"应改为"不可取"。

例2:古今中外能与莎士比亚媲美的戏剧家可谓空前绝后。

解析:"空前绝后"多用于形容非凡的成就或盛况,此例中应改为"凤毛麟角"或"少而又少"更合适。

(2)搭配不当是指句子中的相关成分违反了语法规律和语言习惯,在意义上不能配合。

①语义搭配不当。

例1:应用新技术后,生产规模和速度都得到了提高。

解析:此例应改为"生产规模得到了扩大,速度得到了提高"。

例2:秋天的北京是一年中最美丽的季节。

解析:此例应改为"北京的秋天"。

例3:对此,他也不能提出什么灵丹妙药。

解析:"灵丹妙药"与"提出"不能搭配,应改为"好意见"。

例4:互联网的普及,使传统媒体产生了显著的影响。

解析:一般搭配为"对……产生影响"、"使……发生变化"。

②词性搭配不当。

例1:我们在教学上一定要提倡普通话。

解析:动词"提倡"不能直接跟名词,应改为"提倡讲普通话"。

例2:大家就当前的形势和存在的一些问题,进行了深入地讨论。

解析:"深入"修饰名词"讨论",应改为"深入的讨论"。

(3)指代不明是指前词语在文中没有出现,而运用代词指示不明确造成语意混乱。

例1:同志之间,特别是领导干部之间有了意见,应该开诚布公地交流,否则,这将不利于团结,不利于工作。

解析:"这"指的是"有了意见"还是"开诚布公地交流"并不明确,此例应将"这"删除。

例2:李辉打电话给张东,约他出来见面,因为担心吃亏,他托朋友王某找人来帮忙。

解析:是李辉还是张东担心吃亏,指代应明确。

(4)成分残缺是指必须具备的语法成分残缺不全,影响了语意表达。

①主语残缺。

例:经过老主任再三解释,才使他怒气逐渐平息,最后脸上勉强露出了笑容。

解析:"经过……"是介宾结构,此例应去掉"经过"。

②谓语残缺。

例:商业部门积极响应市委号召,大张旗鼓地向群众进行宣传教育,出售废品的重大意义。

解析:第三个分句似乎承上句的宾语省略了谓语,但上句的谓语"进行"和"意义"搭配不当,应在"出售"之前加"讲明"一类的动词作谓语。

③宾语残缺。

例:阅读一篇文学作品,不仅要完整准确地理解,而且要切实把握住。

解析:该句缺宾语,应在"把握住"后加上"它的思想意义"或别的。

④缺少必要的附加成分。

例1:这就是被称为书圣的王羲之真迹。

解析:该句缺少助词,应改为"王羲之的真迹"。

例2:他们把学生带到茶场后,实行同吃同住同劳动。

解析:句中应在"实行"前加状语"同茶场工人"句意才明确。

(5)成分多余,包括堆砌、重复、可有可无、滥加"……的"等毛病。

①主语多余。

例:建筑平面图形状发生了变形。

解析:"变形"已经包括了形状变化的意思。

②谓语多余。

例:经常喝这种茶,可以预防不得高血压。

解析:"预防不得"变成"要得"了,此处删除"不得"二字。

③宾语多余。

例:因为篇幅有限,我们不得不对稿件略加修改一些。

解析:"略加修改"已经包括了"修改一些"的意思,"一些"多余。

④附加成分多余。

例:学校门前有一条很笔直的大道。

解析:"笔直"已经是最直的状态,不用再加修饰语"很"。

(6)句子杂糅是指表达时因既想用这种句式,又想用那种句式,结果造成将两种句式放在一起说,半截转向的现象,即两种句子格式混用,结构混乱,使句子不通。

例1:马克思、恩格斯、列宁、斯大林的著作不容易翻译得好,它要求翻译人员具有相当的政治水平和业务水平才能胜任。

解析:一般搭配为"要求……"或"具有……才能胜任"。

例 2：公园里，老人们有的跳舞，有的打太极拳，也有的在练气功的。

解析：一般搭配为"有在……的,还有的在……的"或"有的在……,还有的在……"。应去掉句尾的"的"。

例 3：要根治这一问题，非采取强有力的措施。

解析：一般搭配为"非……不可"或"必须……"。

例 4：企业能否迅速发展，关键在于内因起决定作用。

解析：一般搭配为"关键在于……"或"……起决定作用"。

例 5：昨天是转会截止日期的最后一天，中国足协又接到 25 名球员递交的转会申请。

解析：一般搭配为"……截止日期"或"……最后一天"。

例 6：这所大学的一些学生语文水平实在低下，传扬出去，准会被人贻笑大方，影响学校声誉。

解析："贻笑大方"本身就是被方家嘲笑的意思，应删除"被人"二字。

(7)语序不当。不同的语序可能表达不同的意义，这是汉语的一大特点。语序如果不当将会使表意不明等。

①修饰语的位置不当。

例 1：由于几个班里的骨干分子的努力，我们班这次在运动会上取得了很好的成绩。

解析：本句中"几个"应该用来修饰"骨干分子"。

例 2：我们顺利地按照老张头画的那张简图找到了住在莫愁公寓的案件目击者。

解析：本句中"顺利地"应该用来修饰"找到"。

②代词的位置颠倒。

例：他向我招了招手转身走了，但父亲的背影永远留在了我的心中。

解析：本句中"他"和"父亲"的位置应该互换。

③前后错位。

例：这一报告从理论上和政策上对城市建设工作中的各个基本问题作了详细的规定和深刻的阐述。

解析：本句中"理论上"应搭配"深刻的阐述"，"政策上"应搭配"详细的规定"。

④主客颠倒。

例：互联网给生活带来的影响，对于我们这些网虫都是非常了解的。

解析：本句中"对于"的对象应该是指互联网"带来的影响"而非"网虫"。

(8)关联词语误用。

①错用关联词语。

例：她不能讲究打扮，只好穿得朴素，但是她觉得很不幸，好像这降低了她的身份似的。

解析：该句中只存在因果关系，不存在相反或相对的转折关系，"但是"应改为"因而"。

②缺少关联词语。

例：技术革新不但加快了生产速度，提高了产品质量。

解析："不但"缺少相呼应的关联词语，整个句子关系就不够清楚。应在"提高"前加"而且"，以表示递进关系。

③关联词语位置不当。

例：要是一篇作品里的思想是有问题的，那么，文字即使很不错，也是要不得的。

解析：按照原句断章取义，就变成了只是文字要不得，而不是作品要不得，因此句中"即使"应放到"文字"的前面。

④关联词语搭配不当。

例：只要几分钟工夫，提起铁架子来，才看见铜胎全体通红。

解析：一般搭配为"只要……就……"或"只有……才……"，此句应将"才"改为"就"。

3.标点符号错误

（1）标点符号分类。

1990年，国家语委和新闻出版署重新颁布的《标点符号用法》，规定了16种标点符号，包括句号、问号、叹号、逗号、顿号、分号、冒号、引号、括号、破折号、省略号、着重号、连接号、间隔号、书名号、专名号。这16种标点符号可分点号和标号两类。

①点号的作用是点断，主要表示语句的停顿、结构关系的语气。按照使用的不同位置，点号可分为句中点号和句末点号两种。

句中点号包括逗号、分号、顿号和冒号四种，表示句中的停顿和结构关系。

句末点号包括句号、问号、叹号三种，表示一句话说完之后一个较大的停顿。

②标号主要表明语句的性质和作用，常用的有引号、括号、破折号、省略号、着重号、连接号、间隔号、书名号和专名号九种。

（2）具体用法说明。

①句号。

用于陈述句末尾和语气舒缓的祈使句末尾，形式为"。"，科技文献中常用小圆点"．"表示，同一篇文章中须统一，不能两者兼用。外文译成汉字文稿，句号也应改为"。"。

②问号。

用于疑问句和反问句末尾，形式为"？"。

特别注意，并非所有使用疑问代词的句子都需要用问号。

例：他不得不认真思考企业效益为何会滑坡？怎样才能扩大产品的销路？

解析：因为全句并非疑问句，所以此例两处问号应分别改为逗号和句号。

③叹号。

用于感叹句末尾、语气强烈的祈使句末尾、语气强烈的反问句末尾，形式为"！"。

④逗号。

用于句子内部主语与谓语之间的停顿、动词与宾语之间的停顿、状语后边的停顿，或复句内各分句之间的停顿，形式为"，"。

特别注意"又"、"以及"等连词前不应用顿号，而应改为逗号。类似的词还有"甚至"、"或"、"并且"、"还有"等。

例：无法解决企业管理的全局、以及企业与外部的关系等问题。

解析："以及"前面的顿号应改为逗号。

⑤顿号。

用于句子内部并列词语之间的停顿、动词与宾语之间的停顿、状语后边的停顿，或复句内各分句之间的停顿，形式为"、"。

特别注意，很多稿件中都会出现顿号与逗号混淆的情况。

例：全国人大常委会颁布了禁毒决定，对制造、贩卖、运输、非法持有毒品、非法种植罂粟、大麻等毒品原植物、引诱、教唆他人吸食、注射毒品等，都作了严厉的处罚规定。

解析：全句中"制造、贩卖、运输、非法持有毒品"为第一类犯罪行为，"非法种植罂粟、大麻等毒品原植物"为第二类犯罪行为,"引诱、教唆他人吸食、注射毒品"为第三类犯罪行为,因此应该分别用逗号替换原句中的顿号。

而有时候,顿号是不必要使用的。

例:我们曾去过五、六个这样的购物中心,看到有二、三十位老人买这种健身器。

解析:表示概数的相邻数字之间不能用顿号。

另外,一些约定俗成作为一个词使用的并列词语之间也不用顿号,如相关院校、大中专院校、夫妇、父母、中小学生等。

⑥分号。

用于复句内部并列分句之间的停顿,分行列举的各项之间可用分号,但最后要用句号,形式为";"。

⑦冒号。

用在称呼语后边表示提起下文;用在总括性话语的后边,表示引起下文的分说;用在需要解释的词语后边,表示引出解释或说明;另外,用在总括性话语的前边表示总结上文,也可以用冒号,形式为":"。

特别注意冒号有两种错误的用法,一种是冒号后面管辖的范围不清。

例:毛泽东有两句诗:"独有英雄驱虎豹,更无豪杰怕熊罴",我从中感受到了共产党人的大无畏精神。

解析:冒号提示的范围,至少应关涉第一个句号的前面。此句中的冒号是对"毛泽东有两句诗"内容的提示,但是,"我从中感受到了共产党人的大无畏精神"不属于毛泽东的诗句。因而,应将冒号改为逗号,或者将"我"前的逗号改为引号内句号。

另一种是在没有提示或总括作用的地方误用了冒号,此类词语一般有"说"、"想"、"是"、"证明"、"宣布"、"指出"、"透露"、"例如"、"如下"等。

例1:他也不能不说:"我的心早麻木了"。

解析:在"说"后删除冒号。

例2:这与另一位学者的研究结论:互联网对青少年的社会化过程具有重要影响是一致的。

解析:冒号一般管到这句话的句末,所以这里用冒号停顿是不合适的,如果原话如此,可以直接用引号,否则可以用破折号或者",即"这样的修改方式。如:这与另一位学者的研究结论——互联网对青少年的社会化过程具有重要影响是一致的。

⑧引号。

行文中直接引用的话、需要着重论述的对象、具有特殊含义的词语都可以用引号,形式为双引号("")和单引号('')。引号里面还要用引号时,外面一层用双引号,里面一层用单引号。

特别注意,使用引号时,应注意引号内是否应包括句号。

例:李白的诗多豪迈:"君不见黄河之水天上来,奔流到海不复回"。

解析:用了引号后,句末点号究竟是在引号内还是在引号外,关键是看引用部分是独立成句的,还是句子的一个部分。上句李白诗是完整的两句,句末点号应放在后引号内。

⑨括号。

行文中注释性的文字用括号标明。注释句子里某些词语的,括注紧贴在被注释词语之后;注释整个句子的,括注放在句子标点之后。形式有圆括号"（　）"、方括号"[　]"、六角括号"〔　〕"和方头括号"【　】"。

⑩破折号。

破折号可用于行文中解释说明的语句,或话题突然转变时,或放在表示声音延长的象声词后,或在事项列举时使用,形式为"——"。

要特别注意在使用破折号的时候,有两种情况容易出错。

第一种是该用双破折号之处只用了单破折号。

例:一批异体字——同音同义而字形不同的字的存在,无论在学习或使用上都经常引起混乱。

解析:表示解释说明的语句如果是插在句子中间,前面和后面要各用一个破折号,上下文的意思才明确。

第二种是破折号与冒号相混。

例1:这次职工代表大会有三项议程——审议奖惩条例,讨论人事制度改革方案,通过三年规划。

例2:我国古代的四大发明:火药、印刷术、指南针、造纸术,对世界的历史发展有伟大的贡献。

解析:以上两个例句的冒号和破折号正好用反了。例1中破折号后的内容是对三项议程的说明,若省略则句子缺少内容;例2中冒号后的内容是解释什么是四大发明,可省略,句子内容不受影响,所以例1中的破折号应改为冒号,例2中的冒号改为破折号。

⑪省略号。

引文省略、列举省略、表示说话断断续续都可以用省略号,形式为"……"。汉字文稿一般用六个圆点,占两个字的位置;如果是整段文章或诗行的省略,可以使用十二个小圆点来表示;外文和阿拉伯数字后用三个圆点。

在省略号使用中,"……等等"是常见错误。另外,省略号前后标点使用也经常容易出错。

例1:花圃种着各种各样的花,有茉莉、兰花、芍药、菊花……。

解析:表示列举省略时省略号后边通常不再用任何标点。因为文字都省略了,标点自然也省略,所以此句句末的句号应去掉。

例2:"来,让我们高声歌唱啊——'……鲜红的太阳照亮全球'……"

例3:"同志,你真是,……"

解析:省略号前是完整的句子,句末的句号、叹号、问号应保留。例2中"鲜红的太阳照亮全球"后应加叹号。省略号前面不是一个完整的句子,省略号前的顿号、逗号、分号不保留。例3中"你真是"后的逗号应去掉。

⑫着重号。

要求读者特别注意的字、词、句,用着重号标明,形式为".。"

⑬连接号。

两个相关的名词构成一个意义单位,中间用连接号;在相关的时间、地点或数目之间表示起止,用连接号;相关的字母、阿拉伯数字等之间表示产品型号,用连接号;几个相关的项目表示递进式发展,中间用连接号。连接号形式为"—",占一个字的位置。连接号还有另外三种形式,即长横"——"(占两个字的位置)、半字线"-"(占半个字的位置)和浪纹"～"(占一个字的位置)。

⑭间隔号。

外国人和某些少数民族人名内各部分的分界或书名与篇(章、卷)名之间的分界都可用间隔号,形式为"·"。

⑮书名号。

应该用书名号的是书名、报纸名、刊物名、影片名、曲目名、摄影作品名、美术和其他艺术作品名等,形式为双书名号"《 》"和单书名号"〈 〉"。书名号里边还要用书名号时,外面一层用双书名号,里边一层用单书名号。

课程名、篇章名、文艺节目名、专栏名、专题节目名一般都不用书名号,而用引号。

不可以使用书名号而应使用引号的还有品牌名、证件名、会议名、展览名、奖状名、活动名、机构名。如应写作"永久牌"自行车、"喜乐杯"足球赛等。

报社名可以用《人民日报》或人民日报社,不可用《人民日报》社,因为人民日报社是个完整的单位名,但是杂志社约定俗成也可以用《瑞丽》杂志社。

⑯专名号。

人名、地名、朝代名等专名下面,用专名号,形式为"＿＿＿＿"。专名号只用在古籍或某些文史著作里面。为了跟专名号配合,这类著作里的书名号可以用波浪线"﹏﹏﹏"。

4.数字的误用

(1)数字的准确性。

稿件中出现数字时,一定要对数字的准确性进行判断与修正。为了发现数字使用中的错误,可对其进行必要的计算与评估,看数字是否符合情理。

(2)数字的规范用法。

1987 年 1 月 1 日,国家语委等中央七部门联合发布了《关于出版物上数字用法的试行规定》。这项规定试行了九年,稍作修订,于 1996 年 6 月 1 日由国家技术监督局正式作为国家标准《出版物上数字使用的规定》颁布。此《规定》制定了如下原则,用来规范出版物上数字的表示方法。

①总则:凡是可以使用阿拉伯数字而且又很得体的地方,均使用阿拉伯数字。遇特殊情形,可以灵活变通,但应力求保持相对统一。

②应当使用阿拉伯数字的两种主要情况。

第一种是公历世纪、年代、年、月、日和时刻。

年份一般不应该简写。引文著录、行文注释、表格、索引、年表等,年、月、日的标记格式也可以用"2010-06-01"表示。时、分、秒也可以表示为另一种形式,如 3 点 29 分 49 秒,可写为"3:29:49"。

例:2007 年,我省开始进行中小学教学改革。

解析:2007 年,不应写作"07 年"、"〇七年"。

第二种是记数与计量(包括正负整数、分数、小数、百分比、约数等)。

例:今年我县共实现国民生产总值 3 亿 4 千 5 百万元。

解析:345,000,000 应写作 34,500 万或 3.45 亿,不写作 3 亿 4 千 5 百万。

此外,数值的增加可用倍数,数值的减少只能用百分数或分数,以免引起歧义。

例:本年度,全省农民主业收入降低了 3 倍。

解析:降低不能用倍数,只有表示增加的情况可以用倍数。

③应当使用汉字的几种主要情况。

第一种是数字作为词素构成定型的词、词组、惯用语、缩略语或具有修辞色彩的语句,如:一律、十滴水、三叶虫等。

第二种是邻近的两个数字(一、二……九)并列连用,表示概数(连用的两个数字之间不应用顿号隔开)例：二三米、三五天、十三四吨等。

第三种是整数一至十，如果不是出现在一组表示科学计量和具有统计意义的数字中，可以用汉字，如一个人、三本书、四种产品等。

第四种是带有"几"的数表示概数必须用汉字，如十几天前、几十万分之一。用"多"、"余"、"左右"、"上下"、"约"等表示约数的一般也用汉字。

④引文标注中版次、卷次、页码，除古籍应与所据版本一致外，一般均使用阿拉伯数字。

⑤横排标题涉及数字时，可以根据版面实际需要和可能灵活处理。

⑥提倡横排。确需竖排时，文中所涉及的数字除必须保留的阿拉伯数字外，应一律用汉字。

5. 单位名称错误

(1)常用国家法定计量单位。

①长度：毫米、厘米、分米、米、千米等。不要用尺、寸、丈、英尺等。

②重量：克、千克、吨等。不要用斤、两。

③面积：平方米、平方公里等。不要用亩、平米。在以农民为对象的读物中，可以在使用公顷后，用括号标注亩，如 30 公顷(450 亩)。

④体积：立方米、升、毫升等。不要用立米、方、公升等。

(2)名称的使用规则。

①名称使用需统一。

保持名称表达的统一性主要是做好两方面：

一是保持同一名称在一篇稿件中的统一，例如，"互联网"和"因特网"都是 Internet 一词的中译名，但在同一文章，或都称"互联网"，或都称"因特网"，不要混用。

二是保持和全国使用名称的统一。尤其是人名、地名的翻译要特别注意使用规范表达。

②名称表达须正确。

名称表达的正确性是保证信息传播质量的基础之一，下列问题是需要特别注意的。

第一，党和国家领导人的姓名、职务等一定要准确无误，出现多个领导人，应注意排名顺序。

第二，在涉及香港、澳门、台湾等地区的表达时，要防止表达上的政治性错误。例如，"中国与香港"、"中国与台湾"的说法是错误的，"出口港、澳、台"、"从港、澳、台进口"、"港、台等海外"、"中华民国"等提法也是错误的。

第三，在提到台湾的一些机构或人时，应注意表达方式，如在需要用到总统、国防部等词时，应加上引号。

第四，不同国家的领导人的称呼方式有所不同，如英国称首相，而美国称总统，在这类表达中应该注意区分。

第五，在稿件中涉及人名、职务等名称时，应注意加以核实。

第六，一些历史名词应当注意名称的科学性，如"苏联十月革命"的表达是错误的，应为"十月革命"或"俄国十月革命"，因为十月革命时苏联还没有成立。另外，现在提到苏联时，应该称"前苏联"。

第七，涉及与法律相关的概念时，一定要注意其含义，如案件判决前不能称"犯罪嫌疑人"为"罪犯"或"犯罪人员"。

③时间表达需明确。

在表示时间时，应尽量避免使用"今年"、"明年"、"昨天"等时间代名词，而用具体日期，因为稿件可能发布不及时或在网上存在时间过长，不确切的时间表达会给读者带来认识上的混淆。

④译名及外文单词使用须规范。

第一,外文中的人名、地名等应根据标准译音翻译成中文,首次出现时,应在中文译名后标注原文,之后只用中文译名即可。

第二,对于知名人士的名称要注意约定俗成的译法。如 Henry Norman Bethune 翻译为"白求恩"、Elizabeth 翻译为"伊丽莎白"。

第三,译名中的名和姓之间用"·"而不用"."或其他符号。

第四,对于知名的国家或城市,要使用约定俗成的译法。如 Thames 翻译为"泰晤士河",Los Angeles 翻译为"洛杉矶"。

第五,公司名一般可采用较为普遍的翻译方法译为中文。已经在中国注册了中文商标的公司名称,应按照商标名使用。比如 Dell 必须翻译成"戴尔",而不是"德尔",Henkle 必须翻译成"汉高",不能译为"汉克尔"。

第六,专业术语要尽可能翻译,如果国家有相应的标准译法,应采用标准译法。如 Internet 的标准译法是"互联网"或"因特网",Laser 的标准译法是"激光"而不是"镭射"。

第七,对于文章中关键的专有名词,在第一次提到时应在括号内加注英文,之后用中文即可。

第八,外文的书名、报名、杂志名译成中文后要加书名号,如《华盛顿邮报》(*Washington Post*)、《新闻周刊》(*News Weekly*)。

第九,文章中引用港澳台资料时,会出现译法不同的情况,此时应转成标准译法或大陆通用译法。例如"星加坡"应为"新加坡","纽西兰"应为"新西兰","网际网路"应为"互联网"或"因特网","软体"应为"软件"。如果是直接引语则例外。

此外,稿件中的外文单词还应该注意大小写。通常,英文单词应采用首字母大写的做法,如 E-mail。如果是几个单词的缩写,应采用所有字母均大写的做法,如 WWW、UNIX、FTP。

(3)单位名称使用常见错误。

①误将平面角的单位用作时间单位。

例:手术后 $20'15''$、新闻 $30'$

解析:应改为"20min15s"、"新闻 30min"。

②误将平面角的单位用作表示程序或含量。

例:Ⅱ°烧伤、心衰Ⅱ°、酒精含量 $54°$

解析:"°"是平面角的单位符号,不能用于表示程度或含量,应改为"Ⅱ度烧伤"、"心衰Ⅱ度"、"酒精含量 54%"。

③误将时间单位与时刻单位混淆。

例:实验从 3h29min49s 开始,手术用时 03:29:49

解析:"h"、"min"、"s"是时间的计量单位符号,不是时刻单位符号,应改为"实验从 3 时 29 分 49 秒开始"或"实验从 03:29:49 开始","手术用时 3h29min49s"。

6. 逻辑错误

(1)概念不清。主要是指对词语所表达概念内涵的误解以及由此而造成的误用。

例:人的思想总是要变的,认真改造思想会变,不认真改造思想也会变,不变是不可能的。

解析:句中用了四个"变",但其内涵不尽相同:第一、第四个"变"指"变好或变坏",第二个"变"指"变好",第三个"变"指"变坏"。内涵不同的四个"变"用在一个句子中,造成了表达的混乱。可改为"……认真改造思想就会往好处变,不认真改造思想就会往坏处变……"。

(2)列举不当。主要是指将不同范畴的概念划为同一范畴或将具有主从关系(如学生与中学生)、交叉关系(工人与青年)的概念并列使用。

例1:我国的江河湖泽出产鱼、虾、盐、碱等水产品。

解析:"鱼"、"虾"是水产品,"盐"、"碱"是非水产品,不是同一范畴的概念,而句中却说"盐"、"碱"都是水产品。

例2:我们的报刊、电视和一切出版物,更有责任作出表率,杜绝用字不规范现象,增强使用文字的规范意识。

解析:"报刊"是出版物,"一切出版物"显然包括了"报刊",所以两者不能并列在一起。此外,这个句子还有语序不当的毛病,最后两个句子应该互换位置。

(3)前后矛盾。指前面的说法与后面的说法自相矛盾,彼此冲突,包括时间、数量、范围、动作、位置、状态等多方面矛盾。

例1:由北京人民艺术剧院复排的大型历史剧《蔡文姬》定于5月1日在首都剧场上演,日前正在紧张的排练之中。

解析:"日前"即"前几天",表示时间已经过去,"正"表示正在进行之中,两者在时间上相互冲突,可将"日前"改为"目前"。

(4)否定失误。否定失误一般有两种情况:一是"不"、"没有"、"否认"、"否则"等否定词多次出现造成否定失误,二是"杜绝"、"忌"等否定词的误用造成否定失误。

例1:为了防止这类事故不再发生,我们加强了交通安全的教育和管理。

解析:"防止……不再……"构成双重否定,双重否定等于肯定。这等于说,为了让交通事故再次发生。应改为"为了防止这类交通事故再次发生……"。

例2:国务院台办新闻发言人指出:台湾当局对"××功"邪教组织利用设置在台湾的发射装置攻击鑫诺卫星事件应立即采取措施予以查处,并杜绝类似事件不再发生。

解析:误用了双重否定。"杜绝"和"不再"都是否定词,应将"不再"改为"再次"。

(5)不合事理。就是句子表达的语意与通常的事理相悖,不能使人信服。

例1:今年春节期间,这个市的210辆消防车,3000多名消防官兵,放弃休假,始终坚守在各自执勤的岗位上。

解析:"3000多名消防官兵"可以"放弃休假,始终坚守在各自的岗位","210辆消防车"也"放弃休假",从事理上讲不通。

例2:我每次向他借书,他都不顾年老体弱,亲自冒着酷暑和严寒到小书房去找。

解析:"酷暑"与"严寒"分别是夏天、冬天的极致,不可能同时到来,"他"怎么能每次都"冒着酷暑和严寒"呢?

(6)照应不周。主要指两种情况:一是句中使用"能否"、"是否"、"好坏"、"有没有"等两面词,却没有与之呼应的词语;二是句中使用两组并列短语而它们之间的对应关系错位。

例1:电子工业能否迅速发展,并渗透到各行各业中去,关键在于要加速训练并造就一批专门技术人才。

解析:前面用了"能否",后面没有与之呼应的词语,应在"关键在于"之后加"是否",句子前后才能统一起来。

例2:水库和运河如同闪亮的镜子和一条条衣带布满了原野和山谷。

解析:"水库和运河"与"原野和山谷"这两个并列短语分别充当主语和宾语,实际情况应是"水库布满山谷"、"运河布满原野",而例句中两者对应关系不当。应将"原野和山谷"改为"山谷和原野"。

（7）强加因果。这种语病常常出现在复句之中，分句之间本来没有因果关系，却强加因果关系。

例：我曾看见他和一个不三不四的人说话，他肯定是加入了流氓团伙。

解析：根据"他和一个不三不四的人说话"，就推断"他肯定是加入了流氓团伙"，理由不充足，不能让人信服。

（8）主客倒置。主体与客体存在着主要与次要、认知与被认知、主动与被动等关系，如果颠倒了位置就可能造成关系的错位，表达的混乱。

例：在这里，他学到了化学、生物，特别是对他最感兴趣的畜牧学。

解析："他"是主体，是主动的认知者，"畜牧学"是客体，是被认知的对象，是"他"对"畜牧学"感兴趣，不是"畜牧学"对"他"感兴趣，正确的说法应是"特别是他最感兴趣的畜牧学"。

二、知识性错误

稿件中常常会涉及一些领域的知识，有时会发生关于这些知识的错误，例如学术名词使用不恰当、历史人物和事件方面的错误、文献引用时不准确等。网络编辑要尽可能地发现这些错误，并作出更正。

1. 概念或用词上的错误

使用历史、法律、科学有关的概念时，要格外小心，应该使用正确的用语。如果没有把握，应该查阅有关资料。

例1：广州市中级人民法院于7月初依法逮捕了王敏。

解析：法院或检察院无权执行逮捕。

例2：这种食品含有维生素、蛋白质、氨基酸等多种元素。

解析：在化学中，元素的含义是特定的，维生素、蛋白质、氨基酸都不属于元素。

例3：国务院与卫生部共同制定了《药品集中招标新规范》。

解析：国务院和卫生部不是平级关系，无法共同制定。

例4：八国联军火烧圆明园是野蛮人的行径。

解析：火烧圆明园的是英法联军。

2. 夹带出现的错误

例1：来自山西、河南、四川、贵州、云南、宁夏等省的代表热烈地讨论了朱镕基总理作的政府工作报告。

解析：宁夏是自治区而非省。

例2：今年4至6月，来承德旅游观光的外国游客比去年同期增加了43%，其中日本、韩国、香港、台湾的游客增加幅度尤为明显。

解析：台湾和香港不属于外国。

3. 相似性带来的错误

例：宁海属于浙北平原，是中国著名的皮革城，以生产皮革著称。

解析：海宁（嘉兴市）和宁海（宁波市）不是一个地方，皮革出名的应该是嘉兴海宁市。

4. 成语或固定说法引用中的错误

例1：农民赖泽民首当其冲，办了全省第一家私营缫丝厂。

解析："首当其冲"是说处于冲要位置，比喻最先受到攻击或首先遭遇灾难、损害，此例当改为

"身先士卒"。

　　例2：莘莘学子们从公举东身上，再次领悟到了人生的真谛和价值。

　　解析："莘莘学子"指"很多的学生"，此例应删除"们"。

三、事实性错误

　　稿件中涉及的事实包括主要事实、次要事实、事实细节，也包括背景资料、引语、补充材料，还可能与某些科学规律相关。无论是哪方面的事实，都要认真分析。

1.事实错误类别

　　(1)主观想象。

　　主观想象往往与文学描写联系在一起，但是新闻信息的传播与文学作品是两码事。不少新闻报道为了增加稿件内容的生动性会加入一些主人公的心理描写，在某些情况下就会成为记者个人的主观想象。

　　(2)夸大事实。

　　稿件对所写事物在数量、规模、发展程度以及作用、影响方面有所夸大。究其原因大概有些作者受文学作品的影响，在写文章时容易夸大其词，影响了信息的真实程度。

【案例5-1】中国少女改写牛津大学800年校史

　　　　近日，英国牛津大学颁发校长令，把博士学位和最高奖学金的荣誉授予来自中国齐齐哈尔第一中学的留学生吴杨，以表彰她在数学和电子计算机学科中获得的优异成绩。这是牛津大学建校800年来，第一次把这样高的学位和奖学金授予给刚刚读大学二年级的中国女孩。1997年6月，在齐齐哈尔一中读高二的吴杨来到英国。在莱斯顿预科班学习一年后，于1998年10月以优异的成绩被牛津大学、剑桥大学同时录取，吴杨最后选择了牛津大学。在今年6月进行的大学一年级期末考试中，吴杨在数学、计算机等11门功课中全部考得第一，这是牛津大学建校史上从未有过的。牛津大学破格授予吴杨博士学位，颁发给她6万英镑的最高额奖学金。导师戴里克教授说，吴杨是他当15年博士生导师中教过的最好的学生。

【解析】

　　《北京青年报》2001年11月23日发表牛津大学官方声明，澄清吴杨参加了11门功课考试的说法是不确实的，她在所有功课中都取得满分的说法更是不可能的。为了表彰吴杨在第一学年取得的优异成绩，学院授予她每年60英镑的奖学金。而且，在牛津大学，任何人在没有修完第一学位并且进行一段时间的研究工作以及提交相当水平的博士论文之前，都不可能获得博士学位。伦敦的《太阳报》也从来没有发表过这样的报道。可见，原报道在主人公在牛津大学学习的事实上做了不切实际的夸大，最后炮制了一条虚假新闻。

　　(3)捕风捉影。

　　在网络这样一个信息的海洋中，可以有很多渠道获知信息，但是有些渠道是极不可靠的。把这些渠道的信息，添油加醋加工一番，或者在写现实中某人某事之时，又无中生有地添加了一些事实，导致稿件所写的事实，究其来源似乎有点根由，但是认真追查，却是查无实据。

如案例 5-2 所示,2001 年不少网站都刊登了这则女大学生状告父亲热吻的新闻,就属于典型的捕风捉影。

【案例 5-2】 难以忍受父式热吻　女大学生诉诸法律[①]

2001 年 9 月 1 日,湖北某知名大学 1999 级女生艳艳将一纸诉状递交到湖北省秭归县人民法院,状告爸爸的吻。

从小到大,艳艳的爸爸一直亲吻艳艳。随着艳艳长大成人,日益厌恶爸爸的吻。今年 8 月 25 日,刚刚入睡的艳艳再次遭到爸爸偷吻,异常愤怒的她从家里逃到学校,在师生的帮助下写好了上诉书,状告爸爸多次强行吻她,导致其心理发生变异,严重侵犯了她的人身权。有关专家称,此类案件在国内尚属首例。武汉大学法学教授陈正明表示,艳艳的父亲对艳艳的行为属于侵犯了女儿的人身权,并造成了较为严重的后果,理应受到法律的制裁。湖北大学心理学教授、湖北省高校心理卫生协会副会长严梅福认为,艳艳状告爸爸一案是一起典型的心理伤害事件。在我国,父女关系长期被掩饰,但其背后却是复杂而微妙的。艳艳的父亲对女儿的爱,既有亲情血缘关系之下的抚爱,同时渗透着对青春逝去的留恋,还夹杂着他希望从女儿身上寻找欢心的欲望。他不健康的心理伤害了正在成长中的女儿,导致艳艳的心理病变。

图 5-1　"难以忍受父式热吻　女大学生诉诸法律"网页

【解析】

经查证,这篇稿子中,除了这位女同学说她爸爸爱亲吻她外,其他都是编造出来的,属于典型的捕风捉影。据作者称,之所以选中湖北省秭归县,是因为那儿很偏僻,看到报道的人可能会相

[①] 《难以忍受父式热吻　女大学生诉诸法律》,http://www.1488.com/china/intolaws/LawPoint/Default.asp? ProgramID＝0&pkNo＝1168。

对少些。同一天,《楚天都市报》记者经过实地采访,也发表报道证实此为假新闻。

(4)东拼西凑。

稿件所写的事实确实存在,但它们是不同的人在不同的时间、地点做出的,而稿件把它们作为一条信息集中到一个人身上来写。虽然个别事实可能是真实的,但整体来看,却是失实的。

【案例 5-3】西安女大学生用人体彩绘抗议美对伊动武[①]

2003 年 3 月 31 日上午,陕西省一大学的三名女生在西安市南郊,相互在对方的身体上绘画了寓意为抗议伊拉克战争的人体彩绘,以此呼唤和平。

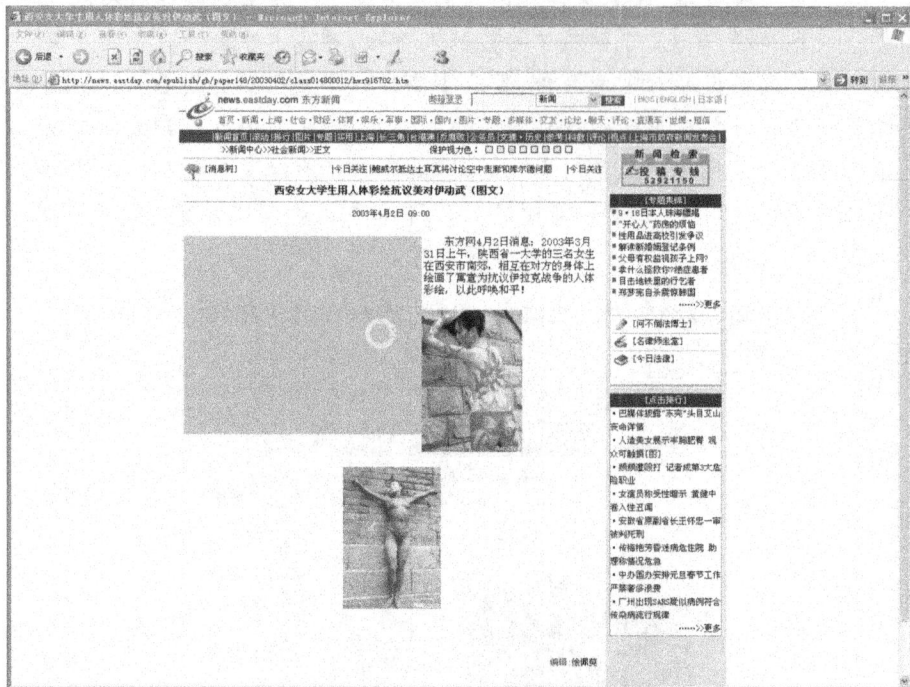

图 5-2 "西安女大学生用人体彩绘抗议美对伊动武"网页

【解析】

这两幅彩绘没有任何抗议伊拉克战争的图案或者符号,照片原来是西安一次人体彩绘活动时拍摄的,好事者假借伊拉克战争之名,配上一段文字配发旧照制造了一则假新闻。

(5)无中生有。

所写的事实是作者出于各种目的凭空捏造出来的,在现实中并不存在。这种稿件是最危险的,应该特别警惕。2007 年北京电视台的"纸馅包子"事件就是凭空捏造出来的一则假新闻。

---

① 《西安女大学生用人体彩绘抗议美对伊动武》,http://news. eastday. com/epublish/gb/paper148/20030402/class014800012/hwz916702. htm。

【案例 5-4】商贩的良知何在？网友热议黑心"纸馅包子"

2007 年 7 月 8 日晚 7 时,北京电视台生活频道(BTV—7)《透明度》播出"纸做的包子",节目一开始援引"业内人士马先生"爆料称,用废纸制作肉馅"已经成了行内公开的秘密",并安排记者在朝阳区十字口村暗访这种现象,随后联系朝阳区左家庄工商所做突击检查,相关商贩因为没有营业执照和卫生许可证被取缔。节目最后还通过海淀区的卫生执法人员,提醒观众识别"纸馅包子"的方法。随后,该事件的网络版以惊人的速度传向全国各地甚至海外,在国际上造成了恶劣影响。

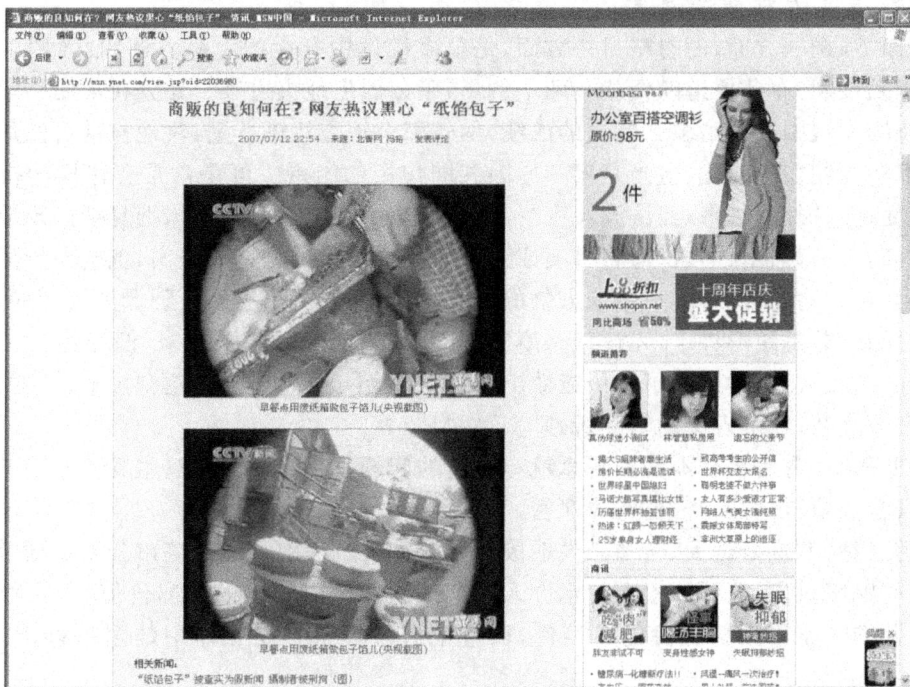

图 5-3　"商贩的良知何在？网友热议黑心'纸馅包子'"网页①

【解析】经调查,该新闻是一则虚假新闻,报道无中生有,编造了北京市某区一些黑加工点使用废纸箱为馅制作小笼包出售的假新闻。事件曝光后,引发了各大媒体对媒体公信力问题以及媒体从业人员职业道德问题的热议。

2. 发现事实性错误的方法

(1)分析法是指通过对稿件所叙述的事实及其叙述方式、写作条件等进行推理分析,发现稿件中的疑点或破绽,判断其存在的可能性和准确性,从而予以校正。

(2)调查法是对所涉及的事实,通过直接的、现场的观察和了解来检查它的真实性。通过对事物的直接了解与再认识来检查稿件是否存在错误,是调查法的特点。

调查的对象,可以是稿件中涉及的当事人、旁观者、与当事人有关的其他人员及有关专家等。

---

① 《商贩的良知何在？网友热议黑心"纸馅包子"》,http://msn.ynet.com/view.jsp? oid＝22036980。

通过客观的调查,可以与稿件中的内容进行对照,以便对整体事实及细节部分的真实性进行查证。

特别需要调查核对的稿件有这么几类:①所反映重大新闻的稿件;②批评性稿件;③在事实或观点方面有疑点的稿件;④新作者的稿件;⑤容易失实的作者的稿件;⑥积压时间过长的稿件。

四、观点性错误

稿件在传达作者对某些事实的观点与见解时,作者可能在表述某些具体的观点或提法上含有不恰当、不正确的地方,这种情况就属于观点性错误。稿件中的观点差错有的是直接陈述出来的,有的则是间接表现出来的。

1. 观点性错误的常见类型

(1)片面:强调一方面,而忽略另一方面,是很多稿件中存在的毛病。例如:强调全面协调可持续的科学发展观,有些报道随便找一两个例子,轰轰烈烈地报道某个地方在落实科学发展观全面协调可持续发展中取得了多么辉煌的成绩,尽管那个地方污染严重,耕地被乱占滥用。又如一个地区的经济面貌发生变化,应当是诸多原因共同作用的结果。可是常常有这样的报道:"某路一通,经济变样"、"外资进来,经济腾飞"、"一个能人救活一方经济",一味把复杂的现象简单化。

(2)拔高:为了某种目的,拼命将事实或人物拔高。不仅可能造成失实,也会误导读者。如报道人物,只谈到人物的优点,闭口不谈人物的缺点,甚至为了突出主人公贬低其周围的人。

(3)随风转:总是跟形势走,无论什么事实,都要与当前形势联系起来,但却违背了事实的本来面目。如在"大跃进"时期为了宣传成效出现"一个萝卜千斤重,两头毛驴拉不动"的新闻失实,以及改革开放之初,经济现象动辄分析姓"资"姓"社"等。

(4)是非不分:有些稿件本身的观念就有一定的问题,比如偏离政策、主观臆断等。

(5)泄密:一般有这几种情况造成泄密。

①报道过细,信息量过大,言多必失造成泄密。如某市法院审理了该市公安局刑警队副队长滥用职权、受贿案,提起公诉的检察院承办人胡某认为案件有一定的新闻价值,于是撰写有关新闻报道稿,并向6家新闻单位发送了稿件,稿件中涉及大量公安工作中的国家秘密,造成严重泄密。

②报道时间、空间把握不当造成泄密。如有些新闻中常常会提前曝光诸如春晚、奥运开幕式等重要活动情况,此类泄密一般只是对相关单位工作造成了影响,但如果是将有关国家改革的重要政策提前曝光,则会引起严重的后果。

③不注意内外有别,透露了属于内部机密的细节造成泄密。如某地召开涉密的信息安全保障工作座谈会,会议邀请了某媒体记者。该记者根据会议精神起草了一份内参,会议主办方告知记者会议内容涉密较深,不宜写成内参。但该记者称内参也是涉密的,发放范围很小,仅供部分领导同志参阅,会议主办方便同意了记者的意见。随后,该记者将内参初稿投至发放范围极小的某内参编辑室,该室编辑认为稿件内容略显单薄,未予编发。该记者又将此稿投至发放范围较大的另一内参编辑室,未对此稿背景情况进行说明,最终刊登,导致知悉范围扩大,造成泄密。

2. 观点性错误的修改方法

(1)替代法,即直接用正确的内容替代错误的内容。

(2)删除法,即将有问题的地方直接删去。

第二节　稿件的增补

一、增补的内容

编辑们发现稿件中新闻价值不够时,可考虑在稿件中增加部分内容。增补的内容往往有如下两种。

1. 增补资料

增补人物、事物、地理、历史、科学名词、背景和知识等方面的资料,这些资料有助于加强读者对新闻事件的理解。增补方式有以下几类:

(1)增补背景。背景是介绍新闻中有关人物、事件的历史,或事件发生的环境等情况的材料。背景材料在新闻中起补充、烘托、解释等辅助作用。增补必要的背景材料,可以使读者更完整地了解新闻中的人物、事件的状况和意义。

(2)增补注释。注释是指对报道中涉及读者不熟悉的有关知识、技术、人物、事件、名称等所作的说明。对报道中出现的令人陌生的事物给予必要的注释,可让读者一看就明白,并能理解其意义,免得要询问别人或查资料。

如在案例5-5的报道中,就专门对"Crush"这一网络用语做了注释:"所谓Crush爱好者,是以踩踏获得快感,类似'恋足癖'、SMAV这样的组织,由日本传入中国。网上流传的为数不多的Crush图片和电影片段基本都以'美女踩踏各种动物'为噱头,吸引另类读者。"

(3)增补必要的事实。有的事实中缺少某些看似细微的因素,但又是读者需要的内容,对他们来说关系密切,那么就不应让读者囫囵吞枣、隔靴搔痒,而应尽量补充详情,满足读者的要求。

(4)增补同类的事件。这是网络新闻中经常采用的方法,通过同类事件的聚类的强化所传播信息的典型意义,从而引发公众的广泛关注。

【案例5-5】论坛爆虐鸭组图　幼鸭遭女子脚踩碎尸[①]

2007年4月26日,一位名为"小蝴蝶燕燕"的网友在某论坛上发帖,公开一辑来自Crushworld网站的恶妇踩鸭图片,由于图片触目惊心,不少网友在看到报道后对该妇人狠毒残忍的行为表示不齿。

【解析】

如图5-4所示,在该则报道最后添加了虐猫等同类新闻事件,从而引发了网友对当时一系列虐待小动物事件的关注,并在广大受众中引发了一场如何保障动物生存权的热议。

---

① 《论坛爆虐鸭组图　幼鸭遭女子脚踩碎尸》,http://news.qq.com/a/20070427/001751.htm。

图 5-4　"论坛爆虐鸭组图　幼鸭遭女子脚踩碎尸"网页

2. 增补回叙

回叙，即在连续报道中对近期已发表的报道作简要的复述。

一件正在进展的事件中，当前稿件中可能只介绍了其最新情况，而没有提及事件的来龙去脉，没有看过相关报道的读者读完后容易心存疑惑。如果用适当的篇幅对过去发生的事情进行简要的交代，就能起到承上启下的作用，为读者提供方便，使他们对事件的发展过程有比较全面的了解。

图 5-5　"华南虎事件"报道中增补回叙网页①

---

① 《绝迹 24 年华南虎重现陕西　村民冒险拍下照片》，http://society.people.com.cn/GB/6373641.html。

二、增补应注意的问题

第一，增补的内容一定要有根据，或者是通过调查研究后取得的，符合客观事实。一般来说，稿件中增补的内容，不宜过多。

第二，增补的内容事先最好征得作者的同意，告诉其增补的情况和具体内容，在增补数量较多的情况下尤其应如此。

第三，通讯社电讯稿以及部分专稿不允许增补，但这些稿件可作删节，并在电头前加"据"字，如"据新华社……电"。如必须增补，可采取在文前、文中或文后加"编者按"的办法来解决。

第四，在一般的情况下，编辑不能随意增补稿件的内容。

第三节　稿件的压缩

有些稿件本身内容没有什么问题，但篇幅太长，不符合网站的规定，此时就需要对它进行压缩处理。

在具体进行压缩工作前，我们可以先来认识一下稿件冗长的原因。

一、稿件累赘、冗长的表现

第一，标题太长，面面俱到。
第二，主次不分，重点不突出。
第三，叙事太细，稿件繁琐。
第四，作者心态有偏颇。

二、稿件压缩的原则

第一，与新闻价值相适应。
第二，符合网站的风格和特色。
第三，消除累赘，但不损伤原意。

三、稿件压缩的具体方式

1. 常见稿件结构

稿件主体部分的常见结构形式有下列几种。

（1）倒金字塔式，按照新闻内容的重要程度或读者关心的程度先主后次地安排事实材料。即把最重要、最新鲜的事实放在导语部分，导语里也是把最重要的内容放在最前列；在主体部分，各段内容依重要程度递减的顺序来安排。这种方式的优点首先便于读者用最短的时间获得需要的信息量；其次便于编辑对稿件的篇幅进行调整；另外也便于记者组织材料，写作方便。

（2）事件顺序式，也被称为"纵向结构"，其特点是按照新闻事件的自然进程，以时间为主线，叙述新闻事件的全貌。其导语与倒金字塔结构类似，也是将新闻核心揭示出来，主体的其余部分再按照时间顺序来组织。在网络新闻中，这也是一种常见的写作方式，因为很多信息事件是动态的，是不断变化发展的，不能等到事件的全貌都出现后才动手。从总体上看，主体按时间顺序组织材料较容易把握。

（3）逻辑顺序式，即根据事物的内在联系或问题的逻辑关系来组织材料。这种结构有利于反映出事物的内在发展规律，提示事物的本质特点与意义。

2. 稿件压缩方法

（1）由后向前删。对于采用倒金字塔式写法写作的稿件，可以只保留前面几段核心的内容，将后面的补充性内容或展开性内容删除。

【案例5-6】超强台风"艾云尼"触响橙色警报①

据浙江省气象台7月7日发布浙江沿海海面超强台风警报：今年第3号超强台风"艾云尼"中心正以每小时10—15公里的速度向西北偏北方向移动，逐渐向浙江省沿海靠近。

7月7日14时，台风中心位于北纬21.4度、东经127.4度，中心气压930百帕，近中心的最大风力16级。如果台风中心继续保持向西北发展，将对浙江沿海造成较大影响。因此，气象部门提醒出海船舶和各有关方面引起注意。

浙江省气象台在7月7日16时43分将暴雨黄色预警信号升级为橙色预警信号：预计未来6小时内衢州、金华、绍兴、台州、杭州和宁波、舟山以及湖州和嘉兴的南部地区将出现50毫米以上的强降雨和强雷暴，有雷雨地区并伴有8—10级雷雨大风。

【解析】

在本例中，导语将警报发布单位、警报发布时间以及警报内容——"艾云尼"台风的活动都做了详细解释，而主体第一段补充了台风经纬度、气压等信息，第二段进一步补充了将受此次台风影响的地区。如果只是要发布一则简讯，完全可以只保留导语，而将主体的两段信息删除。

（2）去皮肉，留骨架。对于一些非倒金字塔式写法的稿件，或者是一篇报道中主题可分为多项的稿件，可采用此方法。所谓骨架，往往指信息的主要要素或最有价值的事实，而皮肉则指不太重要的信息，不必具体展开的细节，不必要的解释，重复的例证或不必要的议论、抒情、文字描写等。总而言之，就是通过压缩处理，使稿件内容突出、节奏紧凑、表述简练，更符合本网站传播的要求。

【案例5-7】哈市房管局出台八项举措　方便办理房屋产权业务②

近日，记者从哈尔滨市住房保障和房产管理局获悉，为方便市民办理房屋产权交易业务，该局各房屋登记窗口推出急件"直通车"、特殊业务上门受理等"八项举措"，为方便市民群众办理"涉房"业务提供便利条件。

据介绍，推出产权登记窗口"八项举措"，涉及房屋产权证办理、权属登记、业务咨

---

① 《超强台风"艾云尼"触响橙色警报》，http://www.fawan.com/Article/ShowArticle.asp？ArticleID=123817。

② 《哈市房管局出台八项举措　方便办理房屋产权业务》，http://www.chinanews.com.cn/estate/estate-zcfg/news/2010/04-14/2224981.shtml。

询、信息备案等业务,实现了产权交易登记窗口服务以人为本的服务理念。产权办证"八项举措"包括:

开辟急件"直通车"。对急需资金、急于出国、子女上学急需落户、境外及埠外人员急需办理房证、特殊行业职工办理房屋登记等特殊情况,市房产住宅管理部门开辟了急件"直通车",特事特办、急事先办,有效满足群众的特殊需求。

设立业务咨询区。服务大厅窗口众多,对业务流程不熟悉的市民常有无从下手之感。为方便办事群众,相关部门将在市及各区服务大厅内设置咨询服务区,抽调培训业务精、素质好的工作人员,接待办事和咨询的群众。严格执行首问负责制的有关规定,高效能地为群众提供业务咨询,答疑解惑,并指导群众填写相关表格。

特殊业务上门受理。对老弱病残孕等特殊群体,可以通过电话预约,由房屋登记部门提供上门受理、送证等"一条龙"服务。

方便群众服务进社区。今后,对相对集中未办理房屋登记的住宅小区,该局相关部门将提供进社区现场办公服务,集中宣传政策,集中受理,集中发证,为群众提供方便。

提供专项服务,支持企业发展。该局相关部门将采取提前介入的方式,进驻改制、融资等企业,讲解房屋登记政策,为企业办理房屋登记做好指导工作,协助企业顺利办结房屋登记手续。

梳理"疑难杂症",全面备案,逐一解决。针对暂时不具备登记条件的疑难件,相关部门将积极进行调查梳理。能够协调解决的,研究制订解决方案,及时给予解决;暂时解决不了的,在咨询服务区进行信息登记备案,统一拟定政策,尽最大努力帮助企业及群众解决办证难题。

政务全公开,透明办业务;高效服务,党员先行。该局同时还在网站上开设房屋登记的法律、法规、政策查询专栏,真正做到政务公开,增强了办事透明度。

据介绍,该局抓好全市房屋登记服务窗口,不断深化产权办证"八项举措",切实加强和改进房屋登记各项工作,一是进一步建立和整合房屋电子登记簿系统,加快实现技术一体化、数据一体化、业务一体化、服务一体化;二是将举办商品房和二手房展销会,为群众换购住房提供便利;三是规范房产档案管理,方便百姓查询;四是拓展置业担保和房屋租赁登记服务领域,提高居间服务企业行业诚信度等。

【解析】

在本例中,正文第一段介绍了推出政策的部门以及政策的简要内容,接下去的段落都是对各项举措的详细介绍,按照"去皮肉,留骨架"的做法,直接保留各段的主要信息,即第一句话,其他内容都可以删除。最后一段为"八项举措"的意义,也属于可以压缩的范围。

四、压缩稿件时应注意的问题

第一,不要把重要内容压缩掉,不要把生动有趣的精彩内容压缩掉。

第二,不要把稿件压缩得支离破碎,上下文不连贯,前后文不接气,或有因无果,或有果无因,伤及文义,伤及内容。

注意:压缩后的稿件,一定要对全文校读一两遍,做好防范补救工作。压缩长稿时,要注意原文结构的组成比例和文章的节奏感。

第四节 稿件的改写

有的来稿材料新鲜,很有价值,但写得不好,或不符合报道要求,这就需要对原稿进行改写。改写是一种难度较大、操作较复杂的修改。改写可以是局部,也可以是全篇。一般来说,改动较大的方法有四种:改变主题、改变角度、改变结构、改变体裁。

一、稿件改写的方法

1. 改变主题

即改变原稿的中心思想。有的原稿主题缺乏新意或者缺乏典型意义,需要编辑从原稿提供的材料中提炼出更新颖、更有意义的主题。新华社通讯《"一厘钱"精神》原稿主题是反映北京墨水厂重视节约,在瓶盖上也力争节约一厘钱。通过主题提炼后,他们将这一稿件主题浓缩为"一厘钱"精神,即在建设社会主义事业时始终坚持增产节约精神。这一修改改变了原稿的报道主题,中心思想更突出,更鲜明,更具有典型意义。

2. 改变角度

即改变写作的着眼点、立足点和侧重点。有的稿件材料丰富,只是写作的角度不当,影响了主题思想意义,或不符合媒体的编辑方针和宗旨,因而需要改变角度。常见的角度改变有:从领导角度改为群众角度,从介绍经验角度改为报道成果角度,从正面报道角度改为侧面报道角度等。特别是有些批评报道,可以从被批评单位积极主动整改的角度正面报道,比直接批评报道效果更好。

3. 改变结构

即调整稿件各部分之间的相互关系的一种改写方法。好的稿件往往讲究结构,一要有条理,二要有波澜。文章无论是顺叙、倒叙或插叙,都应有条有理、行文流畅,同时还要有一定的变化。调整结构的目的就是将一篇结构紊乱、平铺直叙的材料,重新排列组合,使材料能紧扣主题,层层相接,富于变化。

4. 改变体裁

新闻报道有多种体裁,一定的体裁适应于一定的内容,并表现为一定的功能。例如,通讯往往以写人、写事为主,如果一篇通讯此方面内容并无特色,而其中所讲的某件事情很有新闻价值,就可以将通讯改为消息。改变体裁都是由信息量较大的体裁改为信息容量较小的体裁。又如,从通讯、调查报告、经验总结改为消息,从消息改为简讯等。《浙江日报》的全国好新闻《两千多双女鞋的遭遇说明了什么》就是由通讯改写而成的。

一般来说,为了保证时效性,网络稿件应该尽量少修改,最常见的就是对标题和导语的修改,关于这一点,我们将在下一节具体介绍。

【案例 5-8】"网络妈妈报告会"的两则新闻

某编辑部曾收到这样两篇稿件,一篇名为《网络妈妈报告会》,记者写道:"今天上午,来自全省的近千名妈妈在南昌聆听了一场别开生面的网络妈妈报告会……报告深深打动每一位观众的心,大伙用热烈持久的掌声来表达对网络妈妈的敬意。"这条会议消息写得很一般,纯属应景之作,空洞无物,没有多少实际内容,可以想到,记者只是在会场上晃了一下就回来交差了。

而另一篇稿件的新闻标题是《网络妈妈未能"网"住与会妈妈》。这位记者用摄像机拍下了会场上交头接耳的母亲,拍下了三三两两中途溜号的妈妈,还拍下了最后与会者所剩无几的会场。在稿件中,记者尖锐地提出,教育孩子先得从教育自己做起,要孩子好先得妈妈好,许多问题看起来表现在孩子,其实根子还在父母。这篇稿件不但画面可视性强,而且主题深刻,其新颖独到、别具一格的角度,是记者深入观察、潜心思考的必然结果,浅尝辄止是出不了好新闻的。

综上所述,网络稿件的常规加工可以分为校正、增补、压缩、改写四个方面。其中校正属于对稿件的绝对性修改,而增补、压缩、改写属于稿件的相对性修改。作为一名合格的网络编辑,不仅要在工作中不断提高自己的思想政治水平、丰富自己的知识、扩展自己的知识面、提高自己的文字水平,以胜任绝对性修改工作,也需要通过不断学习提高自己编辑稿件的能力,使加工的信息更符合网站的目标和要求,从而达到更好的网络传播效果。

二、稿件改写注意事项

在具体加工时,还应该注意三方面问题。

一是要找到文章中的重点。网络编辑应该在分析受众关注点的基础上确定稿件的重点,只有在这样的前提下进行的改写,才是有价值的。

二是稿件修改时尽量尊重原作的风格。网络编辑在改稿时应对稿件有一定的判断和认识,在进行修改时,应尽量保持原作的风格。

三是注意稿件错误的事后更正。网络编辑很难保证稿件上网后都是正确无误的。发现稿件错误时及时更正,可以最大限度地挽回影响,体现媒体的责任心与职业道德。对于严重的错误,不能只是在原稿上进行修改,应及时做出明确声明。即使是已经进入数据库的新闻,也应该在保留原有内容的基础上,附上更正说明。

第五节　标题与内容提要制作

无论是传统媒体还是网络媒体,标题都是新闻的眼睛。在网络时期,标题的有些功能被弱化了,有些功能得到了强化,还有些功能是随着网络媒体新产生的。接下来我们将对网络新闻标题的各种功能进行阐述。

一、网络新闻标题的功能

1. 完整传播信息

标题的这项功能在网络媒体上得到了强化。由于网络信息更加丰富,网络受众对信息的接受也更加自主,因而编辑在制作新闻标题时,必须用最简练的文字将新闻事实中最具新闻价值的内容概括出来,以便受众能够仅通过阅读标题就获知新闻中的最重要信息。

例:世乒赛男单失利引发震荡　刘国梁升任男单主教

解析:该标题将事件的前因后果都交代清楚了,用户一眼就能明白新闻讲述的内容。

2. 索引选择信息

标题的这项功能是在网络媒体上才出现的。目前每个网站页面上的新闻信息动辄成百上千,每条新闻后还可以链接新的新闻。如此海量的信息里,浏览标题成了网民选择信息最快捷的途径。很多网民是根据页面中的标题信息决定是否进入下一层阅读的。此外,网络标题的索引功能还可以体现在信息搜索环节,使用标题作为检索词进行检索往往可以得到精确的信息。

然而,网络新闻标题是否吸引用户,除了要看标题表现形式外,还取决于受众对标题内容信息的需要程度。如果受众不需要这方面的信息,即使标题取得再吸引人,也不会产生点击。

与此同时,有些网站还出现了标题制作的一种不良倾向,即将新闻标题的煽情作为唯一卖点,甚至挂羊头卖狗肉,标题和内文毫无联系,用户点击后大呼上当。然而,这种"骗来"的点击量往往是暂时的,网站和编辑最后将会失去更多。

例1:恶匪抢完银行又劫公车　美貌女警色诱持枪悍匪

解析:通读整篇新闻,让人大掉眼球的是文章中并未发现女警有任何"色诱"的举止和行动,实在让人不明白"色诱"从何而来。

例2:北京过半知识分子家庭有一暴力

解析:乍一看这则标题给人的印象是北京的知识分子家庭是暴力重灾区,然而仔细阅读新闻的正文,却是"北京发生家庭暴力的家庭中知识分子家庭占了一半",这种偷换概念的做法在标题制作中也是不可取的。

3. 评价引导信息

标题的这项功能在网络媒体上被弱化了。新闻标题一般可以在概括事实的基础上,通过揭示事物的本质,指导受众理解新闻的意义,或直接表明编辑的态度与立场,起到舆论导向的作用。然而网络受众一般自主性比较强,对一些态度鲜明的标题比较容易反感,因此,网络媒体在标题的评价引导功能上不如传统媒体。

网络标题对新闻的评价功能往往趋向于一种隐性的评价,体现在内容和形式上有如下特征。

(1)内容上,标题不直接表明编辑立场,而是通过对新闻事实的选择或在标题中用一些带有倾向性的词语体现编辑的态度。

例1:中国暖流冲击东京国际电影节

解析:"暖流"表现了编辑对中国电影的关注与期待。

例2:日本军旗当街卖　"旭日"方巾刺痛国人眼

解析:"刺痛"表现了编辑对那些忘记历史,有辱国格行为的否定。

对于国际性新闻报道,编辑在表明立场时尤其要注意客观准确,在表明自己立场时要慎之又慎。

例1:外交部就部分人士前往钓鱼岛宣示主权答记者问

解析:标题中用"部分人士"称呼自发组织前往保护钓鱼岛的人们,态度比较谨慎。

例2:15爱国者出海"保钓"　外交部:中国对钓鱼岛拥有主权

解析:标题中用"15爱国者"称呼自发组织前往保护钓鱼岛的人们,态度鲜明。

(2)形式上,网络标题对新闻的评价作用主要通过以下几种手段实现。

第一,对标题页面的选择,重要新闻会在网站首页或新闻中心首页显示,不太重要的往往用"更多新闻"来代替。

第二，对标题顺序的排列，重要新闻会放在页面显要位置，大部分时候是页面左上方。

第三，使用一些技术手段，如图片、线条、色彩等。

4.说明报道形态

标题的这项功能在网络媒体上也得到了强化。与传统新闻相比，网络新闻除了以文本形式出现外，还可以以图片、图表、广播、视频等多种形式出现，这些报道形态一般都在标题中表明。

例如图片新闻在标题中往往用"图"、"附图"、"多图"、"组图"的字样，视频新闻往往在标题后带上表示视频的标记，如图5-6所示，也有的直接在新闻后面标注"视频"二字。

· 广州检察长澄清"地下室问话" "咆哮哥"道歉称很后悔

图5-6　新华网首页新闻标题含视频标志

文字新闻也常通过在标题中注明新闻题材或体裁来吸引受众，如图5-7和图5-8所示。

[人民时评] 赞冯小刚们对植入广告的态度! 网店实名制如何走好

图5-7　新华网新闻标题含体裁标志

[世界杯]阿根廷2-0希腊晋级 韩国2-2尼日利亚进16强·法国出局

图5-8　东方网新闻标题含题材标志

除了表明题材或体裁，也会将一些能吸引用户阅读的信息类型标注在标题中。如图5-9所示。

广西组织部长调任中组部 在桂工作近20年(简历)

图5-9　新华网新闻标题含信息标志

5.丰富美化页面

标题的这项功能在网络媒体上也得到了强化。传统媒体中，标题的形式、结构和排列是版面构成的重要因素，也是美化版面的重要手段。而在网络媒体中，网站主页和各个频道的主页最主要的信息也是各种标题，网络新闻标题丰富美化页面的作用突出体现在两个方面。

第一，使页面条理清楚、层次分明。一般来说，新闻网站在制作标题的时候，每条标题字数相近、排列有序，使受众看上去一目了然、赏心悦目；另外，各个网站的新闻频道通常会把相同的一组稿件组成专栏，冠以大标题，这类专栏标题也起到了新闻分类的作用。如图5-10所示。

第二，使页面丰富多彩、有声有色。网络新闻标题可以通过各种各样的字号、字体，通过颜色变换，通过动态技术美化页面，使页面增色添辉。如图5-11所示。

南非世界杯　网聚世界杯
6部门整治注水肉 减少使用1次性筷子
审计署:中央部门用假发票套现1.4亿 看点
南方3000万人受灾 2级响应对菜价影响加深
我破获获重大恐怖组织案 公安部明通报
10名安监员为何管出一道"假门"
政协常委抨击"住大房乘大车吃大餐"消费观念
我给最不发达国家4762种商品零关税
港政改方案今表决 国防部发言人"换帅"
肯德基回应"多翅怪鸡":只选长相周正的鸡 图
外媒: 高房价压垮中国单身汉

图5-10　新华网专栏标题页面

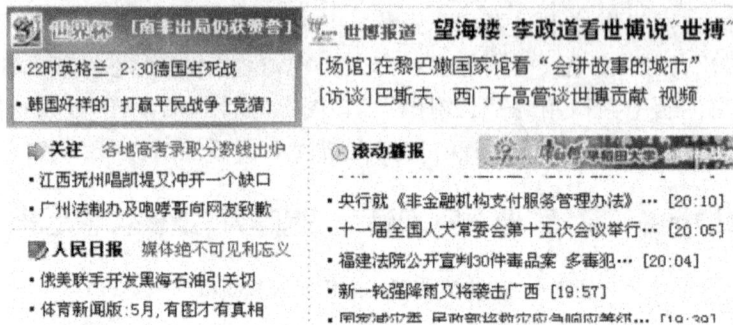

图 5-11　人民网丰富多变的标题页面

6.体现编辑风格

标题的这项功能在网络媒体上也得到了强化。新闻标题在网页中的数量和重要性都远大于传统出版物,从某种意义上说,首页的风格就是网站的风格,而标题的风格就是首页的风格。标题对网站的编辑思想的体现可以从两方面来看:

第一,从内容上说,各个网站筛选新闻的价值标准首先就体现在新闻标题上,尤其体现在对头条新闻的选择和把握上。

前文中图 5-6 到图 5-9 所展示的是同一天内各新闻网站的头条新闻。从中可以发现,不同网站选择头条新闻的标准是明显不同的。人民网和新华网选择的都是全国性的新闻,其中人民网选择了一则防汛抗洪的新闻,因为涉及国家领导人,可以归入时政新闻;新华网选择的是一则严打整治的新闻,属于社会新闻范畴;而浙江在线的头条新闻地方特色较强;新浪网采用的新闻和人民网是同一则信息。由于商业类门户网站没有新闻采访权,因此转载中央重点新闻网站头条新闻是此类网站的常见手法,但有时候,商业类门户网站也会偶尔选择文化娱乐新闻和体育新闻作为头条新闻。

第二,从形式上说,各个网站都会利用不同的方式对新闻标题做某些特殊处理,或使其"浓眉大眼",或使其"眉清目秀",长期使用这些标题美化技术也可以形成自身特色,为受众所熟悉。

二、网络新闻标题特点

1.超文本链接的分布方式

与传统新闻标题相比,网络新闻标题这一特征体现在两个方面:第一,标题和正文以超文本链接的形式出现;第二,新闻正文下面还有相关新闻标题链接。

2.题文分离

传统媒体中标题和正文都排列于同一页面,而网络媒体中标题和正文排于不同页面,这种编排方式需要网络编辑解决好标题中"藏"和"露"的问题。"露"是指把信息尽可能多地披露在标题中,以节省受众阅读信息的时间成本;"藏"是指减少标题中的信息元素,使标题仅仅发挥引导的作用,以吸引用户进一步点击。

一般来说,报道新闻性或实用性较强的信息,如会议内容、政策内容等,可以用最精练的语言将主要内容展示在标题中,读者看到了这些内容,才会产生进一步阅读的兴趣;而报告一些休闲娱乐的信息,则可以先用形象的词汇来撰写标题,具体的核心元素放在正文中,这样用户也会产生阅读的兴趣。

例如全国农业会议的重要讲话中特别提到了中央为了农业的长期稳定,配合粮食生产和流通体制的调整和改革,将增加国家农业风险基金的款额,将标题编辑为"稳定农业:中央增设农业风险基金增建国家粮库",就会比"全国农业工作会议召开"、"某某领导讲话"等标题更好。

3. 以一行实题为主

网络标题一般不采用复合式标题,大部分新闻标题只有一行,一般来说,网络新闻标题在字数的上限为 25 个字。通常用 5 至 15 个字组成一段标题,中间用空格或标点分开,如图 5-12 和图 5-13 所示。

温总理为何强调抗洪"三到位"|有感郑垧靖的"实"

图 5-12　长标题用标点空开

绿营曝内讧 台战机转运泄密遭围观 侯佩岑母女合影

图 5-13　长标题用空格空开

为何网络新闻标题往往以实题为主呢? 原因如下:第一,从标题所承担的任务来看,完整传播信息和评价新闻、引导网民是网络新闻标题最主要的两大功能,其中传播信息是第一位,而评价引导的功能由此派生出来;第二,从网民的阅读心理来看,网民阅读新闻,主要是了解发生的事情,从中获取信息,对于事实的评论居于次要地位;第三,从网络新闻的阅读特点来看,虚题往往使受众一时难以理解,如果是报纸,受众可以通过迅速浏览正文来了解新闻信息,但网络新闻则比较困难。

4. 多媒体优势

传统媒体对新闻标题的要求与网络媒体对网络新闻标题的要求不同。

(1)报纸标题优势:依靠在版面位置、字号大小、字体不同、题花、线条的使用吸引读者,同时十分重视用文字和语法的修饰创造出语言美。

(2)广播标题优势:强调用简明扼要的词语,做适当的停顿、间隔,在听觉上易于领会。

(3)电视标题优势:文字、声音、图像相结合,但以画面为主。电视新闻中标题一方面要起到提示主题、概括内容的作用,另一方面也要把受众的注意力引向画面,为画面服务。

(4)网络新闻标题的多媒体优势:并不是将三种传统媒体的特点简单相加,而是在传递信息时,将文字、声音、图像多种手段有机融合,这就赋予了编辑更多自由发挥的空间。

例如:一条新闻令人半信半疑,可以配上图片发挥"眼见为实"的作用,再通过文字、图片、音频、视频等多种手段体现新闻重要性,并在标题中加以显示,以便受众更快理解编辑的编辑意图。

三、网络新闻标题构成要素

网络新闻标题一般由四个部分组成:文字、提要、题图、附加元素。

1.文字标题

(1)标题类别。

①根据内容来分,可分为实题和虚题。实题是指叙述事实的标题,如"收入分配改革方案年内或出台 高国别风险不低于 50%"。虚题是指发表议论或引发读者兴趣的标题,如"争议作家张——"。

目前网络媒体中大部分稿件都采用实题,只有部分评论文章采用虚题,或虚实混合,如"温家宝会晤菲律宾总统 东亚峰会签能源安全宣言"。但是娱乐和社会新闻用虚题写作标题的情况比较多,如"陈坤拍大片'自讨苦吃'"。此类标题主要是利用虚题写作的方式来吸引读者进一步点击,但部分标题也存在哗众取宠、题文不符的情况。

②根据位置来分,可以分为主题、引题和副题。

主题:标题中最主要的部分,用以说明最重要、最引人入胜的事实和思想。一般使用最大的字号,来引起网民的注意力或者表明其重要地位。

引题:位于主题前,引出主题,可以是背景、意义、气氛、方法、议论、评价等。一般在网络新闻标题中较少使用。

副题:位于主题之后,用事实对主题进行补充或解释。一定是实题。

(2)标题的结构。

①单一型标题只有主题,没有副题,如"82岁老人打赢'一元钱官司'"。

②复合型标题主要有三种形式。

第一,引题＋主题。

业委会招标新物业受质疑

匿名大字报指业委会索好处费

图 5-14　引题＋主题

第二,主题＋副题。

二十国集团峰会：主要国家立场扫描

G20峰会四大主题｜欧盟、美国亮明立场｜俄不支持征收银行税｜发展中国家将发出更大声音｜历次峰会回顾　更多头条·封面

图 5-15　主题＋副题

第三,引题＋主题＋副题。

应邀访问越南并出席亚欧首脑会议

温家宝抵达河内

会见芬兰总理万哈宁

图 5-16　引题＋主题＋副题

虽然标题可以有多重结构,但是为了充分体现信息传播的快捷性,网络标题大部分还都采用一行实题的形式。

2. 提要

由于仅仅只有单行化的标题很难将新闻关键内容一言以蔽之,所以有些网站开始采用"标题＋提要"的方式来弥补单行标题的不足。内容提要一般用于对主标题的内容进行解释、概括、补充说明,或者交代新闻的主要事实、观点、意见、问题等。通过提要,用户可以在只浏览主页及各分类新闻主页的情况下就能对当日要闻要点了然于胸。

网络提要主要运用的场合和形式如下。

(1)跟随导读页的标题出现。一种方法是直接紧跟网站、频道、栏目首页的标题出现,适用于那些重要的稿件,如头条新闻;另一种方法是读者的鼠标在滑过某条新闻标题时,屏幕上会即刻自动生成一个很小的文字框,上面显示出该条新闻的导语,鼠标移开即消失。因为第二种方法容易破坏页面的整体性,弹跳出来的内容也容易打断网民本来的阅读计划,因此,目前大部分网站都采用第一种形式。如图 5-17 所示。

图 5-17 首页标题提要

(2)在正文页的标题后出现。这时提要是作为标题与正文之间的过渡出现的。有的网站会把导语部分的字体与正文区分,以便作者容易发现此段文字的导读功能,如图 5-18 所示。但有的网站会将提要和正文的字体字号设置成一样的,这时,一般读者往往无法分辨哪个是提要,哪个是正文。

(3)在正文中出现。这类提要通常在正文中每一段落前出现,可以提示该段落的主要内容。这种提要方式比较少,一般使用在较长的文章中,而且文章中一般会有多种观点,提要客观上起到了分标题的作用。

内容提要在网络信息传播中的广泛使用,表明网络编辑对这一编辑手段的重视。但这也导致了一个问题——将标题和内容简介捆绑在一起,会使读者仅仅阅读这两项,而具体的新闻内容很有可能不会被点击。在信息海量的环境下,网络新闻的"被提要化"有时也是导致网站流量减少的因素之一。

图 5-18　内文页标题提要

3.题图

大幅的新闻照片配标题是网络上比较常见的形式,一般用于主标题或次主标题,方法是在标题的下面或者上面放置大幅的图片以吸引网民的注意力,有助于引导网民观看、选择新闻。网络新闻标题的题图,主要包括新闻照片、新闻图表、新闻漫画、新闻动画等几种形式。

编辑新闻题图要特别注意其文字说明,既要注意文字简明扼要,又不能把话说得太死太满,要留给受众思考回味的空间。

4.附加元素

网络新闻的附加元素主要包括以下几个方面。

(1)随文部分,是指在新闻主标题下表明新闻的来源、发布日期、发布时刻等内容,在主页中出现较少,但内页中几乎每一则新闻正文前都有此部分内容。有的网站把所有的随文信息都放在标题下正文前,也有网站把时间和来源等内容分开放置。

(2)主观标记,是指编辑在发布新闻时为该新闻标题所贴的评价或示意符号,是编辑评价新闻、表达编辑意图的一种手段。如"new"、"[关注]"、"酷"等字样,有的加上"!"、"*"表示编辑对新闻重要性的评价。

(3)效果字符,是指通过技术手段使标题发光、移动或变换色彩等,使之成为动态字符,吸引网民的眼球,这种做法在网络广告中经常运用。

四、网络新闻标题制作原则

1.新意原则

即将稿件内容中最具新意的事实放在标题中。如果稿件中只有一个主要事实,则可对它的

"5W"进行分析,在标题中突出最有助于体现新闻新意的一个或几个"W"。

例1:"卖肉才子"返校园　陆步轩将在西安高校执教

解析:该标题的新意在特定人物上,即卖肉谋生的北大学子陆步轩。

例2:蛇年蛇餐依旧火暴　专家呼吁保护生态

解析:该标题的新意在特定时间上,即蛇年。

例3:今年春节上网看电影

解析:该标题的新意在特定地点上,即网络上。

例4:政协委员也触网　提案全靠伊妹儿

解析:该标题的新意在特定方式上,即用 E-mail 发提案。

例5:深圳黄田国际机场成为春节旅游热点

解析:该标题的新意在特定事件上,即节假日期间机场竟成了旅游热点。

除此以外,还可以强调文章中的以下内容。

(1)突出新闻事件中最具有冲突性的内容。冲突性是指对新闻故事中人与人之间、人与组织之间、人与环境之间的相互矛盾。在标题中注重展现故事性的情节、戏剧性的冲突,能够引起网民阅读的兴趣,在社会新闻领域使用尤其频繁。但是在编辑时也要特别注意不要把一些负面的东西进行过多的强调(如"8 岁女孩遭父亲虐待　寒冬腊月被脱光衣服泼冷水"、"高校学子变身恶魔　为筹上网费抢劫杀害女工程师"),而应该注重对大众情感的疏导和理性的提升,在标题中体现人文关怀。

(2)突出新闻事件中最反常的内容。反常的内容容易引发受众的好奇心,因而新意也比较强(如"俄罗斯三岁大力士可举起一对十六公斤哑铃"、"女工被从天降落的钢筋穿透身体奇迹生还"、"中年妇女自幼患怪病　整条右腿如象腿一般粗")。但在编辑过程中也要特别注意审核新闻的真实性,同时不要一味传播一些奇闻轶事,而要提升大众的阅读品位。

(3)突出新闻事件中最有趣的内容。有趣的内容能够使人们享受到生活中幽默的快乐,能够引起人们的阅读兴趣(如"南京'鼾王'评选反响热烈　近千人报名'参赛'"、"派出所三八节出新招　四名女警笑'殿'所长"、"屁声响亮的怪鱼:2005 年十大离奇发现")。但在编辑过程中也同样要注意新闻的真实性,在真实性的基础上,尽量提供一些有审美意趣的趣事。

2. 具体原则

即在新闻涉及的多个事实中,只选取其中一个或几个重点事实,放在标题中强调。具体可以分为以下几点。

(1)关联度原则。将与读者关系最密切的放进标题。

例:北方降雨南方高温　全国天气情况简报

解析:该标题中强调了地域性特点,将会增强对北方受众的吸引力。

(2)最新进展原则。一个跨度较大的发展中事件,将最新进展与变化放入标题,如图 5-19 所示。

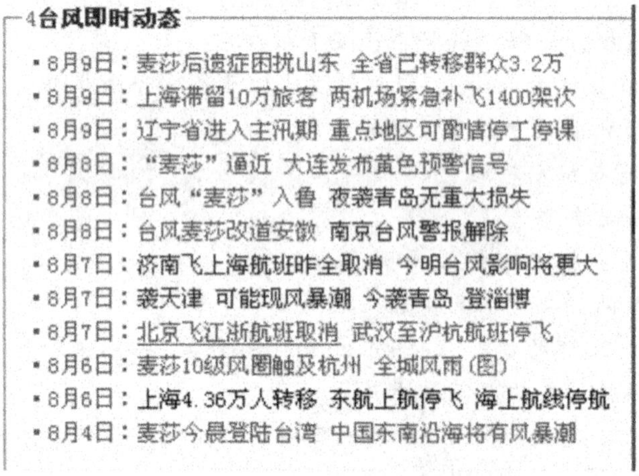

```
▶4台风即时动态
 •8月9日：麦莎后遗症困扰山东 全省已转移群众3.2万
 •8月9日：上海滞留10万旅客 两机场紧急补飞1400架次
 •8月9日：辽宁省进入主汛期 重点地区可酌情停工停课
 •8月8日："麦莎"逼近 大连发布黄色预警信号
 •8月8日：台风"麦莎"入鲁 夜袭青岛无重大损失
 •8月8日：台风麦莎改道安徽 南京台风警报解除
 •8月7日：济南飞上海航班昨全取消 今明台风影响将更大
 •8月7日：袭天津 可能现风暴潮 今袭青岛 登淄博
 •8月7日：北京飞江浙航班取消 武汉至沪杭航班停飞
 •8月6日：麦莎10级风圈触及杭州 全城风雨(图)
 •8月6日：上海4.36万人转移 东航上海停飞 海上航线停航
 •8月4日：麦莎今晨登陆台湾 中国东南沿海将有风暴潮
```

图 5-19 动态更新的新闻标题

(3)关键数字原则。将稿件中出现的关键数据放入标题,必要时候应该将数字或定量词代替定性笼统的说法。

例:2009 年中央部门挤占资金违规发津贴 11 亿 5170 张假发票

解析:11 亿和 5170 张假发票将中央部门违规占用资金的情况做了最直观的展示。

(4)解疑释惑原则。将稿件中最能解答读者疑惑的内容放进标题。

例:沈阳买卖房手续费恢复"25 条房产新政"前

解析:该标题将房产新政的最新变动放到了标题中,解答了受众的疑惑。

3. 准确原则

网络新闻标题的准确性原则体现在四个方面:(1)对新闻事实的概括要准确;(2)对新闻事件发生的时间、地点等新闻要素的展现要准确;(3)对新闻事件的评述要掌握分寸和度;(4)用词准确。

目前,有些网站为了增加点击率,拟制一些以偏概全、耸人听闻的标题,不仅会误导受众,也会对网络新闻媒体的信誉造成损害。

例:俄国打算改国名 只因债务还不起

解析:正文中提到的只是俄政府个别官员的突发奇想,并没有经过政府有关部门的讨论,标题中内容耸人听闻,容易让人误以为这是即将发生的事实。

4. 全面原则

如果新闻中涉及多个方面,而且这几个方面都同样重要,就需要在标题中将多种情况都进行反映,不能以偏概全,只反映一面,误导受众。

例:戈尔上课学生不买账

解析:正文中提到美国前副总统戈尔在哥伦比亚大学授课并非学生都不买账,而是褒贬不一,如果要遵循全面原则,应改为"戈尔上课,有人欢喜有人忧"更为恰当。

五、网络新闻标题制作技巧

1. 标题内容制作技巧

(1)标题润色。

①活用动词。多用动词少用名词和形容词,可以提高标题中的信息含量。

例:西安往上海火车因高温车头燃烧　冒火冲进无锡站

解析:"冲"字将火车进站时的危急状况形象地展示了出来。

②巧用比喻、拟人。

例1:挤干水分,给成本装上"过滤网"

解析:将挤干企业成本核算水分的行为比喻为装"过滤网",显得形象生动。

例2:北京煤气:上气不接下气

解析:将煤气时断时续描写成"上气不接下气",兼有双关和拟人的功效。

③一语双关。

例:天津:卡在节日好尴尬

解析:此处"卡"既有银行卡的意思,又有"卡住"的含义,一语双关。

④翻译科技词汇。

例:专家提醒市民:过量饮水容易导致"水中毒"

解析:将"脱水低钠症"称为"水中毒",便于让普通受众理解深奥的医学词汇。

⑤借用成语、古诗词、俗语、流行歌曲、地方话。

例1:麻雀虽小五脏俱全　莫斯科独具魅力的跳蚤市场

例2:少小离家老大回　儒雅尊龙不解"儒雅"

例3:都是基因惹的祸　首例基因歧视案闹上美国法庭

例4:我拿什么拯救你,懂事的小楠楠

例5:乱收费,财政部死磕教育部

⑥用数字、符号讲话。

例:甘肃舟曲泥石流已致 127 人死亡 1294 人失踪

(2)标题压缩。由于网站对不同页面的标题长度往往有限制,而且短句的传播效果一般都比长句好,因此标题改写过程中常常要涉及删改工作。

①善于省略。在标题中删去那些可有可无的信息,具体做法如下:只保留事实核心部分,省略其他部分;只保留事实发展结果,省略不必要的过程和细节;省略消息来源;省略不必要的议论;省略不必要的事实成分,如时间、地点、具体名称。

②锤炼浓缩语言,即将一些已经包含的意思去掉。

例:山东章丘住宅楼爆炸　(造成)14 人死亡 7 人(可能)被埋

解析:括号中的词语都属于可以省略的意思。

③巧用简称。在保证多数人能够理解的情况下,可以在标题中使用简称。如"中华人民共和国"简称"中国"、"中国足球队"简称"国足"、"演员和职员"简称"演职员"等。

2.标题内容制作技巧

(1)字体、字号多种变化。

(2)色彩、题花、线条等美术手段辅助变化。

六、网络新闻提要制作技巧

1.提要制作原则

(1)全面概括是最常用的提要写作方法,指用凝练的语言将稿件中的主要信息或观点概括出来,使网民可以更迅速地把握稿件的主要内容。

(2)突出精华。对于内容本身比较丰富的稿件,如果要全面概括,很难突出稿件的重点。这时,也可以考虑只强调稿件中最具价值、最有新意或最容易吸引人们的某些内容。

在全面概括和突出精华的原则指导下,可采取如下具体措施。

①强调稿件中的重要内容。提要和标题一样,也是为了概括稿件中最重要的内容,只不过是两者的分工不同,提要表达的是标题的"未尽之言"。

②介绍稿件标题中重要内容的细节。标题不可能将重要内容的细节全都写进去,此时提要就可以起到补充作用。当然,提要也不可能面面俱到,也应该选择重要的内容加以提炼。

③补充缺少的"W"。如果稿件内容属于新闻类,首先要明确新闻的五个要素是否齐全,如果不全,首先可以利用内容提要全面概括有关要素,或补充标题中没有涉及的信息要素,向网民传达更丰富的信息。

2. 提要常见写作方法

(1)叙述式:直接对新闻事实中最主要、最新鲜的内容进行摘要或归纳,用事实说话。

例:9月中旬,北林区劳动局职业介绍中心关于俄罗斯彼尔姆市中国商贸城招商消息传出后,他们的热线电话不时响起,到局里咨询、报名者接连不断,经过初步筛选,有20人入围。

解析:叙述式提要直接、简单明了,写起来容易,读起来容易,最适合快速报道。

(2)描写式:对主要事实或事实的某个侧面,作简练而有特色的描写,给人提供一个具体可感知的形象。

例1:我国第一艘跨海火车渡船——粤海铁1号,像漂移的陆地,载着火车驶向海南。今天上午9点15分,渡船从琼州海峡北港出发,10点1分抵达海口南港。

例2:一盆盆翠绿欲滴的麦冬、松柏、万年青和盛开的鲜花装点在人民大会堂的大厅里,全国妇联今天下午在这里举行联欢会。中外妇女1500多人欢聚一堂,相互握手问好,亲切交谈,共同庆祝'三八'妇女劳动节。

解析:描写式提要可用于记叙、描绘比较大的场面,以叙事为主,穿插一些形象的描写。也可以通过对富有特色的事实或有意义的一个侧面,用简练的笔墨进行形象描绘,给受众以鲜明的印象。

(3)评论或结论式:这种导语以画龙点睛式的说理议论,提出观点和结论。

例1:今天,新中国颁布的第一部专利法正式生效了。从此,脑力劳动成果被无偿占用的历史在我国宣告结束。

例2:庆安冶金水泥厂挑战"秦砖汉瓦",经过16个月试验,开发出的新型墙体建材300级页岩陶粒、500级陶粒砌块日前通过省级鉴定。专家们说:这两种超轻型新建材填补了省内空白。

解析:前一则提要为评论式提要,通过画龙点睛的议论揭示了第一部专利法的现实意义。后一则提要为结论式提要,通过专家的结论充分揭示新闻事实的意义和目的。

(4)设问式:把新闻报道中已经解决的问题用设问的方式提出来,而后用事实加以回答。

例:3月初,绥化市啤酒厂自己摘掉了挂在大门上的10多块省部级荣誉牌匾。人们纷纷猜测,啤酒厂怎么了?原因是春节期间出厂的部分啤酒质量不合格,他们主动给自己"曝光"亮"黄牌"。

解析:设问式提要由作者在开头故意提出某个引人注目的问题,把消息中要解决的问题或要介绍的经验做法以设问的形式提出,然后加以回答,有一点议论的色彩,但又依托新闻事实展开,有助于受众把握新闻事实的要点,调动受众阅读的兴趣。

提要的写法还可以细化为更多的类别,此处只介绍了最常见的几种写法。在具体写作时,还应注意做好提要和标题的配合工作,才能最大限度地发挥提要的作用。

第六节　超链接设置

超链接是通过操作系统使主程序和子程序之间建立实时跳转和链接,并将不同地点的信息联系起来,进而可以实现从一个文献到另一个文献的迅速转接。

超链接是网页重要的组成部分,它可以有效、清晰地组织网页,便于用户和读者浏览相关信息,因此,具有强大的交互功能和重要作用。

一、超链接组成

每个超链接都由两个主要部分组成。

1.超链接源

超链接源是指网页上插入了超链接的那一段文字或者图片。通常在添加了超链接的文字下加入下画线,点击后会发生色彩的改变,鼠标移到上面也会发生改变。

2.超链接目标

超链接目标指用户点击超链接后打开的页面或文件。

二、超链接设置

1.文内超链接设置

文内超链接设置主要通过在文章内部选择相关词汇进行延伸性阅读的设置。

(1)新闻要素直接相关的链接。

①"时间相关"的链接:与新闻同时或几乎同时发生的新闻事件的链接。

②"地点相关"的链接:主要链接的内容有与地点相关的自然、历史、政治、经济、人文、风俗的介绍。

③"人物相关"的链接:主要链接的内容有新闻人物的相关新闻事件、个人经历、背景资料。

④"事件相关"的链接:主要链接内容有新闻事件的连续发展过程、同一事件的其他报道、消息来源不同的可参照新闻。

⑤"为什么相关"的链接:链接内容是新闻事件发生的背景、原因和分析文章。

⑥"怎么样相关"的链接:主要链接内容是对新闻事件的评论与展望。

(2)其他相关链接。

①小知识链接:主要是一些科学知识、历史背景或者常识信息。如"云南发生 6.2 级地震"报道链接《名词解释:震级与烈度》;例如介绍巴以冲突,对巴以的位置也可以加以链接解释。

②讨论区链接:如新浪网很多新闻正文后都提供[评论]链接。

③相关服务链接:网站为了方便网民阅读而开发的多种免费服务的链接。如新浪网在《瑞星发布"冲击波"变种专杀工具》一文中提供杀毒软件下载地址。

④相关商务链接:将网站新闻与商务联系起来的链接。如新华网报道有关春运的新闻时,添加了"网上购票"链接;新浪网新闻正文后附有"[推荐]"字样,便于网民使用手机短信把新闻发给其他人。

2. 文末超链接设置

文末超链接设置利用人物特点或事件特点的类似或对比性质进行信息延伸。在这类链接中，关键词的选择很重要。关键词选择不好，会造成相关性失调。

【案例5-9】正确选择关键词确定的相关链接

正文标题：

北大毕业生西安街头卖肉　仍然向往书桌

相关链接：

高健：不要浪费人才

《江南时报》：“博士相妻教子”是人才浪费吗？

大学生擦鞋是人才浪费还是顺应潮流？

【解析】

本例中，编辑没有仅仅从字面出发，简单选择“北大毕业生”、“卖肉”等关键词，而是将内容深化，提炼出了“人才浪费”这一概念，并以此为据，选出了很多同类事件，有效提升了原文的传播水平。

【案例5-10】错误选择关键词确定的相关链接

正文标题：

拍戏岂能带保姆

相关链接：

市民越来越懒　保姆越来越火

赵丽蓉保姆要“讨说法”

小保姆继承巨额遗产案终有定局

持证“保姆”今上岗

【解析】

本例中，编辑仅仅从字面出发，简单选择了“保姆”作为关键词，并以此为据，选出了很多和保姆相关的新闻事件，不仅不能对原文中所要表现的演员工作态度问题起到帮助的作用，反而会让受众产生认知上的混乱。

3. 利用超链接改写文章

（1）利用超链接在单篇文章中进行层次划分。超链接除了可用于延伸性阅读设置，还可以用于超级文本写作。所谓超文本写作是指以节点为单位组织各种信息。一个节点就是一个信息块，节点内的信息可以是各种信息元素，或其组合。在进行超级文本的写作时，可以采用将材料分层的做法，在一篇文章中只把那些最关键的信息和相关的详细信息表现出来，而那些相关的细节分别用超链接给出，尊重读者的选择，随其个人意愿和需要决定进入哪一个方面的阅读。一般可以分为如下层次：

　　层次一：标题。

　　层次二：内容提要。

　　层次三：新闻正文。

　　层次四：关键词或背景链接。

　　层次五：相关文章等延伸性阅读。

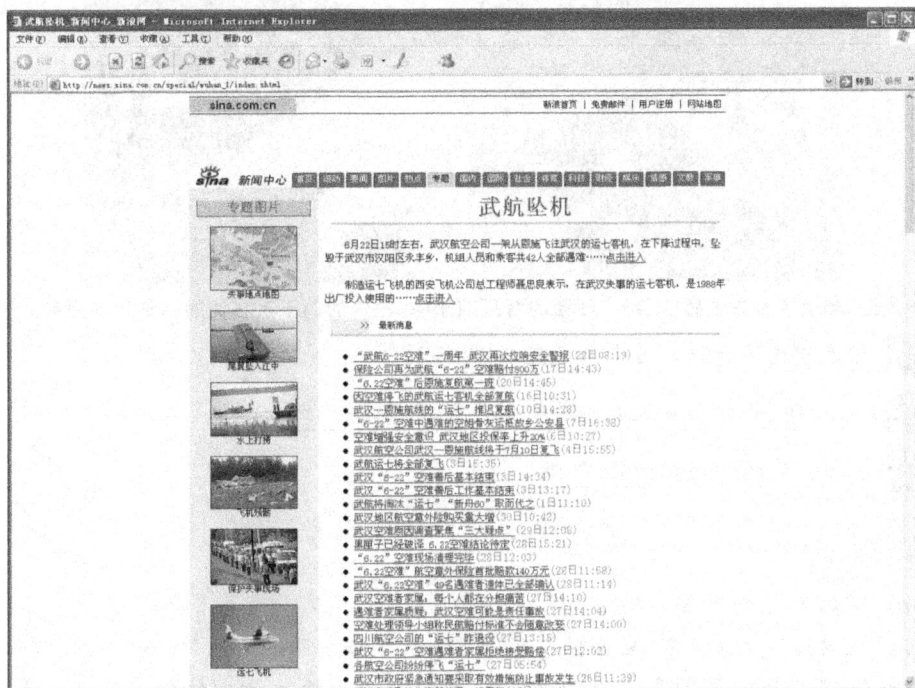

图 5-20　超链接分层写作页面

【案例 5-11】层次化写作：新闻照片频造假　诚信何时变成了社会稀缺资源

来源：中国文明网综合

　　《广场鸽注射禽流感疫苗》作者张亮承认照片造假，并向全社会公开道歉的报道，引起网友热议。"广场鸽"、"藏羚羊"，一段时间以来，这些名词被频频提及。新闻照片造假现象为何层出不穷？假照片又是如何逃过众多专家评审的法眼，堂而皇之地登上领奖台？在电脑合成技术越来越发达的今天，我们该如何重树对新闻照片真实性的信心？有网友质疑：现在的社会，诚信怎么变成了稀缺资源？【全文】

＝＝＝新闻照片频频造假＝＝＝

【事件 1】"华赛"金奖照片被取消获奖资格

　　2008 年 4 月 2 日，各方鉴定对"广场鸽"照片造假行为达成共识。据中国新闻摄影学会执行会长赵德润介绍，经过影印、照亮边缘、查找边缘、浮雕效果等 PS 技术鉴定，得出了两只鸽子"特征值高度一致"的结论。3 日，"华赛"组委会主任、中国新闻摄影学会会长于宁宣布，取消首届"华赛""自然及环保类"金奖照片"广场鸽接种禽流感疫苗"的获奖资格。而作者刘亮所在的哈尔滨日报社也已决定，对其予以解聘处罚。【全文】

图为《广场鸽接种禽流感疫苗》。画圈的两只鸽子中，左边的鸽子系右边的鸽子复制而成。

➡ 作者："为了让照片看上去更完美" >>>>

➡ "广场鸽"热议 浮躁心态导致假照频现 >>>>

➡ 照相机"说谎"的社会基础 >>>>

......

相关阅读：

新闻要真实 宣传更要真实

对于新闻真实性的追求，在全世界范围内几成不证自明的公理，但这一公理显然并非先验的天条，而是随着新闻事业的不断发展，和在现代社会生活中的作用日渐显要，而逐渐确立为媒体与公众普遍遵守的共识。【全文】

新闻摄影学会公布自律条约 禁摆拍、电脑处理

第四届"华赛"奖将在上海开始评选，而18日，主办方中国新闻摄影学会公布了行业自律条约《中国新闻摄影学会关于维护新闻摄影真实性原则的有关措施》，这是学会第一次具体、成型地提出新闻摄影规定。【全文】

新闻摄影学会将成立假新闻照片举报中心

为捍卫新闻摄影作品的真实性，提高新闻摄影的公信力，中国新闻摄影学会于3月18日公布了《关于维护新闻摄影真实性原则的有关措施》，对包括违反新闻摄影采访规律和新闻真实性原则、使用电脑或暗房技术对有效信息进行修改等新闻照片造假行为作出了规定。【全文】

相关新闻/图片：

• 两作品被取消资格 华赛金奖作者为造假致歉
• "华赛"金奖疑为"拼接照"参赛者发个人声明
• 《美国周刊》50万美元购得的照片是合成？

【解析】

本例中,编辑通过分层展示的方式,在单篇新闻中整合了多重信息。具体分层情况如下。

层次一:标题。新闻照片频造假 诚信何时变成了社会稀缺资源。

层次二:导语。《广场鸽注射禽流感疫苗》作者张亮承认照片造假,并向全社会公开道歉的报道,引起网友热议。"广场鸽"、"藏羚羊",一段时间以来,这些名词被频频提及。新闻照片造假现象为何层出不穷?假照片又是如何逃过众多专家评审的法眼,堂而皇之地登上领奖台?在电脑合成技术越来越发达的今天,我们该如何重树对新闻照片真实性的信心?有网友质疑:现在的社会,诚信怎么变成了稀缺资源?

层次三:正文。"华赛"金奖照片被取消获奖资格等三个新闻事件组成了本条新闻的正文。

层次四:文内关键词链接。"华赛"、"广场鸽"等文内关键词或"作者:'为了让照片看上去更完美'"等背景信息链接。

层次五:文末链接。"相关新闻/图片"等延伸性阅读内容。

(2)利用超链接将多篇文章整合成一篇新文章。从实践操作上来看,将多篇文章整合成一篇新的文章主要有以下几种方法。

①在"空间"向度上,将多篇文章整合成一篇新的文章。这种组织新闻或集合稿件的做法就是编辑围绕一个事件或一个主题将多篇可用文章用一种集成的方式介绍事件或主题。

其操作要点是:首先围绕一个事件或一个主题提炼出所要表达的中心议题;其次,从不同角度选稿,一般内容相同的只选一篇;最后,按主体部分与超级链接两部分的合理结构将原有各文章中的主要材料或信息串联在一起,对事件的主要线索作清晰的交代,并利用超链接,对主体部分的内容进行展开。

②在"时间"向度上,将多篇文章整合成一篇新的文章。这种组织新闻或集合稿件的做法就是编辑采用连续报道或系列报道的方式,使同一主题的新闻事件的报道通过时间的延续和信息积累得以加强。读者既可以检索查询到这一事件过去发生的状况,也可以在动态中了解到事件最新发生的变化。

如很多网站经常就最近一个时期的重大事件组织专题报道,这里面既有相关背景的历史回顾,又有滚动播出的事件最新动态。这种多层次、多角度、立体化、全方位的报道,正是网络媒体得天独厚的优势,同时,这种综合运用还可以使稿件的群体优势得到最大的发挥。

③应用多媒体手段将多篇文章整合成一篇新的文章。通过为稿件配置图片、图表、音频、视频链接,更真实生动地再现新闻事件,在内容与形式上实现真正的互动。

(3)利用超级链接缩写长文章。

利用超级链接将长文章缩写成短文章,给读者提供高质量、高规格的信息,也是网络编辑经常要做的工作。

就操作要点来说,将长文章缩写成短文章,其要义就是留取文章的主要线索,将详细的论述与展开部分用"超级链接"来完成。

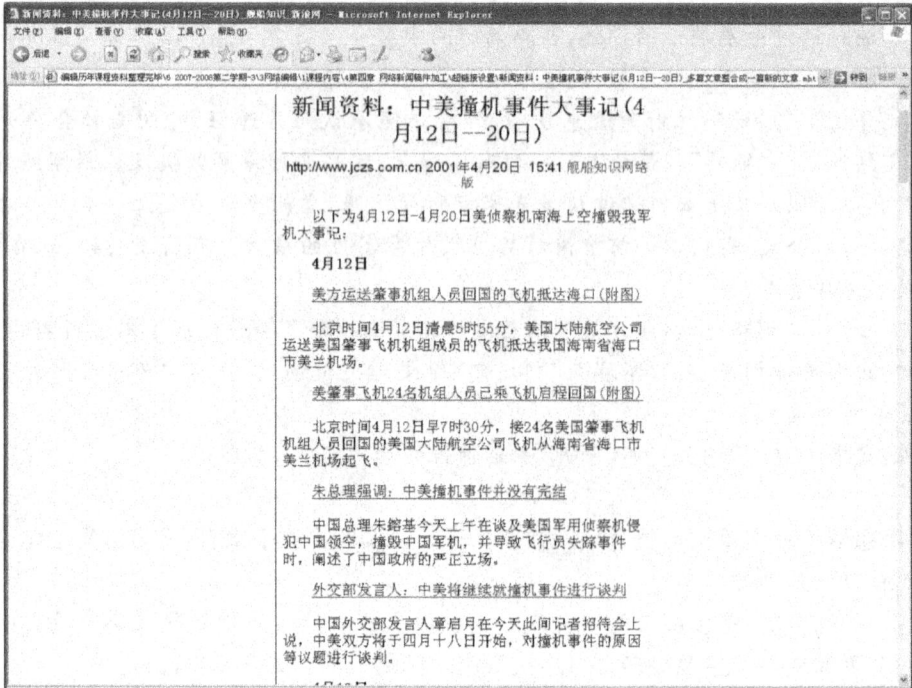

图 5-21　超链接缩写长文章页面

三、超链接设置注意事项

1. 注意超链接设置的度和量

第一，注意读者层次不同。不同网站的读者定位在层次上有所不同，一般网站的 IT 技术名词通常需要加入超链接，但是对于 IT 专门网站读者可能就不用。

第二，形式和时局变化。比如一些常识性内容，在特殊情况下也可以设置超链接，有助于人们对新闻内容的理解。

第三，合理配置超链数量。超链接过多也会引起信息过载、信息干扰、信息迷路等问题，因此一篇长短适中的文章，提供的文字式链接最好不要超过 10%，以使全页行文能够顺畅；对网站以外的链接不宜超过 40%，最好 80% 的超链接建立在自己的网站内。

2. 注意超链接设置的位置

第一，文章中的超链接设置不要过多，以免读者进入其他页面后一去不返。弥补方式是网页之间的超级链接尽量采用双链，比如从首页链接到下一页，最好也提供下一页回到首页的链接。

第二，链接字串长短适中。用整行或者一个字做锚点都不可取。

3. 注意超链接打开的方式

主要是处理在当前页面打开还是打开新页面的问题。为了维护受众阅读的稳定性，超链接打开方式一般都选择在一个新页面打开。

实训练习

1.结合网络标题特性,任选三个新闻网站,分析其新闻频道首页新闻头条的标题的优缺点。

2.任选三个热门的新闻事件(必须有一则是时政新闻),分别选取五个新闻网站的标题,总结不同网站在标题字数、字号、颜色、用语、表现形式(配图、位置)等方面的特点。

3.请为下面的新闻制作标题,要求标题中能体现赞成、反对、中立等态度,标题数量不少于三条。

进入全民养生时代

湖南卫视的一档脱口秀节目《百科全说》,居然让健康养生的话题在黄金档时间占据主角,在收视率一路突飞猛进的同时,也带动起新一轮的全民养生热潮。透过《百科全说》,人们发现,养生原来可以很轻松,可以很娱乐,养生——原来是一件很时尚的事情……

其实早在《百科全说》之前,健康养生的潮流已经兴起。中里巴人、马悦凌、曲黎敏、杨奕……一批养生专家走到台前,受到"明星"般的追捧;人们手中常看的书,开始从昆德拉、张爱玲换成了《求医不如求己》、《不生病的智慧》;"不治已病治未病"、"肾为先天之本,脾胃为后天之本"、"每个人身上本来就百药齐全"……随便问个人,都能说出一两句养生箴言;"每天清晨起床先喝一大杯淡盐水"、"多喝蜂蜜,便秘自然消"、"女人喝豆浆,一天一杯气色好"……随便一聊天,谁都能说出一两个养生小秘方。生活方式改了——早餐一定要吃而且一定要有山药薏米粥,到超市要买橄榄油,点菜要有养生菜,饭局话题飘的是养生关键词,飙酒早已被鄙视……生活轨迹变了——应酬活动从酒楼饭店转移到养生汤馆,健身活动从健身房搬到公园里,周末休闲出一身透汗后一定要去有机农庄……我的健康我做主,"慢生活"已经成了挂在嘴边的常用语。

生活永远在进化中,这是一个养生的美好时代。从"胃痛光荣"到健康养生,从中老年养生到白领养生,这一股全民养生的热潮,看来已势不可当。

4.根据所提供的文章,利用层次化写作方式进行改写。

电视相亲节目日益泛滥　　存拜金主义等八宗罪

新华网北京6月11日电　(新华社"新华视点"记者　谢樱　明星　孙丽萍　许晓青)

"姑娘们我告诉你,你们嫁人,嫁老公,没有5克拉以上的钻戒不要嫁。""我宁愿坐在宝马车里哭,也不愿在自行车后笑。""我的手只给我男朋友握,其他人握一次20万。"……

若非亲见亲闻,实在难以想象这些充斥着拜金主义的恶俗话语来自当前的中国电视荧屏。一段时间以来,一批相亲节目中的畸形"婚恋观"引起了中国观众的广泛批评,引发了社会对主流价值观遭受挑战的忧虑。

国家广电总局9日下发了《广电总局关于进一步规范婚恋交友类电视节目的管理通知》,要求整治"相亲类节目泛滥、造假、低俗"等倾向。电视相亲在中国并不是新鲜事。20世纪末,风靡全国的《玫瑰之约》、《相约星期六》掀开了电视相亲的红盖头。日渐开放的中国青年男女在电视上大谈爱情的浪漫,这些节目一度成为中国综艺节目的标杆。其后数年,这些节目因为形式固定及观众审美疲劳而相继淡出荧屏。

近年来,电视相亲节目"重出江湖",从《我们约会吧》到《非诚勿扰》再到《为爱向前冲》等,电视相亲节目再度走红。一时间,电视上的红男绿女,大谈拜金、享乐,随着节目的播放,一批"个性十足"的男女嘉宾迅速蹿红网络,成为家喻户晓的"明星"。

广大观众对日益泛滥的相亲节目批评颇多,总结起来大约有"八宗罪":

一是节目内容、形式雷同,抄袭之风盛行;

二是崇尚拜金主义、享乐主义,忽视情感交流;

三是盲目追求收视率,刻意制造敏感话题,刺激观众的窥视欲;

四是节目嘉宾不少是"托",相亲变为"演戏";

五是女嘉宾频出"丑闻""绯闻",恶俗炒作吸引眼球;

六是语言暴力充斥节目,嘉宾言语极尽嘲讽、挖苦之能事,"毒舌"飞舞,缺乏平等交流;

七是把庸俗当脱俗,让低级趣味成为流行,随意贬低"真善美"的主流价值观,突破社会道德底线;

八是虽为相亲节目,却真情匮乏,真爱难寻。

6月9日,国家广电总局正式下发了《广电总局关于进一步规范婚恋交友类电视节目的管理通知》及《广电总局办公厅关于加强情感故事类电视节目管理的通知》两份正式文件,对已经引起极大社会公愤的"相亲类节目泛滥、造假、低俗"等倾向着手整饬。文件中每一条都直指上述节目的软肋,可谓一针见血。《通知》发布后,社会各界人士均对《通知》持赞成意见。

6月10日上午,江苏卫视通过人民网传媒频道回应了广电总局的规定,回应全文如下:

江苏卫视坚决拥护总局下发的管理规定,这对于相亲交友节目的健康成长有着积极重要的作用。江苏卫视《非诚勿扰》自1月份开播以来,一直以把握正确主流价值观导向作为节目的最重要准则。主持人孟非在男女嘉宾的对话交流中起到了很好的引导和把控作用,节目也受到了电视观众的欢迎。我们将认真学习总局的管理规定,严格要求,把好话题关、嘉宾关、内容关、主持关、播出关,进一步提高节目品质。

第六章

网络图片信息编辑

▶ **本章重点**

1. 网络图片类型
2. 网络图片特点
3. 网络图片格式
4. 网络图片采集
5. 网络新闻照片编辑
6. 网络新闻图表编辑
7. 网络新闻漫画编辑

▶ **学习目标**

1. 了解网络图片的类型、特点和常见格式
2. 掌握获取网络图片采集的渠道
3. 掌握网络图片信息筛选的方法,能有效辨识虚假图片
4. 能根据报道要求,对新闻照片、新闻图表、新闻漫画信息进行合理加工

图片是文字以外最早引入到网络媒体中的多媒体对象。一方面,网站可以通过图片向用户传达更多信息,同时美化网站页面;另一方面,网络媒体的迅速崛起也为图片的大量传播提供了广阔的空间。正因为此,我们将在这一章内分析图片在网络媒体上的传播特点,以便网络编辑加快图片编辑效率,提高图片加工质量,为广大网民选择更适宜在网上发布的图片信息。

第一节　网络图片类型及特点

网络传播中运用的图片包括计算机处理中的图形与图像,主要有三种形式。

一、新闻照片

照片是对现象的摄影记录,它最重要的特点是它的纪实性。具体而言,新闻照片具有如下特点。

1. 易读性

文字信息理解需要读者具有一定的文化水平,而照片的门槛要低得多,可以说照片是一种"国际性"语言。

2. 简洁性

从表现力角度来看,照片往往超过文字,"一图值万言"充分说明了照片所具有的表达能力,好的照片对瞬间的记录,可以产生长久的震撼效果。

3. 客观性

文字是一种主观描述对象的符号,而照片往往是客观呈现对象的符号。一般来说,照片相对具有一定的"证实"作用。但是在数字摄像技术和现代图片处理技术下,照片也可以作假,这也对照片的使用者提出了更高的要求,同时要求制作者高度自律,不滥用技术。

二、新闻图表

网络图表主要包括示意图、统计图两种。图表能把复杂的现象条理化,让抽象的分析形象化,具体来说,新闻图表具有如下特点。

1. 直观性

示意图中的地图可以用于表示国家、地区的形式,以及与新闻事件相关的地理环境,在新闻报道中配置图表,可以使信息展示得更加直观。

2. 简明性

统计性图表用于表明事物的数量变化时,可以化抽象为具体,化复杂为简单,简洁明了地将数据的变化情况展现在用户面前。

三、新闻漫画

漫画往往在带有评论意义的新闻中使用,一幅好的新闻漫画,起到的作用甚至大于一篇社论。具体来说,漫画具有如下特点。

1. 评论性

新闻漫画属于新闻传播范围,通常具有报道新闻内容和表达明确意向的双重功能,而且更倾向于评论功能,尤其是批评性评论。

2. 具体性

新闻漫画总是围绕一个新闻事实,或者一个具体的现象进行创作,因此其所指对象必须具体。

3. 时效性

为了配合传播的效应,新闻漫画有较强的时效性要求,这与一般的漫画有明显的区别。

4. 客观性

作为一个重要的新闻要素,新闻漫画必须是对客观事实的真实反映,而不能带有偏见地去显现现实,扭曲了新闻漫画特有的艺术感和幽默感。

除了不同图片素材本身的特点外,图片在网络上还具有如下传播特性。

1. 图片发布的时效性更强

在网络时代,数字化的影像和互联网,使得网站必须随时发布新闻图片,及时更新内容。"时间就是生命"的观念几乎已经被强调到了极致。

2. 题材更加商业化、娱乐化

在网上,娱乐、体育、灾难和一些社会新闻的图片往往较多。比如,选美、时装秀、模特大赛等有美女图片就会很受编辑欢迎,而体育的娱乐化趋势甚至使得有些美女运动员和拉拉队比相貌平平的冠军还重要。但有时候,有些网站做得过于低俗,导致与露点、走光、内衣秀、人体彩绘等关键词相关的图片泛滥。相反,一些严肃性题材配图在网上则少见,如有关会议和领导人的照片,以及在纸质媒介中流行的财经类图片。

3. 网络媒体更利于表现细节

一方面,网络媒体在报道重要新闻时,使用的图片数量比较多,有更多的可能把各种细节展示在网上;另一方面,电脑显示器上显示出的影像质量更佳,清晰度更高,也为各种细节的展现提供了物质上的可能。

4. 网上的专题摄影和图片故事尚待开发

网上的新闻摄影图片大多是以单张形式出现,并以动态性报道居多。在组照中,图片之间有紧密联系的专题摄影和图片故事几乎没有,而那种通过多张图片对重要新闻进行描述的情况则很多。例如,在报道电影节颁奖典礼时,几乎每位明星都要粉墨登场;在一场甲A球赛的现场直播中,也会有尽可能多的场面和球星照片被传到网上。

5. 网上的图片需和视觉化的文字提示结合

传统媒体中图片和文字是同时呈现在读者眼前的,而且图片在视觉上对人眼的刺激更强,读者实际上最先"看"到的是图片;而在网上,情况发生了变化。一来,在网络媒体的新闻频道首页上,绝大多数的新闻只有标题,受众要想看图片还得继续点击;二来,网速较慢的时候,正在被打开的页面上最先显示的也是文字。所以,如果这条新闻的新闻价值不大,或是编辑在做标题、配文字时没能做到位,那么受众在选择或等待的过程中就有可能放弃阅读图片。

可见,网上的图片除了要有足够的新闻价值外,摄影师和编辑还需要通过视觉化的文字提示来弥补图片视觉价值的损失。这种视觉化的文字提示主要在标题和说明中出现,它可能是形象化的,也可能是有动感的,总之它要能诱人,但也要避免过于低俗和煽情的情况发生。

第二节 网络图片格式

由于图片所包含的信息量很大,所以网页在传输时最耗费时间的就是图片。为了减少用户的下载负担,就需要对图片进行"瘦身"。接下来,我们就从图像大小的角度出发,为大家介绍几种网络图片常用格式。

一、JPEG/JPG 格式

该格式缩写的完整含义是联合图片专家组(Joint Photographic Experts Group),它是开发这种格式的组织机构名称。

JPEG/JPG 格式属于压缩图片格式,这种图像文件格式可以用不同的压缩比例进行压缩,其压缩技术十分先进,而且对图像质量影响不大。由于它优异的性能,JPEG/JPG 格式在 Internet 上的应用非常广泛,是网络图形主流格式,几乎所有的电脑和操作系统都支持。但该格式是一种以损失质量为代价的压缩方式,压缩比越高,图像质量损失越大。这种格式每次存盘都可以对图片进行再次压缩,因此色相像素位置会有微小的改变。

此外,JPEG 只能对具有连续色调或连续灰阶的 24 位图像进行压缩,对由 8 位转化成 24 位的图像没有优势,因为 8 位色彩的图像中相邻点的颜色变化比 24 位大,如果对这类非连续色调图像采用 JPEG 压缩将造成一种既占空间又损失图像质量的结果。

从使用对象来看,JPEG/JPG 格式最适合于扫描的照片、使用纹理的图像、具有渐变颜色过渡的图像和任何需要 256 种以上颜色的图像。

总之,JPEG 格式压缩的主要是高频信息,对色彩的信息保留较好,适合应用于互联网,可有效减少图像的传输时间,可以支持 24 位真彩色,也普遍应用于需要连续色调的图像。

二、GIF 格式

GIF 文件在网上应用比较多,最多支持 256 色。GIF 可以是动画,也可以是静态图片,适合储存颜色较少、图像较小的图片。一般是长宽小于 200 像素的图片,如果图片太大,动画比较慢,消耗 CPU 资源也比较多,文件也因图片复杂程度而增大。使用压缩软件对其进行压缩,压缩效果不明显。GIF 格式的一个变种(正式叫 GIF89a)还支持透明区域和小动画,以前可以说是它最大的优点,不过现在已逐渐被 Flash 所替代。

GIF 格式也是压缩格式,可储存 8 位/点至 1 位/点的图像。其压缩原理是减少每点的存储位数以减小图像文件的大小,即通过减少图像调色板中的色彩数量,从而达到减小图像文件大小的目的。

总之,GIF 格式压缩的主要是色彩数量,也可有效减少图像在网络上的传输时间,同时还支持透明区域和小动画。

三、BMP 格式

BMP 文件是早期图片文件格式。BMP 不属于压缩图片格式,所以文件完整性保存比较好,同时也使得文件变得超大。最典型应用 BMP 格式的程序就是 Windows 的画笔和墙纸。因为大小的关系,这种格式不大受网络欢迎,但网上这种图片还是占据一部分。

BMP 文件的图像深度可选 1 位、4 位、8 位及 24 位。由于 BMP 文件格式是 Windows 环境中交换与图有关的数据的一种标准,因此在 Windows 环境中运行的图形图像软件都支持 BMP 图像格式。

前两种格式的图片在使用压缩软件进行压缩时效果都不太明显,BMP 在使用压缩软件压缩时效果比较明显。

四、PNG 格式

PNG(Portable Network Graphics)即"可移植网络图形",是一种通用的网页图形格式。PNG 适合于任何类型、任何颜色深度的图片,也可以用 PNG 来保存带调色板的图片。该格式也使用无损压缩来减少图片的大小,但压缩比没有 JPG 格式大,同时保留图片中的透明区域,所以文件也略大。

尽管该格式适用于所有的图片,但有的 Web 浏览器并不支持。另外,Flash 中的透明图层可以使用这个格式。

其他像 SVG、TIF、EPS、PCD、PICT、FlashPix 等格式目前在网上不如以上几种常见,在此不再作过多介绍。

第三节　网络图片采集

读图时代下网络媒体需要应用大量的图片来丰富自身的内容,因此,网络编辑在日常工作中需要采集大量图片内容。下面介绍一些常用的网络图片获取渠道。

一、专业图片网站

采集网络图片的首选渠道是专门为网络媒体提供图片的网站,这些网站基本都提供收费图片的服务。如中国新闻图片网(www.cnsphoto.com),又名中新社新闻图片网络中心,由两大国家通讯社之一的中国新闻社主办,由荷赛奖世界首位华人女性获得者王瑶担纲总策划,资深摄影家赵伟、贾国荣担任顾问。网站具有如下功能。

1. 即时新闻图片

每天 24 小时滚动播发即时新闻传真图片 500 张左右,发生重大新闻事件期间每天播发 500—800 张。题材涵盖政治、军事、经济、科教、文化、体育、娱乐、社会生活、漫画图表等各方面。

2. 专题图片组照

平均每月播发专题图片 30 组左右。选题以新闻背景、富有人情味的新闻人物和新闻故事为主,并有一定数量的各地风光名胜、风土人情、都市生活等各类专题。

3. 资料图片库

拥有图片 100 多万张,细分 200 余个类别。其中许多记录历史事件、历史名人活动的图片,弥足珍贵。

4. 交流图片

其海内外各合作单位均可在此展示、交流各地重大新闻事件图片和各地风光名胜、风土人情、社会生活等各类图片和摄影家的优秀作品。

5. 人物图片库

筹建中的人物图片库将汇集政治、经济、科技、体育、文化和娱乐界知名人物的各类照片。

6. 展览展示

向政府机构、企事业单位和社会团体提供定做专题、橱窗图片展示、画册和礼品服务。同时,开辟网络空间,开设网上画廊、网上展厅,与摄影师和商家合作,共同举行图片展、器材展。此外,中国新闻图片网还专门开辟了"财经频道"、"娱乐风尚"、"地市报"、"老照片"、"华侨华人影像库"等专栏。

类似的网站还有新华社多媒体数据库(info. xinhua. org/photo)、人民视线(www. photobase. cn/index/logi)、中国特稿网(www. chinafeatures. com/main. php)、IC 传媒(www. icpress. cn)等。这类图片网站都提供付费服务,签订付费协议后,就可使用注册账户自由搜索下载图片了。

除了付费专业网站外,也可以使用一些免费的图片网站,比如 CCN 传媒(中国影像传媒)(www.ccnpic.com)。CCN 传媒的前身是 CCN 图片网,创建于 2002 年 2 月。网站内容丰富,频道包括"中国风光"、"异域风情"、"图片专题"、"时事资料"、"行走天下"、"作者专区"、"每周影人"、"业界快讯"、"编辑推荐"、"律师推荐"、"主题推广"、"资料库"等,涉及图片、摄影、旅游、影像器材、业内新闻等多方面的内容,是少数几个可免费提供新闻图片的站点之一。

二、网络媒体图片频道

由于图片强大的传播功能,国内很多新闻网站都自建了图片频道。从中央级新闻网站到地方新闻网站,从传统媒体新闻网站到商业类新闻网站都不例外。图片频道的兴盛,从某一方面证实了图片在网络传播中的重要性。

东方网图片频道是由东方网与东方 IC 合作建立的平台,是东方网重要频道之一,拥有强大的摄影爱好者征图平台支撑,24 小时提供涵盖国内外的新闻、娱乐、体育、时尚等图片资讯。如图 6-1 所示。

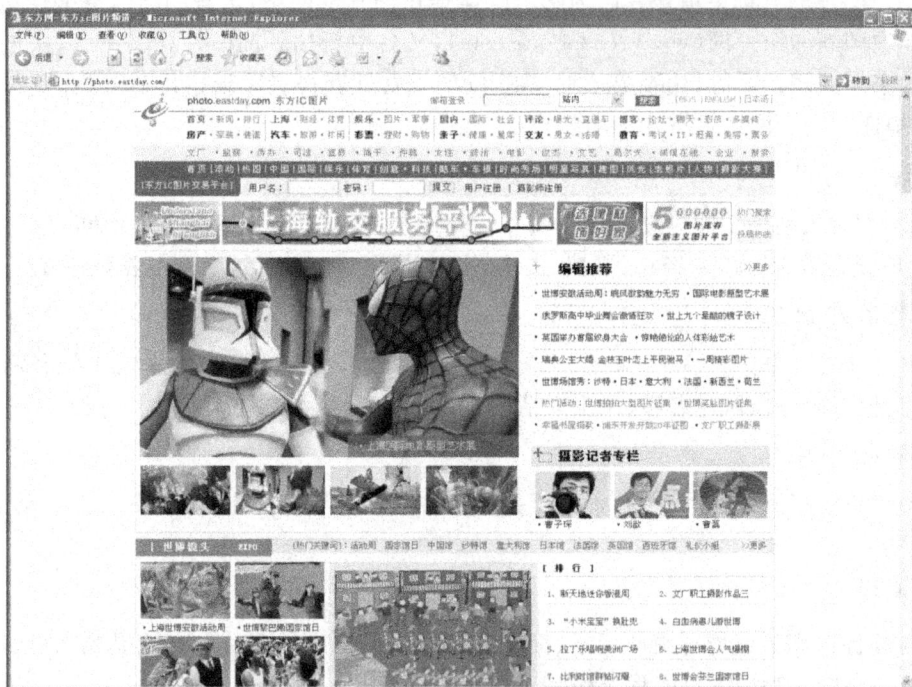

图 6-1　东方 IC 图片频道首页

与专业图片网站和图片素材网站不同的是,新闻网站的图片频道都是分栏进行管理的。以东方网图片频道为例,通过其导航条,我们可以发现该频道下设 15 个图片栏目,如"滚动"、"热图"、"中国"、"国际"、"娱乐"、"体育"、"创意·科技"、"酷车·车模"、"时尚秀场"、"明星写真"等。此外还在首页组织了"世博镜头"、"农民画优秀作品展示"等图片专题。为了突出新闻图片的时效性,网站在首屏设置了"编辑推荐"栏目,将一些比较重要的图片新闻在这里突出展示。

总体来看,东方网的图片频道在信息分类上还显得有点杂乱,页面图片大小不一,文字也显得过多,不能体现出图片频道和其他频道页面的区别。相比而言,新华网图片频道就显得比较整齐,受众能够对网站的图片一目了然,视觉效果更好。如图 6-2 所示。

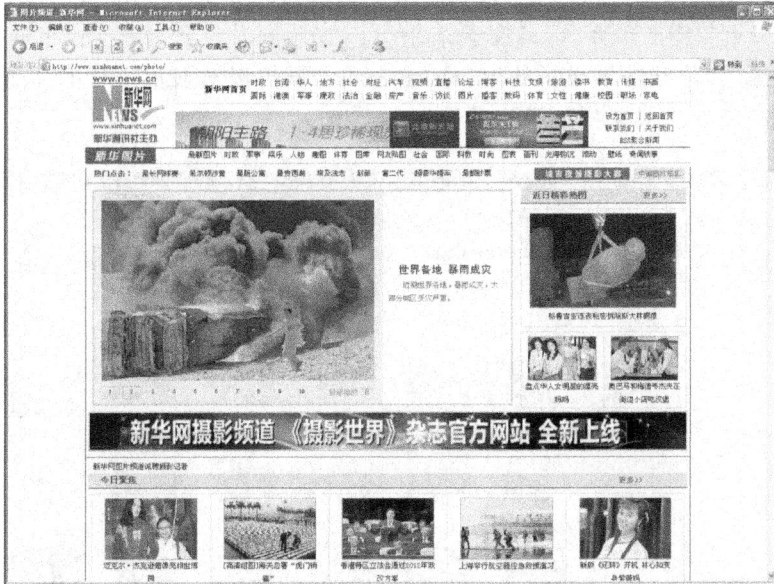

图6-2　新华网图片频道首页

三、图片搜索引擎

除了到图片网站上人工寻找,我们还可以通过搜索引擎去查找某一特定主题的图片。很多搜索引擎都把图片搜索作为自己的搜索服务之一,比如百度、Google(谷歌)、搜狐搜狗搜索、网易有道搜索、雅虎搜索、腾讯 soso 搜索等。在这里我们介绍一个比较新的图片搜索引擎——微软必应(Bing)搜索引擎(cn.bing.com)的图片搜索功能。

必应搜索是微软公司在 2009 年 5 月 28 日推出的一款搜索引擎,其简体中文版于 2009 年 6 月 1 日正式对外开放访问。

图6-3　必应搜索引擎首页

与谷歌、百度、雅虎等主流搜索不同,必应图片搜索功能的第一个特点是搜索结果显示方式的多样性。如图 6-4 与图 6-5 所示,其搜索结果可以按照图片的尺寸大小、布局、颜色、样式,甚至是人物进行过滤,如搜索结果显示的窗口的右上角处就可以对显示图片的缩放形式进行更改,以用户最舒适的浏览方式快速找到想要的图片。

图 6-4 必应图片搜索结果页面(小图展示)

图 6-5 必应图片搜索结果页面(大图展示)

必应图片搜索的另一优点是不用翻页。在百度等搜索引擎搜索结果中找图片只能不停点击"下一页",但是必应搜索只需把搜索窗口右侧的滑动条不断往下拉,就能浏览无数的图片。

必应图片搜索的第三个特点是界面简洁。必应图片搜索结果除了图片没有任何文字。其实这些图片描述信息是隐藏起来的,只要用户用鼠标指向任何一张图片,立即可以看到图片的来源信息。如图 6-6 所示。

图 6-6 必应图片搜索结果描述性文字

必应图片搜索的第四个特点是同类图片搜索。在图 6-6 中选择一张杭州地图,通过点击其文字描述下方的"类似图片"功能,可以找到更多与杭州有关的地图。如图 6-7 所示。

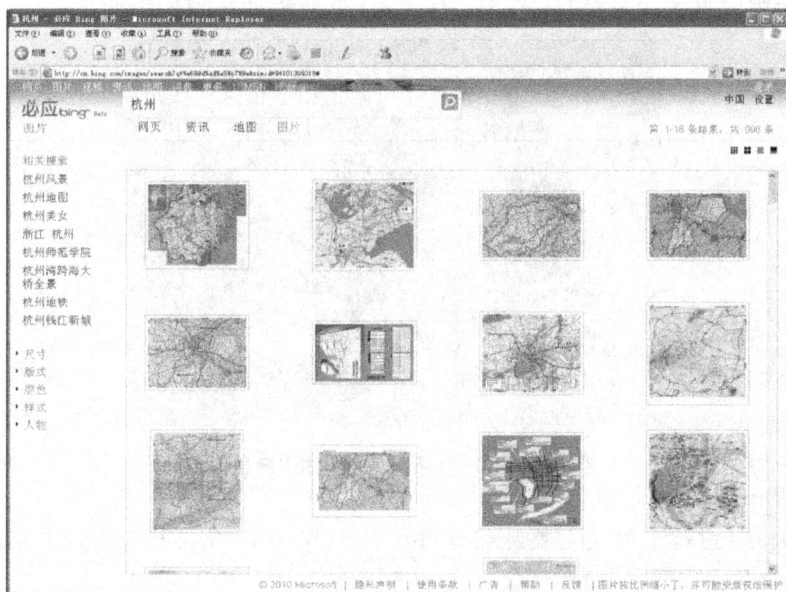

图 6-7 必应相关图片搜索

目前提供图片搜索功能的搜索引擎很多,各个搜索引擎提供的搜索分类项目不一样,它们拥有的图片资源也不尽相同,在使用时应该根据不同的需求和各个搜索引擎不同的特色结合使用。①

四、其他渠道

除了以上方法采集图片资源外,还可以自己拍摄或者制作一部分图片。有的网站已经具有了自己的专职新闻记者,可以自己拍摄新闻图片;有的网站的广告图片都是自己制作的;也有的网站编辑会制作新闻图表、图示和漫画等图片形式供网站使用。

在搜集图片时,首先要对采集图片有所了解,如图片的主题、图片的内容,图片的用途等;其次要形成明确的搜索思路,如关键词、搜索渠道等;最后要根据需求对图片进行筛选,只有这样,才能找到合适的图片。

第四节　网络新闻照片编辑

一、网络新闻照片筛选

拿到了图片素材以后,接下来要面对的是图片的筛选工作。这其中尤以新闻照片的筛选工作最为重要。由于 Photoshop 等软件的出现,数字照片造假十分容易。一般来说,假照片的制作手法主要有以下几种②。

1. 摆拍造假

这是最早也是最惯常使用的造假手段。如图 6-8 的摆拍假照片原本用于一篇名为"乡村教师俯身做人桥"的报道中。该报道介绍了四川省凉山的美姑县由于洪水冲断了学生每天过往的小桥,一位中年乡村教师趴在河中,用自己的脊背当做桥梁给学生踩,把孩子们一个一个送到对岸。由于照片的画面近乎完美,引起网友一片质疑,最后被证实为摆拍照片。

图 6-8　"乡村教师俯身做人桥"摆拍假照

---

① 《与众不同图片搜索"必应"很好很强大》,http://res.21cn.com/it/software/sygj/2009/06/20/6459381.shtml? from＝gd_sz。

② 柴选:《假照片何以杜绝——对新闻照片造假的延伸思考》,http://www.cpanet.cn/cms/html/xueshu/za_tan/20070922/21671.html。

2.技术修改

这种造假手段过去以暗房技巧为主,目前以电脑特技为最。如图6-9的技术造假照片原为中国最高层次的新闻摄影大赛华赛奖的金奖作品。经过影印、照亮边缘、查找边缘、浮雕效果等PS技术鉴定,查出了图中两只鸽子"特征值高度一致"的结论。最后获奖者被取消获奖资格,并被原单位开除。

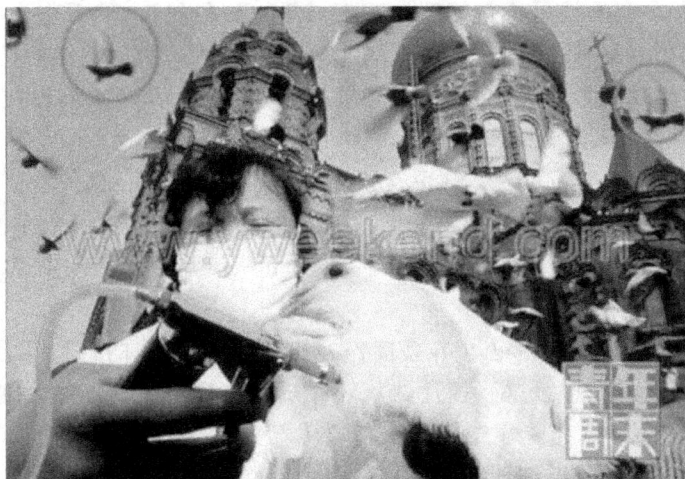

图6-9　"广场鸽接种禽流感疫苗"假照

3.假新闻的假配图

如图6-10是2004年极为轰动的一则虚假新闻的网页截图。该新闻宣称美国总统布什于2004年11月在对加拿大进行访问的第一天就因"战争罪"被加拿大警方逮捕。当时这则假新闻出现在一个和美国有线新闻网(CNN)的官方网站几乎一模一样的冒牌CNN网站上,最后被各大媒体转载,甚至登上了著名新闻搜索引擎"Google新闻"的头条,令无数人信以为真。

图6-10　"布什加拿大被捕"摆拍假照

4. 假事实配发的真图

有的照片是真实的，但被一些人别有用心或无意地用作证明完全相反或时间差距很大的新闻事实。在第五章第一节稿件校正中我们曾介绍过"西安女大学生用人体彩绘抗议美对伊动武"的虚假新闻，就属于这种情况。

5. 文字说明造假

这种造假手段最典型的就是将新闻照片重新演绎出一段故事，然后作为广告刊登，远的如解海龙的大眼睛照片 10 多年后被戴上眼镜，近的有京九铁路贯通时周寅杰所拍老农看火车的照片被当成病妇感谢药厂的场面。正因为照片中屡屡出现造假事件，因此编辑在筛选照片时要特别注意辨别，一般可采用如下步骤[①]。

(1)通过相关软件查看其 Exif 格式(可交换图像文件的缩写)。具体获知数码照片的一些原始信息，如镜头焦距、像素大小、光圈、快门速度、拍摄时间、ISO 感光度、白平衡等参数信息，以及创建时间、修改时间、修改时所用图像处理软件等，为下一步鉴定真伪提供原始数据的技术推断。查看 Exif 信息主要有四种方法。

第一，用记事本粗略查看。用记事本直接打开一张 JPG 格式的数码相片，在打开的一堆密密麻麻的乱字符里可以找到拍摄这张相片的数码相机品牌和拍摄的具体时间。

第二，在 WindowsXP 下查看。先打开装有数码相片的文件夹，在"查看"菜单中选择"详细信息"，然后用鼠标右键点击"详细信息"的项目条，从弹出的项目显示菜单中点选与数码相片相关的项目(如"摄影机型号"等)，就可以直接查看数码相片的部分 Exif 信息了。如果要查看单张数码相片的较完整的 Exif 信息，可以右击该相片文件并选择"属性"，从弹出相片属性对话框中切换到"摘要"选项卡，接着点击"高级"按钮即可。

第三，利用专业软件 ACDSee 查看。先用 ACDSee 打开一张数码相片，在它上面点击鼠标右键，打开"属性"对话框并切换到"元数据"选项卡，就可以看到非常详细的 Exif 信息了。

第四，在 IE 中通过安装 ExifShow 等插件查看。对准照片点击鼠标右键，快捷菜单中就会出现"查看 Exif 信息"的选项，如果照片包含 Exif 信息，点击该选项(或按下快捷键 V)就会打开对话框，在信息列表处单击鼠标右键，可以将选中的 Exif 信息复制到剪贴板中或者另存为文本文件。

注意：假如有一些数码照片显示"该图片没有 Exif 信息"，说明可能是经过了某种形式的处理而导致丢失了 Exif 数据，或者是用不支持 Exif 的数码相机拍摄的照片。

(2)对画面进行分析鉴定。具体也有四种方法。

第一，检查主体影像是否合乎情理。主体的动作、眼神、视线和表情是否和客体氛围和环境和谐统一，或有一个合理的情节预想。不同的拍摄角度会出现不同的视觉效果，后期合成的图片会给人"别扭"的感觉。人物主体与背景在拍摄角度上是否符合常理(比如画面人物的拍摄角度是平视拍摄或仰拍而背景的拍摄角度又变成俯拍等)，同时检查照片中主体边缘(边缘的细部如头发等)是否有模糊不清的地方，经研究，大部分作假照片常常是将比较好的主体再放到比较理想的环境中去，以增加图片的新闻性和美感。但这些主体的边缘往往是不光滑的，无法融入到环境中去。

第二，检查照片中的光源是否统一，物体的阴影是否统一。一幅画面中的光应该是统一而不

---

① 马立平：《鉴别新闻照片真假的现实意义》，http://www.ccnps.cn/xh/news.asp? id＝855。

是矛盾的,首先判断一幅照片是用几个光源拍成的,秘诀是看画面人物的眼神光,即瞳孔里白点是几个以及位置在时钟的几点,以此推断有几个光源以及光源的位置;其次看光照方向和物体阴影是否相对应保持一致(比如光线和阴影长短、强弱、角度等)。假照片往往是将不同时间、不同地点、不同环境下拍摄的画面按作者的想法将它们放到一起的,而上述多方面的不同就会出现不同的光线,不同的光线就会出现不同的阴影,运用这些不同的阴影,也可以找出假新闻照片的破绽。

第三,检查照片景深透视是否符合镜头成像规律,是否有用不同焦距镜头拍摄的照片合并而成。不论是广角镜头还是长焦镜头,表现出来的"景深"都是有一定规律的:广角镜头景深大,望远镜头景深小,清晰度从对焦点向前后逐渐减弱,而由于前景深小、后景深大,因此,前景深中的景物越接近拍摄者其逐渐模糊的程度就会加重。而造假的新闻照片往往不符合这些规律。

首先要判断出一张照片是用什么焦距的镜头拍摄的,是广角还是中焦抑或是长焦,找出这张照片的对焦点在哪个位置,根据焦点推算出前后景深的合理范围,检查照片的视觉透视感是否符合常规(如透视变化有规律、纵深感很自然等),前后人物和影像的比例是否一致(比如前景中的人物过大、中景人物过小、远景人物又过大等),是否符合广角镜头近大远小的成像规律和前后景深大小规律(比如近景与远景大小相差不大、前景清晰范围小时远景应变得模糊等)。

第四,影像细部元素有无异常。从画面的细部特征寻找破绽是鉴定新闻照片真假的有效手段,也是鉴定成功与否的关键,对于那些完美无缺的新闻照片更应特别注意画面细节。进行细部分析判断,可以侧重以下几个方面:画面人物影像边缘清晰度是否过分清晰或模糊不清(比如新闻人物的头发、衣服边缘等);画面影像色块或"马赛克"放大倍率、比例是否正常,分布是否均匀、自然、协调(比如色块大小重复、"马赛克"不成比例或模糊等);画面景物是否有异常变化(比如画面影像个别地方多余或重复等);文字等特殊标志与周围环境是否正常(比如文字很标准而文字背景有皱折等);影像有无重复(比如影像个别部分呈现有规律的重复等);色彩、色温、清晰度的变化是否协调一致等。

任何时候,真实性都是新闻的生命。作为网络编辑,我们不仅要学会辨别虚假照片,当好把关人的角色,更要做好自我监督,不能成为造假者的帮凶甚至始作俑者。在编辑加工过程中,编辑可以对照片做一些局部的修改和调整,如对影调、色彩、剪裁等的一般性调整,但这种调整不是实质性的加减影像信息的修改,限度是对照片影像信息不构成伤害,如不能改变照片中影像主体形象的真实性,不能改变照片中影像信息的结构和布局,不能增加和删除影像信息,不能对影像进行变形处理,不能做张冠李戴的"换头术",不能做移花接木的集锦等。一句话,在不违背新闻真实性包括影像信息真实性原则基础上的修改,就是修改新闻照片的底线。

二、网络新闻照片的应用

图片在网页中的应用很广,具体而言可以分为以下几种类型[①]:第一,作为主页上的主图,主要起调剂和美化版面视觉效果;第二,作为主页上的头条新闻的配图照片;第三,作为栏目的题图照片,或者作为栏目标题页的提示图片;第四,作为新闻正文的配图;第五,作为独立的图片新闻报道。

在第一种类型中,新闻照片被放置于网页首屏比较抢眼、比较突出的位置,容易引起人们注意。国内许多媒体网站一般都在首页首屏左侧放置新闻主图,如人民网、新华网等,也有媒体不

---

① 邓炘炘:《网络新闻编辑》,中国广播电视出版社 2005 版,第 226 页。

在首页首屏放,而在新闻中心的首页首屏放,比如新浪网。

首页首屏是网页视觉最强势的位置。如图 6-11 所示,中国江苏网首页首屏就设置了 5 幅动态图片,图注分别是"温家宝在抚州指导抗洪救灾工作纪实"、"江西开始封堵唱凯堤决口　水位上涨难度增大"、"新加坡建高空泳池　游泳时俯瞰城市"、"南京祖堂山明墓或是郑和墓?"、"南京高考三状元均在南师附中",均非头条新闻配图。和报纸等传统媒体不同的是,网络上主页主图与头条新闻不配并不影响传播效果,图片与文字相配固然可以强化传播强度,但二者不配对时,也可以各自引起受众的关注,使得一个视觉中心分化成两个,能有效增加信息传播的数量。

图 6-11　中国江苏网的首页首屏重要图片安排

在第二种类型中,照片是完全配合文字新闻报道的,可以增加新闻报道的生动性、真实性和冲击力,给读者一个更加直观的印象。在这种情况下,新闻照片是作为一种辅助元素出现的,配合文字新闻能够形成一种更强的视觉效果,给读者更强烈的视觉冲击力和吸引力。这种配图方法类似报纸头版头条新闻处理方法。

在第三种类型中,照片兼有装饰版面和分类新闻内容的作用。这种类型的新闻照片的使用一般可以分为两种形式:一种是单条新闻主打照片,多用于"最新播报"等时效性较强的栏目,主要作用是提示新闻内容、丰富页面元素、调节读者的视觉感受,这种图片大小比较适中;另一种是作为栏目标志,通常用在网站首页或者新闻主页上,它们图幅比较小,通常被称做"邮票照片"。这种图片的主要功能是提示栏目主要信息和美化版面,一般都很小,读者可以通过点击图片来放大查看。目前很多网站都综合使用新闻主打照片和"邮票照片",如图 6-12、图 6-13 所示。

图 6-12　新闻主打照片示例网页

图 6-13　"邮票照片"示例网页

　　在第四种类型中,照片是作为新闻正文的配图,很多网络新闻正文页面都采取这种图文搭配方式。这种方法使报道内容更易于理解,比单纯的文字新闻更生动、形象。具体配置图片时,可以根据需要选择配图数量,不宜过多使用,以免加重页面负担。

图 6-14　正文配图示例网页

在第五种类型中,照片是独立使用进行报道的,一般多用于图片专题中。如图 6-15 人民网的"全民同心抗非典回顾"专题,新闻照片布满了整个页面,色彩缤纷,给人以深刻的印象,人们可以在这里挑选自己感兴趣的照片,如果要了解详细内容则可通过点击图片下方的标题来查看详细的文字说明,在满足了人们的视觉享受的同时又把事件解释得清晰明确。

图 6-15　独立图片报道网页

三、网络新闻照片版位设置

新闻照片在网页上的版位安排和报刊上新闻照片的安排同样重要,安排得当能起到画龙点睛、调剂版面的视觉效果。如果安排不当,不但不能起到美观的作用,还会破坏整个页面的视觉效果。

1. 网络照片版位类型

具体而言,网络新闻照片在网页上的版位有以下几种类型。

第一种照片版位设置在页面首屏的左上方,这种版位安排方式已经经过无数网民和编辑人员的认可,符合人们从左到右的视觉习惯以及阅读习惯,是人们阅读或者浏览的视觉起点。很多网站都采用这种照片的版位放置方法,比如人民网、新浪新闻、东方新闻等。这种版位安排的好处是显而易见的,能在第一时间抓住读者的视点,同时起到很好的导航作用,可以使读者在图片的世界中感受到眼前突然一亮,瞬间抓住读者,还能使读者自然而然地在之后把目光转向右边的标题。

这个版位的新闻照片不宜太小,否则会给人一种把图片边缘化的感觉,失去了凝聚视觉中心点的意义,调整版面视觉效果的作用也就不大了。

第二种照片版位设置是非常规的方式,即把照片放在页面首屏的右上方,和人们从左到右的阅读与视觉习惯刚好相反。如果新闻照片选择适当,放在这个位置上也能收到较好的效果,成为整个页面的视觉凝聚点。如图 6-16 所示,在 MSN 国际新闻频道的页面首屏中,图片位于页面的右上方,图片标题说明为"戒备森严的 20 国集团和八国集团首脑会议",通过图片可以直观地看到警察与示威者的冲突,这种图片的非常规设置在视觉和阅读感受上都给读者一种全新的感受。

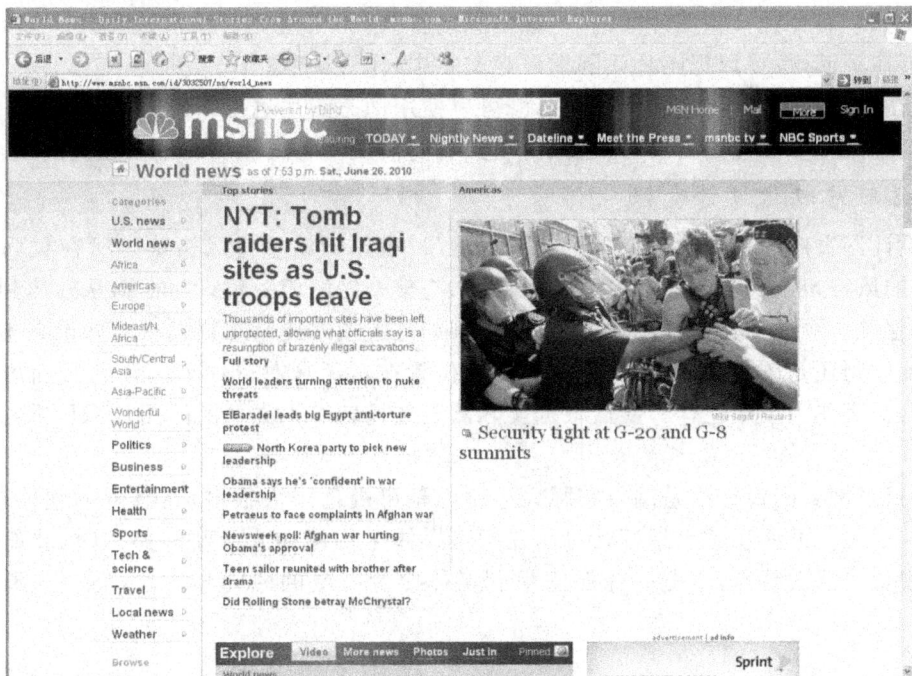

图 6-16　MSN 国际新闻频道页面主图设置

第三种照片版位设置是在首页采用多个小图片纵向排列的方式,多图在首页上也能起到很好的视觉效果,国外一些媒体网站经常采用这种方式。如图 6-17 所示。

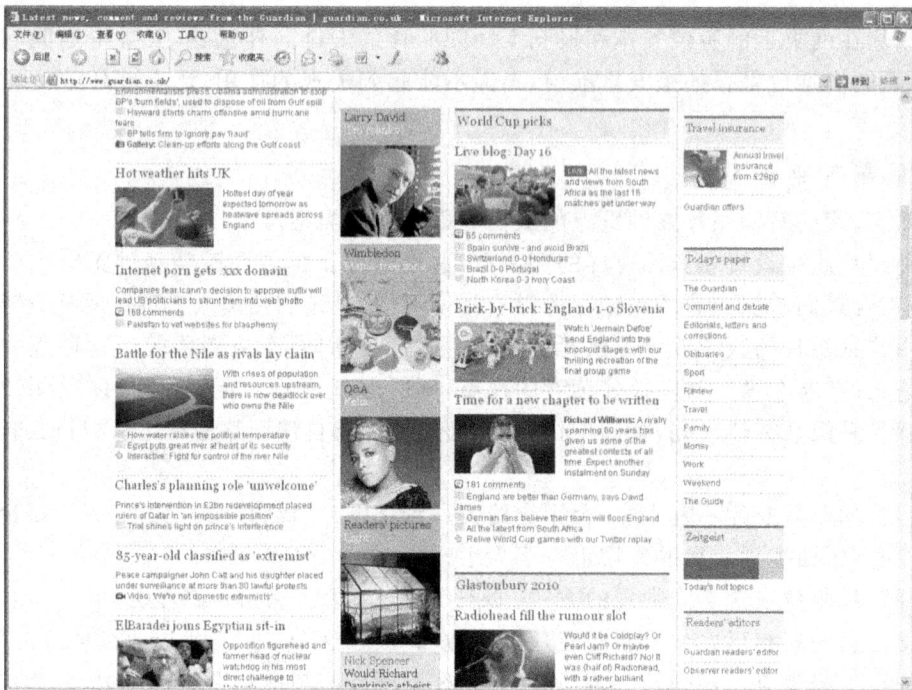

图 6-17　英国《卫报》新闻频道首页图片设置

第四种是正文页面的照片版式设计。在新闻正文报道的页面中,图片一般都放置在标题和正文之间。如果有 2 到 3 张图片的话,一般是纵向排列,为了避免文字前边图片太多,而后边大段文字又堆在一起,也可以把图片间隔插入到文字中,作为调节。

最后,在前两种照片版位安排方式中,既可以使用动态图片也可以使用静态图片,一般来说,因为使用动态图片可以向读者推荐更多的信息,目前使用动态图片的网站占主流。

2.网络照片版位设计步骤

具体设计网页照片版位时,可采用如下步骤:(1)根据网站整体风格确定所在页面及其所属栏目、频道的风格,从色调到整体视觉效果要做到与整个网站相一致;(2)根据从整体到局部的顺序,首先确定整个页面采用何种图文搭配方式,例如是主图式还是邮票式;(3)如果是主图式要选择图文相配原则还是图文分设原则,以及主图的位置在右还是左;(4)为了活跃版面可以选择用小图片配合文字作为导航栏;(5)最后根据实际需要选择新闻正文页面的图片采用纵向式或横向式排列。

注意:很多网页的设计都是网页实际大小比屏幕可视范围大很多,在有限的视屏范围内,图片的排版并不是占的面积越大越好,因此,在网络媒体上使用和放置新闻照片时,要符合网络媒体版面和视觉传播的特点,不能一味照搬报刊媒体照片编辑的原则与方法,而应该灵活掌握与运用。

四、网络图片专题组织[①]

图片专题是随着网络专题的发展而日益发展起来的一种报道方式。这种报道方式主要用多张照片加上相关文字构成一个报道,是报道摄影中的一个类别。

很多网站在招聘高级图片编辑时都会将图片专题策划作为一条重要的职业技能要求,在此,我们简单介绍一下网络图片专题的编辑知识。

1. 网络图片专题类型

从专题图片的内在角度出发,可将常见图片专题分为以下两种。

(1)组合报道式专题。这种专题报道针对某一个特定主题,形成若干报道单元(通常一个单元为一个图文组合),从不同侧面、不同角度或不同空间出发表现主题。组合式专题的报道单元之间关系较弱,在有些专题中,每幅图片及其说明都是独立的,甚至所有的独立单元之间几乎没有联系,仅仅依靠同一个主题集纳在一起。组合报道式图片专题也可称为"主题集约式"或"散点透视式"图片专题。

(2)图片故事。这种专题报道是运用一组图片及其相关文字说明来反映新闻事件、讲述新闻故事或者表现一种社会现象。与前一种图片专题相比,图片故事线索集中,图片之间逻辑关系严密。

2. 网络图片专题编辑原则

做好图片专题需注意以下几个方面。

(1)做好选题策划。

图片专题常针对以下几种选题:重大新闻事件、热点问题、人的生存状态、人与自然的关系、人文与自然景观等。其中,重大新闻事件或热点问题是各个媒体都会关注的题材,为了避免同质化竞争,体现自己的个性,提高报道的深度,在这类题材的策划中,需要思维更加发散,视野更加开阔,在一个大的主题中找到更多的个性化的切入点或题材的延伸点。

(2)适当安排内容结构。

一个图片故事要包含以下类别的照片:全景、中景、近景、肖像、关系照片、典型的瞬间、过程照片、结论性照片。在编辑中如何合理组织这些素材,处理好它们之间的结构关系,需要进行精心策划。

(3)精心配写图片说明。

图片专题中的文字说明可用来解释照片上难以表现的思想、情节和背景材料,加强主题的深度、广度,丰富报道。编写图片专题图注时不仅要注意与单张照片之间的相互配合,还需要在一定程度上注意各个图片的文字说明之间的内在联系。

(4)强化版面设计。

新闻网站中,大多数图片专题几乎没有成形的版面设计,图片之间的关系如何处理,每一张图片尺寸多大,它们的位置关系如何,哪张图片放在核心位置,如何在版面中构建读者的视觉走向,这些内容都需要编辑在实践中总结摸索。

---

① 彭兰:《网络新闻编辑教程》,武汉大学出版社 2007 年版,第 168—171 页。

第五节　网络新闻图表编辑

和报纸一样,网络上用得最多的图表是统计图表和示意图。统计图表包括表格、柱状图、饼状图、曲线图等;示意图多为对某件事情发生的时间、地点、路线的描述。

由于网络新闻的题材比较广泛,加上传播的手段比较多元,所以与传统新闻图表相比,网络新闻图表形成了更多的报道形式,具体如下。

1. 用表格表示数量、类别关系

这种报道手段在财经报道中最为常见,大多数读者也比较熟悉。最简单的制作方法就是新建一张表格,将数字或带有明显类别关系的文字直接填入表格中。案例 6-1 的稿件就适合做这样的处理。

【案例 6-1】芜湖 8 所院校提供技能培训

近日获悉,省教育厅要求各级教育行政部门和省内各高等院校、中职学校,迅速整合教育教学资源,积极为社会提供职业技能培训工作。目前已选定了 203 所学校,面向农村居民、进城务工人员、城市下岗职工和企业转岗职工开展技能培训,其中包括芜湖的 8 所院校。

芜湖 8 所院校提供的培训项目分别是:芜湖市职业教育中心(计算机基础应用、家电维修、维修电工、CAD 制图、会计继续教育培训、会计从业资格、会计职称考前培训、物流师培训、助理物流师培训、中西式烹饪、餐饮、客房服务);繁昌县职教中心[阳光工程培训(食品加工)、村级信息员培训、食品加工生产线操作工、劳动预备制];芜湖师范学校(服装);芜湖技师学院(SYB 创业培训、特种作业安全培训、初级就业再就业、农村劳动力转移培训);芜湖市盲人按摩学校(中医推拿);安徽商贸职业技术学院(会计基本技能培训、计算机操作员培训、ERP 工程师职业能力培训、营业员技能培训、营销师培训、电子商务师培训、商务英语口语培训、求职英语培训、实用法律知识培训);安徽工程科技学院(计算机操作基础培训、机械加工技术基础培训、缝纫工培训、面向工厂的纺织工程技术培训、面向工厂的服装工程技术培训、电脑设计软件培训、AutoCAD 软件应用);安徽中医药高等专科学校(保健按摩师、中医美容师、养老护理员、中药调剂员、中药炮制员、中药购销员、医药商品购销员)。

【解析】

这类信息用文字表述只会让读者看得心烦意乱,如果制作一张表格,就能很方便地将信息交代清楚。

表 6-1　芜湖 8 所院校提供的培训项目

培训学校	培训项目
芜湖市职业教育中心	计算机基础应用、家电维修、维修电工、CAD 制图、会计继续教育培训、会计从业资格、会计职称考前培训、物流师培训、助理物流师培训、中西式烹饪、餐饮、客房服务
繁昌县职教中心	阳光工程培训(食品加工)、村级信息员培训、食品加工生产线操作工、劳动预备制
芜湖师范学校	服装
芜湖技师学院	SYB 创业培训、特种作业安全培训、初级就业再就业、农村劳动力转移培训
芜湖市盲人按摩学校	中医推拿
安徽商贸职业技术学院	会计基本技能培训、计算机操作员培训、ERP 工程师职业能力培训、营业员技能培训、营销师培训、电子商务师培训、商务英语口语培训、求职英语培训、实用法律知识培训
安徽工程科技学院	计算机操作基础培训、机械加工技术基础培训、缝纫工培训、面向工厂的纺织工程技术培训、面向工厂的服装工程技术培训、电脑设计软件培训、Auto CAD 软件应用
安徽中医药高等专科学校	保健按摩师、中医美容师、养老护理员、中药调剂员、中药炮制员、中药购销员、医药商品购销员

2. 用图形表示数据

曲线图、柱状图、饼状图都是图形,使用它们可以更直观地报道定量化的新闻内容。

3. 用地图等示意图发布气象预报

过去报刊刊登的配合气象预报的地图基本是编辑人员临时手绘的,现在编辑人员只需要在数据库中调出某个地区的地图或示意图,在上面直接修改即可。

图 6-18　气象预报示意图 [1]

---

[1]　《全国强降雨落区预报》,http://news.xinhuanet.com/photo/2010-06/25/c_12264153.htm。

4. 用立体仿真图示报道重大事件

以往图表很少使用在重大事件报道中,随着网络传播节奏加快,由于可以有效弥补突发性事件照片滞后的缺陷,图表成为了新闻媒体报道重要事件的又一利器。如2008年4月胶济铁路火车相撞事故发生后,为了能在第一时间将信息报道给读者,新华社图表编辑部第一时间编制了图表《胶济铁路发生火车相撞事故》,简洁准确地将全部新闻信息要素交代清楚,同时运用立体仿真的编辑手段再现了事故现场两火车相撞的具体情形,用多层分解的方式详细介绍了事故发生的地点以及在胶济铁路线上的具体位置,发布后得到了用户的广泛认可,被各大媒体争相转载[1]。

图 6-19 重大事件报道示意图

5. 与漫画结合报道新闻事件

图表与漫画的有机结合,不仅将信息趣味化,而且延伸了图表的功能。和其他报道方式相比,漫画图表已不再简单地作为新闻配图美化版面,而是加入了各种分析,使图表成为了一个展示"新闻背景"和"新闻分析"的平台,其新闻含量已经大大超出了传统的"图表"概念。

综上所述,新闻图表作为新闻的一种载体和表现形式适用于以下新闻情况[2]:(1)反映变化的成就报道,如经济取得了什么新进展,可以有明确的数字作为证明,更具说服力;(2)反映变化的地域新闻,比如

图 6-20 漫画图表"韩国大邱地铁大火再添世界地铁重大灾难"[3]

---

① 李鹏:《从重大报道看图表新闻的创新》,http://media.people.com.cn/GB/40628/8231013.html。

② 《新闻图表:一图胜千言》,http://www.oursee.com/html/dongguodong/2005_12_31_00_28_853.html。

③ 《韩国大邱地铁大火再添世界地铁重大灾难》,http://news.xinhuanet.com/photo/2003-02/19/content_736053.htm。

哪里修了新铁路、新高速公路等,都可以通过图示给人直观的感觉;(3)适合于反映重大突发事件,有些事件具有很高的新闻价值,但因为是突发事件,记者没有抢拍到照片,新闻图表就可用以弥补缺憾;(4)反映社会调查的结果,以新闻图表来反映公众对某项社会政策的支持程度,以便决策者根据数据来完善政策。

新闻图表在报道中已经显示出了越来越重要的作用,网络编辑在日常工作中应该开动脑筋,不断创新,做好此类报道的前期策划和后期总结工作,想方设法把每一个话题都做细、做深,才能使用好这一报道手段。

第六节　　网络新闻漫画编辑

我国的新闻漫画始于清末民初。1903 年上海《俄事警闻》刊登的《时局图》,是我国目前已知的最早的新闻漫画。

而网络与新闻漫画的第一次亲密接触始于 2001 年 7 月,当时中国日报网与中国新闻漫画研究会合作创办了我国第一家专业新闻漫画网站——中国新闻漫画网(cartoon. chinadaily. com. cn,简称新漫网),在新闻漫画作者与使用者之间架起了一座以互联网为基础的沟通桥梁,也为广大漫画爱好者提供了一个上网浏览我国新闻漫画佳作的专业站点。[①] 经过近 10 年的发展,网络新闻漫画无论从数量还是质量上都有了很大的发展,是网络信息传播的一个重要传播手段。

一、网络新闻漫画网站

除了自己创作新闻漫画外,漫画网站是网络编辑采集信息的最佳渠道。采集新闻漫画主要可以从以下网站获取。

1. 新闻漫画专业网站

新闻漫画专业网站可以分为全国性和地方性两种。前者如前文介绍的中国新闻漫画网;后者如 2002 年开办的江苏新闻漫画网(www. fcwfcw. com),该网站是由江苏新闻漫画艺委会主管、自由漫画联盟网站协助制作的,目前已改名为自由漫画联盟。

2. 非专业新闻漫画网站

这类网站的内容比较丰富,除了提供新闻漫画外,还涉及漫画产业基地建设、漫画教学、漫画产业分析研究和咨询服务、漫画人才库建设等多项内容,但新闻漫画是其中的重要组成部分。比如中漫网(www. zhongman. com)、广东漫画网(www. gdcartoon. com)等。

3. 综合性网站或门户网站下属的漫画网站或动漫频道

独立动漫娱乐网站如千龙网下属的千龙动漫娱乐网(flash. qianlong. com)、南方网下属的南方动漫网(cartoon. southcn. com/nfw)等,二级动漫频道如搜狐、腾讯网等著名门户网站下的动漫频道。

4. 设在综合性网站或门户网站上的漫画家专栏

如新闻漫画家张滨设在大洋网上的新闻漫画专栏(news. dayoo. com/guangzhou/gb/node/

---

① 项国雄、江婕、杨志:《漫画新闻的生存与发展》,http://media. people. com. cn/GB/22114/45828/45829/3379299. html.

node_7632. shtml)、新浪网推出的刘守卫体育漫画专栏(sports. sina. com. cn/zz/liushouwei)等。

5. 新闻漫画博客

由于网络传播的优势,漫画博客极大地满足了新闻漫画作者的发表欲,使他们快速发表自己的新闻漫画作品,而且方便志趣相投者进行新闻漫画创作、欣赏方面的交流。漫画家如臧强、刘守卫、猫小乐等有自己的漫画博客,不知名的业余漫画爱好者也可以有自己的漫画博客。

在漫画博客后又产生了"漫画博客圈"。目前,某些漫画博客圈已经具有相当规模,比如新浪网上的"悠游漫画博客圈"和号称打造"最专业、最热闹、最认真、最勤奋、最优秀动漫圈"的"漫画社团博客圈",其中后者已经吸引了千余人参加。

6. 漫画家个人网站

比如马恒超漫画网(www. mahengchao. com)等。

二、网络新闻漫画特点

应该说,网络新闻漫画的特点与传统新闻漫画并无太大区别,除了漫画必须有的艺术性、有模型等特征外,网络新闻漫画还具有如下特性。

1. 评议性

网络新闻漫画属于新闻传播范围,通常具有报道新闻内容和表达明确评议倾向的双重功能,由于网络媒体的多元性,网络新闻漫画更倾向于评论功能。

2. 针对性和新闻性

网络新闻漫画总是围绕一个新闻事实,或者一个具体的现象进行创作,所指对象必须具体。

3. 时效性

网络新闻漫画有时效性要求,非新闻漫画基本没有。

4. 真实性

网络新闻漫画必须是对客观事实的真实反映。

5. 互动性

网络新闻漫画的载体主要是网络新闻媒体,因而可以很快获得受众反馈,并及时体现在今后新闻漫画的加工上。

三、网络新闻漫画应用

电脑技术和网络技术的优势赋予新闻漫画新的特点、新的活力,也在网络上催生了一些新的漫画形式。

1. 动漫新闻漫画

网络综合了多种媒体的优势,把文字、图像、声音等元素结合在一起,可以充分调动和发挥各种元素的作用,这就给网络新闻漫画新形态的出现带来可能。动漫新闻漫画,也就是 Flash 漫画,让传统上静止的新闻漫画动起来,并且配上声音,深受广大网民尤其是年轻网友的欢迎。千龙动漫娱乐网曾在这方面做过有效尝试,其"天天八卦秀"栏目设置了专门的虚拟主持人,通过 Flash 形式对刚刚发生的新闻进行幽默风趣、具有网络特色的报道和评点,并在当时引发了关于网络新闻报道方式的大讨论。

图 6-21　千龙动漫娱乐网 Flash 新闻页面

图 6-22　千龙动漫娱乐网"天天八卦秀"页面

2. 互动新闻漫画

互动是网络媒体的重要优势之一，上文中介绍的很多漫画网站都给新闻漫画作者们提供了一个合作完成作品的平台。通过这一互动平台，新闻漫画作者把自己不太满意的漫画甚至未完成稿上传,请其他网友帮助出主意、想办法,甚至直接帮着修改、完善乃至完成作品。例如中华漫画网的"漫画分享"专区就可以完成上述所有工序。有的网友有创作新闻漫画的好点子,却苦于自己的绘画技艺无法达到较高水准,不能把自己的想法完美表现出来,也可以通过网络寻求到合作者,从而实现合作完成一幅质量较高的新闻漫画的目的。

3. 三维新闻漫画

三维立体画充分利用人双眼的立体视觉,带给网友一个层次分明的 3D 世界。借助一些三维立体图像制作软件,漫画家可以在很短时间内制作出三维立体新闻漫画作品,赋予漫画逼真的立体感和空间感,从而给受众留下更为深刻的印象,同时,也使传播效果得到进一步的增强。

在这三种形态中,以第一种形态网络传播效果最明显,千龙网从最早的"Flash 七日"开始,过渡到"天天播报",再过渡到"天天八卦秀",走过了一条正规与滑稽风格交织的艰难探索之路,虽然目前千龙动漫娱乐网已经关闭,但它在网络新闻传播中融入了主观报道意识,在传统新闻节目中注入了轻松娱乐的元素,为网络新闻传播的发展提供了宝贵的经验。

▶ 实训练习

1. 请以"玉树灾后重建"为主题设计图片搜索方案,并将结果按照一定的类别加以整理。

2. 目前浙江在线的图文频道和视频频道是结合在一起的,请按照网络照片的 5 种应用类型为浙江在线图片频道单独设计主页与正文报道页面的图文搭配方案。

3. 请设计一张新闻图表来反映下文新闻稿件中的数据情况。

纽约市场油价回落

新华网纽约 6 月 17 日电(记者杨蕾)由于美国经济数据不佳影响投资者对能源需求复苏的预期,纽约市场油价 17 日回落至每桶 77 美元以下。

当天,西班牙国债发行成功推动欧元对美元汇率上扬,美元走软增强了原油期货作为风险投资的吸引力。

不过,17 日美国公布的一系列经济数据均令投资者失望,打击了市场对美国经济复苏进而拉升能源消费的信心,导致纽约市场油价从 6 周高位回落。

据统计,6 月份费城地区制造业扩张速度降至 10 个月来最低水平,预测今后 6 个月经济前景的 5 月份先行经济指数不及经济学家平均预期。更重要的是,上周首次申请失业救助的人数意外增加了 1.2 万人至 47.2 万人,就业市场持续不振令市场担心消费者可能被迫减少能源消费开支。

受以上因素影响,到当天收盘时,纽约商品交易所 7 月份交货的轻质原油期货价格下跌 88 美分,收于每桶 76.79 美元。伦敦市场 8 月份交货的北海布伦特原油期货价格上涨 54 美分,收于每桶 78.68 美元。

第七章

网络音视频信息编辑

▶ **本章重点**

1. 网络音视频信息类型
2. 网络音视频信息特点
3. 网络音视频信息应用
4. 网络音视频信息加工

▶ **学习目标**

1. 了解网络音频和视频信息的分类和特点
2. 掌握获取网络音视频信息的应用类型
3. 掌握网络音视频信息的编辑原则和流程，能根据报道要求为信息配置音视频信息

近几年来，音视频内容在互联网上的传播呈现出越来越猛烈的态势。受这股强劲趋势带动，网络媒体中应用音视频素材的情况也越来越多。为了更好地发挥网络媒体的多媒体优势，本章将对网络音视频素材的编辑知识进行介绍。

第一节　网络音视频信息格式与特点

随着电脑的普及，除了用电视、DVD 等设备收看影音节目外，使用电脑看影音节目也越来越普遍，因此也出现了很多不同的音视频格式。因为并非所有的音视频格式都能够直接在网上传输，下文中我们首先介绍一些常用的影音信息格式。

一、网络音视频信息的格式

网络音视频技术都可以归于流媒体技术。所谓流媒体是指采用流式传输的方式在互联网上播放的媒体格式，如音频、视频或多媒体文件。流媒体在播放前并不下载整个文件，只将开始部分内容存入内存，在计算机中对数据包进行缓存并使媒体数据正确地输出。流媒体的数据流随

153

时传送随时播放,只是在开始时有些延迟。在采用流式传输方式的系统中,用户不必像采用下载方式那样等到整个文件全部下载完毕,而是只需经过几秒或几十秒的启动延时即可在用户的计算机上利用解压设备对压缩的多媒体文件解压后进行播放和观看。而多媒体文件的剩余部分将在后台的服务器内继续下载。与单纯的下载方式相比,流媒体技术不仅使启动延时时间大幅度缩短,而且对系统缓存容量的需求也大大降低,极大地减少了用户的等待时间。

接下来,将分别介绍音频与视频信息的常见格式。

1.音频常见格式

(1)WAVE 格式。WAVE 文件作为最经典的 Windows 多媒体音频格式,应用非常广泛,它使用 3 个参数来表示声音:采样位数、采样频率和声道数。

声道有单声道和立体声之分。采样频率一般有 11025Hz(11kHz)、22050Hz(22kHz)和44100Hz(44kHz)三种。WAVE 文件所占容量=(采样频率×采样位数×声道)×时间/8(1 字节=8bit)。

(2)MP3 格式。MP3 可谓是大名鼎鼎,它采用 MPEG Audio Layer 3 技术,将声音用 1∶10甚至 1∶12 的压缩率压缩,采样率为 44kHz、比特率为 112kbit/s。

MP3 音乐是以数字方式储存的音乐,如果要播放,就必须有相应的数字解码播放系统,一般通过专门的软件进行 MP3 数字音乐的解码,再还原成波形声音信号播放输出,这种软件就称为MP3 播放器,如 Winamp 等。

(3)RA 格式。RA、RAM 和 RM 都是 Real 公司成熟的网络音频格式,采用了"音频流"技术,所以非常适合网络广播。在制作时可以加入版权、演唱者、制作者、Mail 和歌曲的 Title 等信息。RA 可以称为互联网上多媒体传播的霸主,有很强大的压缩量和极小的失真,适合于网络上进行实时播放,是目前在线收听网络音乐最好的一种格式。

(4)WMA 格式。WMA 是由微软公司开发的一个声音文件格式,它很符合 RIFF(Resource Interchange File Format)文件规范,可用于保存 Windows 平台的音频信息资源。WMA 是Windows Media Audio 的缩写,相当于只包含音频的 ASF 文件。WMA 文件在 80kbps、44kHz的模式下压缩比可达 1∶18,压缩速度比 MP3 提高了一倍,是目前个人电脑上最为流行的声音文件格式。但这种格式的文件体积较大,使用受到一定限制。

(5)AU 格式。这是 Sun Microsystems 公司推出的一种经过压缩的数字声音文件格式,该格式原先用于 UNIX 操作系统下,由于早期 Internet 上的 Web 服务器主要是基于 UNIX 的,所以 AU 格式的文件在如今的 Internet 中也是常用的声音文件格式,Netscape Navigator 浏览器中的 LiveAudio 也支持 Audio 格式的声音文件。

除了上述常见声音格式外,还有用作游戏背景音乐的 MOD 格式、可用于合成声音的 MIDI格式、高压缩比的 VQF 格式、拥有强大的编辑功能的 MD 格式、用于免费音乐的 Vorbis 格式等,在此不再赘述。

2.视频常见格式

(1)AVI 格式。AVI 是一种音频视频交错格式,可以将视频和音频交织在一起进行同步播放。这种视频格式的优点是图像质量好,可以跨多个平台使用,但缺点是体积过于庞大,而且压缩标准不统一,有时候会遇到由于版本不统一导致无法播放该格式视频资料的情况。

(2)MPEG 格式。MPEG 文件格式是运动图像压缩算法的国际标准,它采用了有损压缩方法从而减少运动图像中的冗余信息,即保留相邻两幅画面绝大多数相同的部分,而把后续图像中和前面图像有冗余的部分去除,从而达到压缩的目的。目前 MPEG 格式有 3 个压缩标准,分别是 MPEG-1、MPEG-2、和 MPEG-4,另外,MPEG-7 与 MPEG-21 仍处在研发阶段。

（3）MOV 格式。这是美国 Apple 公司开发的一种视频格式,默认的播放器是苹果的 Quick Time Player 软件。该格式具有较高的压缩比率和较完美的视频清晰度等特点,但是其最大的优势还是跨平台性,不仅能支持 MacOS 系列,同样也能支持 Windows 系列。

（4）ASF 格式。ASF 是微软为了和现在的 RealPlayer 竞争而推出的一种视频格式,用户可以直接使用 Windows 自带的 Windows Media Player 对其进行播放。由于它使用了 MPEG-4 的压缩算法,所以压缩率和图像的质量都很不错。

（5）RM/RMVB 格式。该格式是 Networks 公司所制定的,用户可以使用 RealPlayer 或 RealONE Player 对该格式资源进行实况转播,并且 RealMedia 还可以根据不同的网络传输速率制定出不同的压缩比率,从而实现在低速率的网络上进行影像数据实时传送和播放。

RMVB 格式是由 RM 视频格式升级延伸出的新视频格式,它的先进之处在于 RMVB 视频格式打破了原先 RM 格式那种平均压缩采样的方式,在保证平均压缩比的基础上合理利用比特率资源,这样在保证了静止画面质量的前提下,大幅提高了运动图像的画面质量,从而使图像质量和文件大小之间达到微妙的平衡。

由于是流媒体格式,这两种格式均可以在不下载音频、视频内容的条件下实现在线播放。

（6）WMV 格式。该格式也是微软推出的一种采用独立编码方式并且可以直接在网上实时观看视频节目的文件压缩格式。WMV 格式的主要优点包括本地或网络回放、可扩充的媒体类型、可伸缩的媒体类型、多语言支持、环境独立性、丰富的流间关系以及扩展性等。

（7）FLV 格式。FLV 流媒体格式是一种新的视频格式,该格式是在 Sorenson 公司的压缩算法的基础上开发出来的。由于它形成的文件极小、加载速度极快,使得网络观看视频文件成为可能,它的出现有效地解决了视频文件导入 Flash 后,使导出的 SWF 文件体积庞大,不能在网络上很好地使用等缺点。FLV 压缩与转换非常方便,适合做短片。一般 FLV 包在 SWF Player 的壳里,并且 FLV 可以很好地保护原始地址,不容易下载到,因而可以起到保护版权的目的。目前国内视频分享网站,如 5Show、56、优酷等都使用该格式。

除了以上几种常见视频格式,还有常用于数码摄像机记录数据的 DV-AVI 格式、由 MPEG-4 衍生出的 DivX 格式等,在此不再赘述。目前新闻视频领域的格式以 WMV 和 FLV 格式为多。

需要注意的是,上述影音文件格式,可使用相应软件进行格式转换,音频文件和视频文件格式之间也可以进行转换。

二、网络影音信息的传播特性

1. 网络音频信息特点

在网络新闻传播中,音频信息具有如下特点。

（1）广泛性。网络音频信息可以随互联网走向全球,任何一家传统电台都无法与之抗衡。

（2）可保存性。新闻网站提供的音频新闻常常是非实时传播的,它们长期存放在网站内,用户可将音频信息下载到本地电脑中反复收听。这一特点有利于提高音频新闻的传播效果。

（3）可检索性。一方面,网站都会对音频信息进行分类整理;另一方面,网络搜索引擎也可以通过关键词检索到相应的音频素材。

（4）可整合性。网络音频信息可以通过超链接等手段与其他形式的信息更为有机地结合起来,恰当运用,可以更好地发挥声音信息的作用。

（5）伴随性。传统媒体中的声音传播不需要占用人们的视觉，但在网络新闻传播中，除声音外的信息接收都是需要用眼睛看的，因此声音提供的是额外的信息。这同时也表明声音传播可以提高人们在网络上的使用效率。

（6）接收个性化。一方面，用户可以自由选择节目及其收听时间；另一方面，用户可以运用播放器中相应的方式来控制新闻的播放方式，即可往返放，又可快进，这使受众对于音频新闻的接收实现了个性化。

（7）互动性。一些网络电台可以在节目播放同时利用聊天室、QQ等即时通讯工具及时获取用户反馈，并邀请用户参与到节目制作过程中，这与传统广播节目中用户通过电话参与是完全不同的。

（8）技术壁垒。网络音频新闻的传播效果取决于带宽、播放软件等各个环节的技术配合，因此并不总能达到预期的效果。

2. 网络视频信息特点

在网络新闻传播中，视频信息具有如下特点。

（1）广泛性。与音频信息一样，网络视频信息不受频道限制，可以通过网络向全球各地发送。

（2）再现性。视频能够再现镜头的几乎全部景象，包括对象的运动、色彩、影调等。视频具有直观感、现实感，更好地体现出新闻的真实性。它也可以运用各种镜头手段对客观世界进行时空一体性的动态再现。

（3）生动性。在视频新闻的拍摄中，可以同步进行声音的录制，再配以适当的文字解释，形象生动地展示新闻事件。

（4）接收个性化。与音频信息一样，视频节目也可以由受众自主选择确定是否观看。

（5）互动性。电视的互动只能通过电话和短信，而网络视频可以在聊天室直接与主持人PK、留言，互动性超过电视。

（6）技术壁垒。一方面，网络视频要受到电脑屏幕的限制，较小的屏幕会影响收看效果；另一方面，网络播放一般需要安装插件，容易让部分观众因为技术原因看不到节目，不如电视方便。

（7）内容碎片化。为了适应网络传播快捷、迅速的表现方式，网络视频节目在呈现方式上一般切割为很多小段视频，分割后容易造成节目的文化难以全面展现。

第二节 网络音视频信息的应用

音视频信息在网络上的应用很广泛，本节就为大家介绍一些常见的应用领域，为做好该类信息的编辑工作打好基础。

一、网络音频信息的应用

1. 网络广播

所谓网络广播（Net Radio，Net Broadcast，Internet Broadcast），即通过在互联网站点上建立广播服务器，在服务器上运行节目播送软件，将节目广播出去，访问者在自己的计算机上运行节目接收软件，访问该站点，收听、收看、阅读广播信息。又名网络电台。

1995年4月，位于美国西雅图的"进步网络"（Progressive Networks）在其网页上放置了一个 RealAudio System 的试用版软件,提供"随选音效"(Audio on Demand)服务,这一举措标志着网络广播的诞生。随后,世界上主要的国际广播公司都纷纷与网络联姻,如 BBC、美国之音、法国国际广播电台等;1997 年 3 月 18 日,上海东方广播电台"梦晓时间"节目新开设的"东广信息网"与"瀛海威时空"合作,开创了中国网络广播的先河。此后,北京经济电台、中央人民广播电台、中国国际广播电台、珠江电台等也各自推出了网络广播。

网络广播可以分成如下几类。

(1)传统广播媒体创办的网络广播平台,如中央人民广播电台创办的中国广播网(www.cnr.cn)。开办有"中国广播联盟"、"全球华语广播网"、"全国高校广播节目联盟"、"音频世界"、"倾听中南海"、"3G 手机"等广播频道,提供网络音频直播、点播、下载、搜索、上传、存储、增值、分享等功能。

(2)传统广播媒体与网络媒体共建的网络广播平台,如新浪网的 Music Radio 栏目(ent.sina.com.cn/musicradio)。该栏目由中央人民广播电台与新浪网合作推出,开办有"音乐 VIP"、"雪佛兰乐风爱情语"等栏目,从节目内容和听众群体上看,都具有很高的水平,对网络的互动性的利用比传统媒体更强。

(3)自建的网络广播。这类网站多数是由爱好者们自发组建的"民间网站"。这类网络广播往往会把电台与论坛、聊天室等互动形式结合,相辅相成形成一个自由交流、传情、交友的空间。一般他们以 NJ 做节目为主导,NJ 会在页面上公布自己的 QQ 号码,并采用与传统模式类似的方式组织节目,听众可以通过 QQ 与 NJ 即时沟通,如青檬网络(qmoon.rbc.cn)。

2003 年 1 月,广电总局发布的《互联网等信息网络传播音视频节目管理办法》规定,"通过信息网络向公众传播音视频节目必须持有《网上传播音视频节目许可证》"。限于政策问题,同时也因为网络广播的赢利模式并不明晰,因此,近两年网络广播的发展有减缓的态势,网易、腾讯等门户网站之前开设的广播频道或栏目目前已经久不更新甚至无法访问了。

2. 音乐网站

音频信息的另一集聚点是各类音乐网站。与网络广播相比,音乐网站因不涉及新闻传播等敏感服务,因此这几年来在网络上发展迅速,已经颇具规模。

音乐网站分类比较复杂,有根据功能分的,如我爱歌词网(www.5ilrc.com);有根据音乐类别分的,如中国军歌网(www.jungewang.com);也有根据音乐文件格式分的,如音乐极限网(www.chinamp3.com)。一般来说,国内比较知名的音乐门户网站有九天音乐网(www.9sky.com)、sougua 网(www.sogua.com)等。

目前,国内的音乐网站少说有数百家,赢利模式基本都以用户下载免费音乐的方式增加网站流量,网站以流量为基础吸引广告。由于受困版权和音乐内容等问题,很多音乐网站随时都有被起诉的可能,对其长远发展造成了严重阻碍。

二、网络视频信息的应用

1. 网络新闻视频

随着带宽环境的改善,提供网络新闻视频的网站越来越多,具体而言,网络新闻视频有 3 种形式。

(1)用于单篇新闻报道中,用以补充、丰富文字信息。

(2)制作新闻视频专题。如精品网在奥运期间全力打造的"奥运紫徽星"专题,不仅是网络新闻视频用于报道重大事件的有益尝试,也是网络新闻视频原创内容的一个典型案例。

(3)制作新闻视频栏目或频道。很多新闻网站都开有此类栏目或频道,有的是和图片信息组合成一个频道,如浙江在线影像中心频道(www. zjol. com. cn/05tupian),有的则直接为视频信息单独成立一个频道,如人民视频、新华视频、新浪视频、搜狐视频等。

从原创与转载的角度而言,网络新闻视频中大部分来自传统媒体视频信息的简单剪辑和压缩处理;少部分来自网络媒体自行拍摄制作的原创信息,这类原创视频一般分布在科技新闻、娱乐新闻等政治性相对较弱的新闻中。

从播出和收看的角度而言,网络新闻视频中大部分为录播的视频信息,少部分来自网络直播节目,应该说,网络新闻直播节目属于网络新闻视频中难度最高,但也是最容易体现网络媒体传播实力的新闻播报方式。

2. 网络影视视频

目前不少网站都提供影视视频点播业务,这里面既有专门的视频网站,如土豆网;也有各类媒体网站,如人民网、新华网、央视国际、新浪网等。

新浪 CTO 李嵩波曾说道,新浪曾对国内流量前三位视频网站做过分析,在网友点击量最高的100 段视频当中,有 72 段是影视剧。[①] 可见,传统的影视剧仍然是网络视频中最主要的点播热点。

由于很多视频网站的视频信息都来自于网友上传,这种分享式资源汇集方式直接导致了很多网络影视信息都没有版权。正因为此,一些视频网站频频遭受版权诉讼,其中既有来自视频版权所有人的,也有来自其他视频网站的。

虽然有些视频网站可以通过"避风港"原则(《信息网络传播权保护条例》第 22 条所规定的 5项免责条件)免除赔偿责任,但是不断发生的版权诉讼案也说明了盗版影视内容的生存空间已越来越狭小,今后,网络版权将是决定网络视频网站生死的关键所在。

3. 网络广告

目前网上音视频广告,特别是视频广告可视性很强,是所有形式的网络广告中点击率最高的形式。而且音视频网络广告的隐蔽性也比较强,制作者可以通过对广告全方位的包装来掩盖广告的外表,有些制作精美的视频广告还能给网页增加互动效果,受到了网民的欢迎。

4. 网络游戏

网络游戏也是网络音频和视频信息的主要应用之处。随着技术的发展,音频和视频网络游戏迅速增多,一些制作精美的网络游戏就像是一部 3D 电影,能给受众带来奇妙的观赏感受。

以上是现在常见的一些网络音视频应用类型,随着网络技术的发展,网络服务提供商对网络音视频信息的应用认识会进一步深入,相信今后会出现更多应用类型和表现方式。

第三节 网络音视频信息的编辑

了解了网络音视频信息的特点以及应用情况后,就要进入网络音视频信息的编辑环节。编辑网络音视频信息的目的就是要向用户提供以图像和声音形式出现的信息,并附以配套功能的过程。

---

① 李嵩波:《网络视频内容争夺是关键》,http://www. sg. com. cn/video2008/djbd/335999. shtml。

一、网络音视频信息的编辑原则

1.保持片段之间的连接合理

要保持连接合理,一方面是要符合人们的观看和认知逻辑,另一方面是要符合人们的审美习惯。具体连接时,可以找连接点的前后是两个相互由逻辑关联的场景,或者相似的情景进行连接,以便网民在浏览视频新闻的时候,能够将前后画面作为一个整体来理解。

2.画面的选取要合理

考虑到网络视频新闻浏览的广泛性,一些新闻画面的选取值得引起注意。比如报道车祸的新闻中,有关车祸惨状或者乘客受伤、死亡的画面就应该尽量减少出现,或者不出现,过于血腥和刺激的场面容易引起观看者的反感和恐惧心理,同时也要考虑到网络上还有未成年网民。

3.保持音、画、字同步

只有把这三种元素有机结合才能使新闻看起来更流畅,更容易被人所接受。

4.注意语言的口语化

和传统广播节目一样,网络音频信息也要注意语言的口语化,如要注意使用口语,不用过于晦涩的词语或者句子,要通俗易懂等;另外对事件的叙述要完整,尽量使用正叙方式;最后还可以发挥网络媒体的特点,给音频节目附以一定的文字说明。

5.注意内容集中

无论是视频还是音频信息,都要讲究内容集中。一条网络新闻中尽量将一件事情的来龙去脉说清楚,不要出现虎头蛇尾的新闻报道情况;如果是连续报道,可以以文字形式注明为"连续报道",并且把同一主题的新闻视频链接放在一起。

二、网络音视频信息的编辑流程

一般来说,编辑音视频信息可有以下步骤。

1.了解需求

这一环节主要解决提供音视频资料的目的、音视频资料内容以及音视频资料目标受众等问题。

(1)为什么提供。为了减轻网页负担,在编辑中,一般文字、图片足够反映信息时,就尽量不用音视频信息。例如关于周杰伦的普通新闻,用文字、图片足以,如果是周杰伦发布了新专辑,则最好提供一部分让大家先听为快。具体分析时,可以从资料对反映行为的支持性、资料的可控制性、资料的交互性、资料的易获得性、成本和现有条件等方面进行分析。

(2)提供什么。提供什么内容的资料,以及资料的获取来源。

(3)提供给谁。即目标用户分析。

2.确定形式

这一环节主要确定以什么样的方式去表现信息。如在报道世界杯的视频新闻中,可以设置精彩进球瞬间,现场点评节目,专家、明星访谈节目,论坛热评播报,视频精编专辑,Flash新闻等多种视频表现形式,并根据形式要求去寻找影像资料、安排采访等。

3.提出草案

这一环节是指明确对象和形式后,对如何完成任务所做的方案。主要包括报道对象、报道思路、交付作品、交付平台、信息来源、应用预算、环境限制、技术支持、工作分配、工作时间表等。

【案例 7-1】南非世界杯报道草案

报道对象:2010 年南非足球世界杯(6 月 11 日—7 月 12 日)。

报道思路:在世界杯期间推出"世界杯"专题并进行广告招商,将完全赛事、球星风采、精彩评论等作为主打内容,同时开辟互动专栏,让读者参与到赛事报道中来,如竞猜比分、有奖征文等。

采编团队将尽力扩大信息源,除新华社外,我们将广泛使用外媒稿件,多用互换稿件,同时,编辑要采集网络球迷的热辣球评、赛事活动、电视转播节目等信息,充实网页内容。

此次报道方针是,以世界强队和热点球星为主,关注重要赛事进程,突出服务性和娱乐性,并贴近财经视角、体现财经特色,页面设计力求多变、新锐,冲击力强。

内容 1:服务性报道。完全赛程和电视完全转播表是重点。

内容 2:怀旧回放类内容。包括世界杯指南、历史、经典、人物、故事、球队恩怨等。让网民清晰了解到世界杯的脉络和历史。

内容 3:关于南非。走近南非世界杯,观战指南、餐饮购物、旅行宝典和安保情况等。

内容 4:32 强大阅兵。各支军团的完全名单,夺冠热门选手、专家教练、名嘴访谈等。

交付形式:2010 年世界杯报道专题。

交付平台:网页。

现有信息来源:各合作媒体网站、新华社资料库等。

应用预算:略。

环境限制:不能亲历世界杯赛场,拟通过国外合作媒体弥补。

需要的技术支持:新闻评论支持、flash 制作支持、论坛维护支持、发布系统优化等。

工作分配:文字整理、图像处理、视频剪辑等。

预定完成目标的时间表:按比赛进程安排。

4. 作出样本并评估

此项主要用于一个新的网站或栏目刚刚开始时使用。所要做的工作首先是根据草案和已确定的形式,找一个具体的例子做出详细的样本,接着对样本进行评估。

评估的主要内容有:(1)是否满足受众的需要;(2)是否充分发挥了声音和图像的优势;(3)对预算的审核。

5. 采集资料

采集资料是一项非常具体的工作,它是在草案的指导下,参照样本进行工作,但不拘泥于样本。对于一个影音编辑而言,采集的对象包括声音、图像、文本、图片和动画。目前声音和图像的存在方式主要为:CD、VCD、家用录像带、专业磁带和硬盘。要根据相应的资料源和介质准备相应的读取、转录和存储设备。

6.汇整资料

就是将资料进行分类,放入到相应的数据库当中,这个步骤可以依靠机器完成,也可以手工完成。

7.进行编辑

根据形式,从资料库中读取资料组成完整的信息包。在前面的6个问题解决后,还需要考虑一些比较细的问题。例如,界面如何设计,视频文件大小,如何将长的视频进行拆分,如何充分利用资源,如何利用多媒体的交互性,如何建立超链接等等。

具体来说,需要注意以下内容。

(1)结构。影音编辑要重视数据的事件属性,考虑对象进入的过渡时间、呈现时间、离开时间等。

(2)考虑人们视觉接受能力。积极寻找新的角度呈现视频资料。

(3)充分运用各种符号。包括视觉符号系统、听觉符号系统、结构符号系统(特技、剪辑方式)等。

(4)交互性。通过调查、论坛、短信等多种方式给用户提供发表意见的机会和权利。

8.运行作品

对编辑完成的作品进行试运行,模拟网民的使用过程,从整体层面上、具体细节上考察,最重要的是对交互性等特殊功能进行测试,找出一切可能发生的页面错误。

9.调试与修改

对运行结果进行总结和评价,从编排结构是否合理、声音与图像是否一致等各个环节进行考察,对不妥之处进行修改。网站每一成员可以在调试期间上内部网感受影音传播的效果,从而及时提出反馈意见,把问题解决在正式发布之前。

10.投入使用

内部运行完成之后,声音和图像信息就可以正式放在网上了,以后需要做的工作就是定期更新维护了。

▶ 实训练习

1.请自选一则文字新闻为其配置音频信息或视频信息,并在音频和视频作品中加上版权信息。要求:长度在2—3分钟之间;文字解说条理清晰、声画搭配同步合理、图像画面清晰。

2.按照音视频信息编辑原则和流程,为"中国共产党建党90周年"专题撰写一份报道草案。

第八章

受众调查与论坛管理

本章重点

1. 网络互动管理概述
2. 受众调查
3. 论坛管理
4. 互动信息的处理

学习目标

1. 了解网民参与互动的各种方式
2. 掌握网民对邮件的不同处理方法
3. 掌握网民对 BBS 文章的不同利用方法
4. 掌握网站聊天信息整理的基本方法
5. 掌握网络问卷设计技巧,能根据调查要求设计问卷
6. 熟悉网络调查流程,能实施网络问卷或投票调查
7. 了解网上论坛类型
8. 能根据论坛管理原则,对网民、选题、帖子、论坛活动进行有效管理
9. 能根据要求撰写论坛活动策划方案

网络媒体区别于传统媒体的一个显著优势就是其强大的互动能力。网站可以主动发起受众调查以收集和分析网民的反馈,或设置论坛、留言板等吸引网民积极主动地参与并表达自己的意见和态度。这种双向的交流有利于网站及时了解受众的需求,并基于这种了解改善自己的服务,也给网民提供了有效表达他们要求的渠道。

第一节　受　众　调　查

受众调查是指依据科学的研究方法,从受众的全体或部分中按照一定规则抽取有一定代表

性的样本，并分析研究这些样本的媒介接触态度和行为，揭示其特征和规律。受众调查对网络媒体非常重要，不了解网站目标受众的特点和喜好，以及对网站的态度和需求，就无法给网民提供其需要的内容与服务，无法提升网民的满意度，无法使网站在竞争中脱颖而出。网站想要了解自己的受众可以有多种手段，其中，受众调查是最常用的一种手段，有利于培养受众的参与意识，因此受众调查应该是网站的日常工作之一。

一、受众调查的主要内容

目前，网络受众调查的主要内容有以下几个方向。

1. 受众对网站的态度、建议、要求的调查

这种调查可以在网站平时运营时进行，以了解网民的构成、特点、习惯、对网站的态度和需求等信息，并基于此改善网站的服务。

在网站有较大的调整时，更应该倾听受众的意见。比如网站计划改版、调整风格、增删一些栏目时，受众调查的意义和价值就更加突出。图 8-1 所示的是中国广播网于 2009 年 3 月 1 日改版后所进行的首页改版问卷调查。

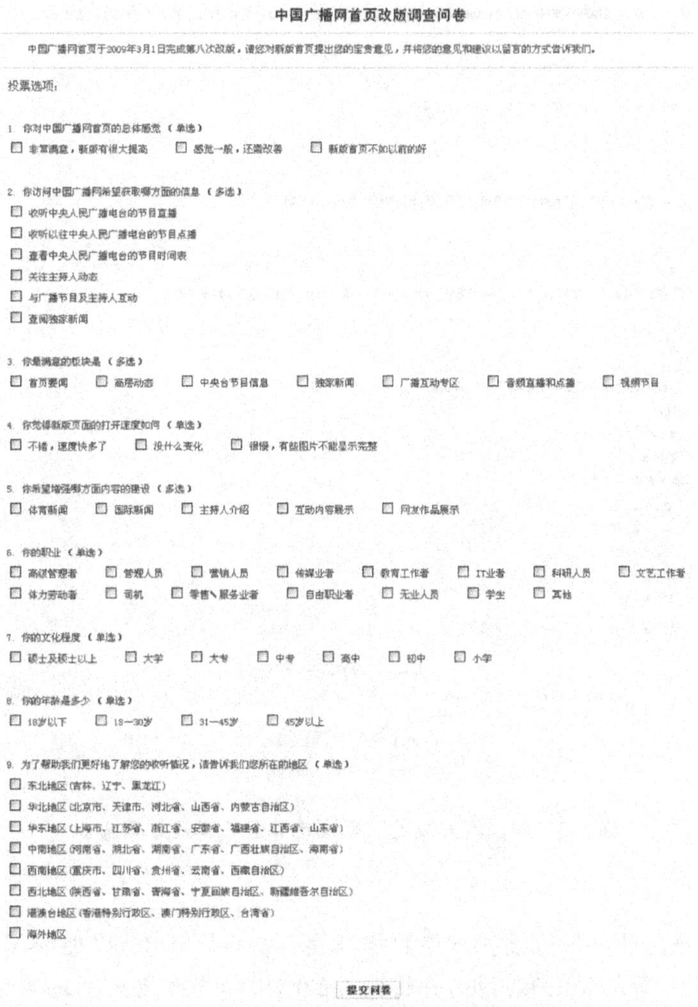
中国广播网首页改版调查问卷

中国广播网首页于2009年3月1日完成第八次改版，请您对新版首页提出您的宝贵意见，并将您的意见和建议以留言的方式告诉我们。

投票选项：

1. 你对中国广播网首页的总体感觉（单选）
□ 非常满意，新版有很大提高 □ 感觉一般，还需改善 □ 新版首页不如以前的好

2. 你访问中国广播网希望获取哪方面的信息（多选）
□ 收听中央人民广播电台的节目直播
□ 收听以往中央人民广播电台的节目点播
□ 查看中央人民广播电台的节目时间表
□ 关注主持人动态
□ 与广播节目及主持人互动
□ 查阅独家新闻

3. 你最满意的板块是（多选）
□ 首页要闻 □ 高层动态 □ 中央台节目信息 □ 独家新闻 □ 广播互动专区 □ 音频直播和点播 □ 视频节目

4. 你觉得新版页面的打开速度如何（单选）
□ 不错，速度快多了 □ 没什么变化 □ 很慢，有些图片不能显示完整

5. 你希望增强哪方面内容的建设（多选）
□ 体育新闻 □ 国际新闻 □ 主持人介绍 □ 互动内容展示 □ 网友作品展示

6. 你的职业（单选）
□ 高级管理者 □ 管理人员 □ 营销人员 □ 传媒业者 □ 教育工作者 □ IT业者 □ 科研人员 □ 文艺工作者
□ 体力劳动者 □ 司机 □ 零售＼服务业者 □ 自由职业者 □ 无业人员 □ 学生 □ 其他

7. 你的文化程度（单选）
□ 硕士及硕士以上 □ 大学 □ 大专 □ 中专 □ 高中 □ 初中 □ 小学

8. 你的年龄是多少（单选）
□ 18岁以下 □ 18—30岁 □ 31—45岁 □ 45岁以上

9. 为了帮助我们更好地了解您的收听情况，请告诉我们您所在的地区（单选）
□ 东北地区（吉林、辽宁、黑龙江）
□ 华北地区（北京市、天津市、河北省、山西省、内蒙古自治区）
□ 华东地区（上海市、江苏省、浙江省、安徽省、福建省、江西省、山东省）
□ 中南地区（河南省、湖北省、湖南省、广东省、广西壮族自治区、海南省）
□ 西南地区（重庆市、四川省、贵州省、云南省、西藏自治区）
□ 西北地区（陕西省、甘肃省、青海省、宁夏回族自治区、新疆维吾尔自治区）
□ 港澳台地区（香港特别行政区、澳门特别行政区、台湾省）
□ 海外地区

提交问卷

图 8-1 中国广播网首页改版调查问卷

2. 网络舆论的调查

当有重大新闻事件、重要的活动发生时，网络受众调查可以较快地收集和了解网民对这些事件、活动的态度和看法等。这种调查的结果可以为媒体了解网络舆论及其走向提供一定的参考。图 8-2 所示的是 2007 年 11 月新华网开展的“国家法定节假日调整方案调查”。

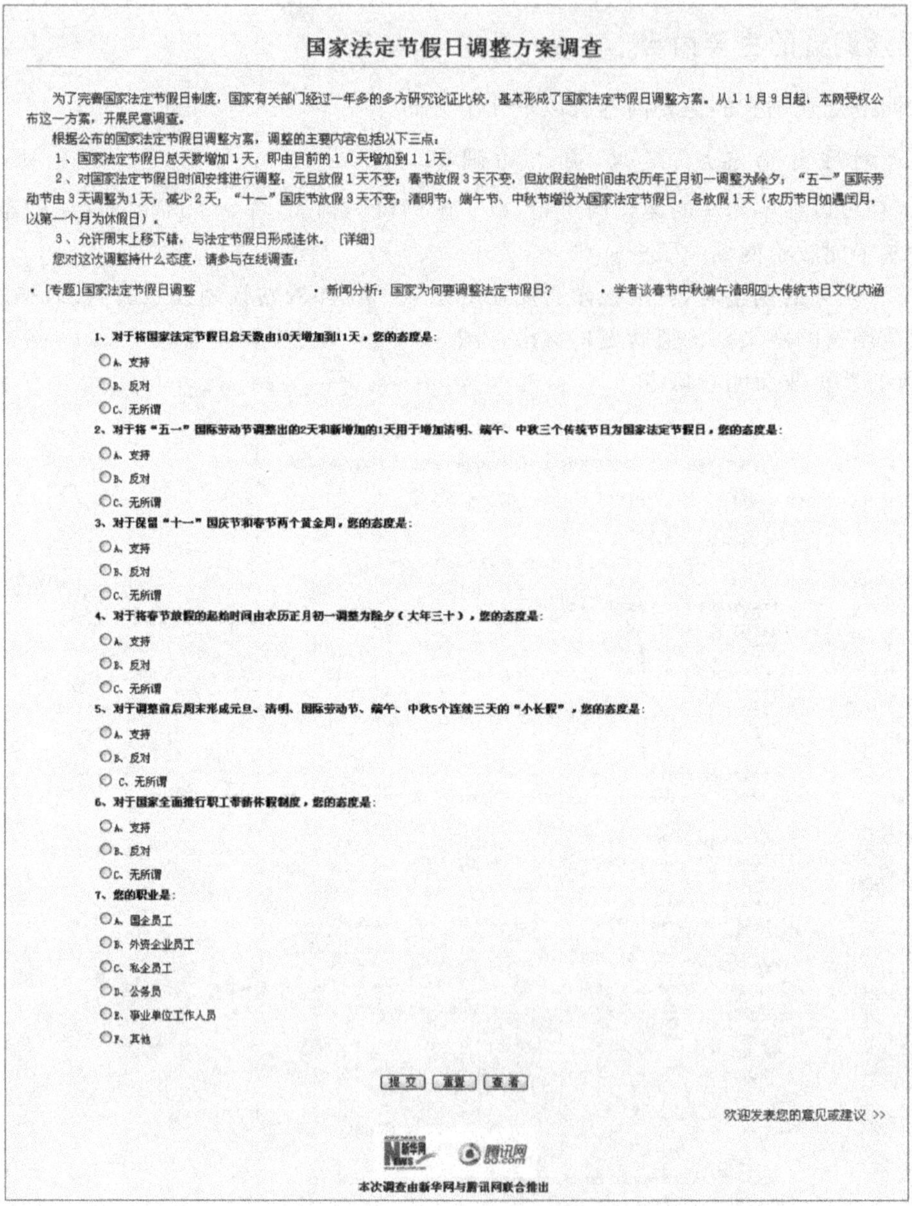
国家法定节假日调整方案调查

为了完善国家法定节假日制度，国家有关部门经过一年多的多方研究论证比较，基本形成了国家法定节假日调整方案。从11月9日起，本网受权公布这一方案，开展民意调查。

根据公布的国家法定节假日调整方案，调整的主要内容包括以下三点：

1、国家法定节假日总天数增加1天，即由目前的10天增加到11天。

2、对国家法定节假日时间安排进行调整：元旦放假1天不变；春节放假3天不变，但放假起始时间由农历年正月初一调整为除夕；“五一”国际劳动节由3天调整为1天，减少2天；“十一”国庆节放假3天不变；清明节、端午节、中秋节增设为国家法定节假日，各放假1天（农历节日如遇闰月，以第一个月为休假日）。

3、允许周末上移下错，与法定节假日形成连休。［详细］

您对这次调整持什么态度，请参与在线调查：

· [专题]国家法定节假日调整　· 新闻分析：国家为何要调整法定节假日？　· 学者谈春节中秋端午清明四大传统节日文化内涵

1、对于将国家法定节假日总天数由10天增加到11天，您的态度是：

A、支持
B、反对
C、无所谓

2、对于将“五一”国际劳动节调整出的2天和新增加的1天用于增加清明、端午、中秋三个传统节日为国家法定节假日，您的态度是：

A、支持
B、反对
C、无所谓

3、对于保留“十一”国庆节和春节两个黄金周，您的态度是：

A、支持
B、反对
C、无所谓

4、对于将春节放假的起始时间由农历正月初一调整为除夕（大年三十），您的态度是：

A、支持
B、反对
C、无所谓

5、对于调整前后周末形成元旦、清明、国际劳动节、端午、中秋5个连续三天的“小长假”，您的态度是：

A、支持
B、反对
C、无所谓

6、对于国家全面推行职工带薪休假制度，您的态度是：

A、支持
B、反对
C、无所谓

7、您的职业是：

A、国企员工
B、外资企业员工
C、私企员工
D、公务员
E、事业单位工作人员
F、其他

[提交] [重置] [查看]

欢迎发表您的意见或建议 >>

本次调查由新华网与腾讯网联合推出

图 8-2　新华网开展的国家法定节假日调整方案调查

3. 企业调查

企业也可以在自己的网站或委托网络媒体开展受众市场调查，以便能了解用户对产品的质量与外观、公司的服务等的看法和意见，并将调查的结果作为改善产品的某个方面、提高服务质量的参考。

企业也可以在推出某个新产品或服务前做受众调查,以提前了解用户的态度和看法,作为设计新产品或服务的参考。

企业还可以在新产品或服务推出后做受众调查,了解它们受欢迎的程度,检验新产品或服务是否成功,并将调查的结果作为日后改进的参考。

随着新技术和网络应用的不断发展,网络调查的内容和范围也在随之不断发展和扩大,比如有的网站也有关于休闲娱乐方面的调查。

在做网络调查时,调查界面的设计也应被关注,一个界面设计良好的问卷有助于吸引受众配合完成问卷。上面例子中的界面就较为简洁明快,给人以轻松愉快的感觉。

二、受众调查的类型

受众调查属于社会调查中的一个分支,因此网络受众调查可以借鉴社会调查中所用的各种方法。

根据被调查对象的范围,受众调查可以分为全面调查和非全面调查。全面调查是对被调查对象的全部总体做逐个的调查。这种调查所获得的资料全面、可靠,但所花费的人力、物力、财力、时间等都比较多。非全面调查是对被调查对象的总体中的一部分所做的调查,比如抽样调查、重点调查、个案调查等。

从调查过程中与被调查对象的接触方式来分,又可以分为直接调查和间接调查两种方式。直接调查是指调查者在调查时直接接触被调查对象,例如口头访问。间接调查是指通过某种中间媒介间接地调查被调查对象,例如问卷调查。在网络调查中,间接调查是主要的方式,常见的有问卷调查、电子邮件调查等,其中问卷调查是最常用的一种。

网络问卷调查一般放置在网页上,由被调查者自主决定是否接受调查,因而属于非全面调查。这种调查方式与传统的抽样调查不同。抽样调查是根据概率统计原理,从被调查对象的总体中,按一定规则抽取若干样本进行调查,并根据调查结果推断被调查对象总体的特征。抽样调查因其科学性与经济性被广泛采用。在网络问卷调查过程中,不能像抽样调查那样科学地抽样(因为是由受众自主决定是否参与调查),因而调查对象(即样本)不具备很好的代表性,所以其调查过程和结果的科学性都不如抽样调查。另外,问卷调查还受其他一些因素的干扰,比如问卷的放置位置等。因此网络问卷调查是有一定缺陷的,它对网民的态度、意见等的反映并不总是精确的,有时甚至是不准确的。为了提高网民参与调查的积极性,有些网站常常采用一些促进方式,比如有奖调查等。

虽然如此,但由于其费用低廉、调查周期短等,网络问卷调查不仅为网络媒体所广泛采用,很多个人的博客中也有采用(不过多数博客中的问卷较简单,很多采用投票式调查)。下面介绍网络问卷调查知识。

三、确定调查主题和项目

受众调查首先要确定的是调查的主题,并基于此确定调查的项目。主题会随着调查目的的不同而有所不同。常见的目的有了解受众的情况、了解受众对某个问题的态度和看法。

1.网站受众情况的调查

这类调查项目一般涉及下面几点。

(1)网站受众的构成状况,一般包括网民的大致规模、性别结构、年龄结构、收入结构、职业结构、学历结构、地域结构等。

(2)受众上网行为的特点,一般包括网民上网时间、上网地域、上网时长、上网频率、上网方式、上网费用等。

(3)网民对网站内容与服务的意见和要求。网民的意见和要求涉及的范围较广,常见的有对网站的满意度、喜欢哪些栏目、不喜欢哪些栏目、喜欢哪些功能、还希望增加哪些功能与服务等。

(4)网民对网站的外观等的意见。例如网民对网站界面的布局与风格是否满意、导航条是否好用、搜索功能是否满意等。

网站的某个频道或栏目也可以进行这样的调查,这时调查就更有针对性,即面向的是自己的目标受众。

2. 网络舆论调查

如果网站想了解网民对某个新闻、事件、热点、活动等的看法,则可以关注以下几个方面。

(1)重大新闻、事件。对于重大新闻或突发事件,其他媒体一般都会有高强度的、密集的报道,民众普遍也比较关心,这些新闻或事件常常是受众调查的好题材。调查不仅可以了解网民的态度和观点,还可以进一步将调查结果整理成相关的新闻报道。如《中国油价比美国高 50%七成网民不满油价现状》。

(2)社会热点问题。社会热点问题包含生活中涉及的方方面面,比如食品安全、房价、高考、环境保护、控制吸烟等,民众普遍也比较关心。这些热点问题可能会随着时间的不同而改变,并且不同的人群关心的问题也可能不一样,比如流浪动物问题有些人并不关心,但有些人就很关心。热点问题也是受众调查的好题材。通过对热点问题的调查,有助于集中揭示出分散的观点。

(3)网民关注的热点。网民与其他人群有共性,但也有一些特殊性。因此有时对社会上的一些热点问题,网民关注度不高,而一些非热点的问题,在网民中却有较高的关注度,例如上网费用问题。这与网民的构成与特点有很大关系。由于网络媒体的受众就是网民,因此网民关注的热点也不失为好的题材。

四、问卷设计

1. 问卷的结构

网络调查问卷一般包括前言、问题、结束语三个部分。

(1)前言。前言是对调查的介绍,一般应包括调查的目的、意义和主要内容,对问卷的说明等。为了引起网民的兴趣、争取他们参与调查并认真完成问卷,前言的措辞要诚恳、谦虚,文字要简练、明了。前言一般放在问卷最前面。

(2)问题。问题一般包含问题本身和问题的回答方式(也可以包括对回答方式的说明),是问卷的主要组成部分。问题的回答方式一般有两种,即封闭式和开放式。

①封闭式问题是指问题的答案都已事先设计好,并放置在问题的附近供被调查者选择,一般是单选题或多选题。其优点是节约回答问题的时间、规范答案,有利于提高问卷的回复率和有效率,也有利于调查者统计分析。其缺点是比较机械,不利于被调查者自由发挥。

②开放式问题。与封闭式问题相反,开放式问题没有事先设计好的供被调查者选择的答案,而是由被调查者自由回答。其优点是灵活,回答不受束缚。其缺点是不够标准化与规范化,也不利于问卷的回复与统计。

(3)结束语。结束语可以是简短的几句话,表达对被调查者的感谢,也可以稍长一些,征询被调查者对这次调查和问卷内容的看法,也可以没有结束语。

2. 问题的种类、设计原则与排列

(1)问题的种类。问卷中的问题,一般分为下面四类。

①背景性问题,主要是关于被调查者的基本情况的问题,例如被调查者的年龄、性别、职业、收入等。这些问题是分析问卷的重要依据。

②客观性问题,是指已经发生的与正在发生的各种事实和行为。

③主观性问题,是指与被调查者的态度、意愿、情感等相关的问题。

④检验性问题,是为验证回答的真实性、准确性而设计的问题,这是通过互相检验来验证的,一般安排在问卷的不同位置。

上述的四类问题中,背景性问题一般不可缺少,因为背景是对被调查者进行分类和比较研究的依据。

(2)问题的设计原则。为提高问题的回答质量和问卷的回复率,问题的设计应该遵循下面的原则。

①客观性原则。问题的设计要客观,要符合实际。另外,也要注意提问方式不要用有诱导性话语。

②必要性原则。问题的设计要服务于调查的主题、以主题为中心,不必要的问题不要出现在问卷中。

③可能性原则。涉及被调查者是否愿意回答问题、是否愿意如实地回答问题。对于某些问题,如果被调查者可能不情愿、不方便回答,或不愿意如实作答,则不应正面提出。

④适量性原则。问题的数量应当合适,不宜过少或过多。过少的话,很难较全面地覆盖计划调查的内容。而过多则可能会使被调查者产生厌烦情绪,影响问卷的回复率和回答质量。

⑤其他应注意的方面。此外,还应当注意每个问题要单一,一般不要将两个以上的问题包含在一个问题中;措辞要简明、易懂、没有歧义。

(3)问题的排列。为了方便被调查者回答问题和调查者整理、分析调查数据,问题的排列可以采用下面几种方式。

①按类别或性质排列。

②按复杂度或难易度排列。一般应当先易后难,先简单后复杂。一般可以将客观性问题放在前面,主观性问题放在后面。尤其是敏感性的、私密的、不好回答的问题,更应该放在靠后的位置。

③按时间顺序排列。

总之,问题的排列次序应当为完成调查服务,要循序渐进、有逻辑原则,有助于调动被调查者回答问题的兴趣。

3. 问卷的设计步骤

在确定调查的主题后,网络问卷的设计要把握好调查的目的,也要争取被调查者参与和配合,以保证问卷能准确有效地反映被调查者的实际情况。通常问卷要经过设计、测试和调整后才能最终应用。问卷的设计步骤一般如下。

(1)确定需要调查的项目。在设计问卷前,要确定需要通过问卷调查获得哪些信息,并列出需要调查的项目清单。

(2)设计问题。在确定了调查项目后,就可以设计具体的问题了。应根据调查项目的性质,确定问题的类型、提问方式等。在问题设计完后,应进行检查,以确定题目是必要的、对调查主题

有贡献的。

(3)确定措辞方式。问卷中措辞的恰当与否,会直接影响到调查结果。措辞要做到客观、准确、简明、易懂、没有歧义。

(4)确定问题的次序。设计好问题后,要确定问题的排列次序。

(5)问卷的测试与修改。当问卷设计好后,在实施前应选一些合适的被调查者进行测试,以检验问卷的实际效果。测试完后,要修改测试中发现的缺陷和不恰当之处。

(6)审核和定稿。经过测试和修改后,再经过审核和定稿,就可以实施调查了。

五、问卷的实例

下面是几个问卷的实例。

1. 完整问卷调查

【案例 8-1】宁波财税网需求调查表①

尊敬的纳税人:

为了更好地了解社会公众对宁波财税网的认知度、满意度,改善本网站各栏目和功能,加大网站建设和管理的不断推进,更好地服务纳税人,为此,我们于 2007 年 4 月 1 日—4 月 8 日开展此次调查活动,面向各位征询意见和建议,请您踊跃献言献策,您的宝贵意见将有助于宁波财税网的发展,提升宁波财税服务水平,谢谢!

宁波市财税局

2007 年 4 月 1 日

1.您的上网方式是什么?

(1)专线上网　　　(2)拨号上网　　　(3)宽带上网　　　(4)未接入

(5)其他(请注明)＿＿＿＿＿＿＿＿

2.您一般多长时间访问一次宁波财税网?

(1)每天　　　(2)每周 2—3 次　　(3)每周 1 次　　(4)每月 2—3 次

(5)每月 1 次　　(6)不定期　　　(7)很少访问　　(8)从未访问

3.每次访问宁波财税网,您一般会停留多长时间?

(1)10 分钟　　　(2)30 分钟　　　(3)1 小时以上　　(4)不清楚

4.您通过什么方式访问宁波财税网?

(1)直接输入网址

(2)通过其他网站链接

(3)通过搜索引擎查找

(4)通过收藏夹

(5)通过其他方式(请注明)＿＿＿＿＿＿＿

5.您访问宁波财税网的目的是什么?(多选)

(1)了解财政信息

(2)相关办事咨询/查询

---

① 《宁波财税网需求调查表》,http://www.nbcs.gov.cn/sec_report/s.htm.

（3）网上办事

（4）网上投诉举报

（5）其他（请注明）＿＿＿＿＿＿＿＿＿

6.您对宁波财税网的总体评价如何？

评价	非常满意	满意	一般	不满意	非常不满意
网站整体实用性					
网站界面美观性					
网站栏目合理性					
网站信息及时性					
其他（请注明）					

7.您希望在宁波财税网上了解哪些信息？（多选）

信息		迫切想了解	一般想了解	不太想
基本税收信息	财政税收政策			
	经济信息			
	财政税收知识			
	财政税务机构相关信息			
	财政税收统计报告			
	政府采购信息			
服务信息/查询	企业/个人纳税情况			
	个人所得税			
	办税流程、税收优惠、税率查询			
	有奖发票			
	会计从业资格管理			
	会计人员考试成绩			
	其他涉税信息（查询发票号码、税控机号码、发票打印信息的真伪等）			
除以上几类信息外，您认为还应增加一些什么内容？	＿＿＿＿＿＿			

8.您是否能在宁波财税网上轻松地找到您需要的信息？

（1）是　　　　　　　（2）否

9.您觉得，访问宁波财税网是否便捷？

（1）网站打开速度（很快　　　　　一般　　　　　较慢）

（2）信息查询速度（很快　　　　　一般　　　　　较慢）

（3）信息组织方式（清楚　　　　较清楚　　　　不清楚）

10.通过网站是否满足了您的信息需求？

(1)是　　　　　(2)否

11.您希望宁波财税提供什么样的深层信息服务？（多选）

(1)会计辅助　　　(2)政策解读　　　(3)短信服务

(4)其他(请注明) _____

12.您是否满意宁波财税网的互动交流渠道？

评价	非常满意	满意	一般	不满意	非常不满意
局长信箱					
网上咨询					
举报投诉					
热线电话					
网上调查					
其他(请注明)	_____				

13.您是否愿意再次访问宁波财税网？

(1)是　　　　　(2)否

14.您是否愿意向别人推荐宁波财税网？

(1)是　　　　　(2)否

15.您对宁波财税网是否有其他建议？

_____

_____

_____

_____

提交调查表

上面的例子是较为完整的网络问卷，问题的涉及面比较全，问题的种类也比较多，有利于较全面地了解目标受众情况。但由于内容较多，填表时间较长，因此如何能调动网民积极参与是个值得重视的问题。

2.投票式调查

投票式调查以其简单快捷的特点，较好地调动了网民的积极性。这种调查一般每次只涉及一个具体的主题，多为一个或数个选择题，可以为单选，也可以为多选。但这种调查反映问题常常不全面。下面是具体的例子。

【案例 8-2】你如何看待小学老师和学生抢校车座位？[①]

乘车时给老师让座原本是一种美德，可是，如果让座者是背着沉重书包的稚龄学童

---

① 《你如何看待小学老师和学生抢校车座位？》，http://survey.news.sina.com.cn/survey.php? id=46682&dpc=1。

呢？老师该不该坐下来？近日，海口25小海甸分校的不少学生家长向记者反映同一现象：小学生每月花100元乘坐校车，却总是没有座位可坐，因为校车上有很多搭顺风车的老师提前抢占了座位。"老师免费搭乘学生花钱租来的校车回家，怎么忍心看着那些个头小小、背着沉重书包的学生吃力地站在过道上呢？"

你如何看待小学老师和学生抢校车座位？

○老师抢座有损师道。学生是未成年人，老师应给学生让座。

○学生让座可培养美德。从尊敬师长的角度出发，学生应给老师让座。

○老师、学生应相互体谅按需让座。

> 提交　　　　　　　　查看

在上面的例子中，采用了单选题，共有三个备选答案。在设计投票式调查的问题时，备选答案要全面、客观，一般应当包含正面、中性、反面的选项，以免有些网民觉得备选答案中没有他想要选择的选项。

六、调查的实施

在实施网络调查问卷的过程中，应当注意下面几个问题。

1. 问卷的位置和方式

网络调查的对象是目标受众，参与调查的网民就是调查的样本。虽然这个样本的选择是被动的，但也可以通过选择投放位置和方式在一定程度上掌握主动权。可将调查问卷放置在针对这些受众的网站、频道、栏目中，或其他合适的页面中，要放在被调查对象经常访问的地方。如果放置位置不适当，那么所选择的样本的代表性就会有问题，并且经常访问那里的网民对调查的态度与积极性也可能成问题。这样调查出来的结果是不准确的，甚至可能是错误的。

有时也可以用电子邮件发放问卷，这样对样本的选择就更有主动性、针对性了。但采用这种发放方式的问卷回复率常常不高，回复时间也较长。

2. 调查结果的显示

将调查结果显示在网页上时，在时间上可以有两种选择，即调查结束后显示、调查进行时动态显示。其中调查进行时动态显示由于能在填表前或填表结束后立即查看当前的调查结果，对鼓励网民积极参加调查有一定作用。

动态显示调查结果在时间上也有两种选择，即不参加调查也可以查看、只有填完调查表并提交后才能查看。第一种显示方式可能会导致被调查者只看结果不参与调查，而后一种显示方式有助于吸引想查看调查结果的网民参与调查，也能避免被调查人免受调查结果影响，但容易导致某些想看调查结果的人随便填完了事，影响调查的质量。

3. 调查的频度

对网络媒体来说，受众调查确实很重要，但调查的频度也需要掌握好，不可过于频繁。否则可能会使网民产生厌烦和抵触情绪，从而影响调查的质量。

4. 注意保护网民的个人隐私权

有时问卷的问题可能会涉及网民的个人信息。在调查时，应当明确说明所收集的这些信息的目的和用途，并承诺不泄露这些信息。这样有助于打消网民的顾虑，使他们能更好地配合调查。

七、调查结果的应用

在获得调查数据后,要对数据进行处理,这一般是通过计算机软件完成的。得出结果后,还需要对结果进一步分析,分析其有效性、意义等。

在完成对调查结果的分析后,如果调查结果是有效、可用的,还可以进一步利用调查结果,比如将调查结果和分析进一步写成新闻报道,尤其是对社会热点的调查结果;也可以将调查结果写成报告,以供决策参考。

请看下面的例子。

【案例 8-3】 "中国网民戒烟状况调查"结果在北京发布[①]

中广网北京 5 月 27 日消息(记者刘天思)今天(27 日),在第 23 个"5·31 世界无烟日"来临之际,"中国网民戒烟状况调查"结果在北京发布。结果显示,戒断综合征和复吸是导致戒烟失败的两大元凶,而近五成受访者戒烟光靠毅力。

中华医学会呼吸病学分会主任委员刘又宁教授指出,包括心理、行为以及药物在内的科学戒烟方法有助于提高戒烟的成功率,"干戒"既不轻松,又不够科学。该调查由中国健康教育中心(以下简称健教中心)、卫生部新闻宣传中心与生命时报社共同主办,搜狐健康频道担任网络主办,辉瑞制药有限公司支持。

让戒烟变成时尚

本调查共有超过 15559 名网友参与。调查显示,60% 的网友认为,戒烟是对自己和他人负责的行为;28% 的网友认为,戒烟体现了社会文明;超过 10% 的受访者认为,戒烟是一种时尚的行为。

调查也揭示了人们明知吸烟有害健康,却不能实现戒断的原因。超过 54.5% 的人认为,戒烟造成的种种不适是他们失败的主因:其中超过 34.5% 的人认为,戒烟过程太痛苦,难以忍受;20% 的人抱怨,不抽烟影响工作和生活,导致易怒和呆滞。此外,41% 的受访者表示曾经尝试戒烟,后来被环境影响,又继续复吸。

在戒烟方式的选择上,调查显示,49% 的人仍然凭毅力戒烟,寻找专业人士指导的只有 36.5%。尽管 45% 的受访者认为吸烟需要充分的戒烟意愿和心理准备,但选择心理和行为治疗的均不超过 20%。尽管 20% 的受访者认为,科学戒烟离不开药物,然而在以往的戒烟行动中,真正求助于戒烟药物帮助的只有 5%。

对于此次调查的数据,卫生部新闻宣传中心主任毛群安指出,近年来随着大众健康教育的不断深入,老百姓逐渐意识到吸烟有害健康,而且将吸烟界定为害人害己的行为。"我们认识到,拒绝戒烟的公民不是负责的公民,控烟失败的社会不是文明的社会。"

毛群安强调,"欧美国家的吸烟率,特别是青少年吸烟率,这些年都在走下坡路,远离烟草已成为一种风尚。这次调查发现,超过 10% 的受访者认为,戒烟是一种时尚的行为,这是个好现象,但还不够,还应该鼓励更多的人加入控烟的潮流中,让戒烟真正变

---

① 《"中国网民戒烟状况调查"结果在北京发布》,http://www.cnr.cn/chinagdgg201005/t20100527_506493354.html。

成一种时尚"。

我国仍然是烟草大国,吸烟者仍然超过 3 亿,香烟消费量仍居全球第一。生活中真心相信烟草对健康无害的人寥寥无几,最后真正和香烟一刀两断的却并不多。究竟是什么困难让戒烟行动一次次无功而返? 其中,哪些困难又是戒烟失败的主因? 正是此次网络调查最想解决的问题。

烟瘾犯了最难受

对于如何戒烟最有效、最科学,刘又宁教授指出,许多网友认为戒烟过程太痛苦,难以忍受;不抽烟会影响工作和生活,导致易怒和呆滞等症状,这些表现都属于戒断综合征的范畴。烟草中的尼古丁就像是一个甜蜜的陷阱,初次接触会带来愉快的感觉,一旦成瘾却难以自拔,要想戒断就要过戒断综合征这一关,而后者则是烦躁、易怒、失眠、头痛、呆滞等一系列"戒断症状"的组合。

究其根本,烟草成瘾就是一种病,其本质是人体对尼古丁产生了依赖。与吸毒者依赖毒品、酗酒者依赖酒精相同,对尼古丁的依赖也是一种神经系统疾病。而且,少数人即使闯过了戒断综合征这一关,还要面临复吸的问题。

刘又宁指出,有些戒烟者虽然躯体症状消失了,"心瘾"却很难除根,一旦进入有烟的环境,难免走上回头路。"许多戒毒者也有类似的现象,原因在于,这两种疾病在本质上是一样的。"

科学戒烟更轻松

中日友好医院呼吸科主任医师俞红霞出席了发布会。她介绍,随着对烟草依赖疾病本质的认识,医学界近年来逐渐形成了两点共识。其一,戒烟需要医生的帮助。但此次调查显示,49％的人仍然凭毅力戒烟,寻找专业人士帮助的只有 36.5％。

俞红霞指出:"没有戒烟的意识,没有毅力,谁也戒不了烟。但既然尼古丁依赖是一种疾病,那光靠意志品质又是远远不够的。数据显示,通过干戒的方法戒烟,一年后仍然不吸烟的概率只有 3％。所以说,干戒不仅不轻松,而且不够科学。"

专家认为,综合治疗才是科学的戒烟方法。"现在医学强调通过心理治疗、行为治疗以及药物治疗等多种方法缓解戒断症状,既能让戒烟更轻松,又能提高戒烟的成功率。其中,如果有药物的帮助,戒烟的成功率可以接近 50％。按照疗程需要规律服用戒烟药物,还有助于预防复吸,缓解'心瘾'。"

在上面的例子中,通过对中国网民的戒烟状况调查,揭示了戒烟失败的两大主因,即戒断综合征和复吸。该调查也在一定程度上显示了网民对戒烟的态度和戒烟的方式,并且给出了专家对于烟瘾难戒的解释和科学戒烟的方法,对了解戒烟的现状和帮助烟民戒烟有一定参考价值。

这篇报道中引用了调查的主要统计数据,显得较为客观,并且对同一个调查结果,根据侧重点的不同,可以写成针对不同方面的新闻报道。

第二节　论坛管理

在互联网的应用中,有多种互动手段。从技术方面来区分,常见的有电子公告板(即 BBS)、博客、留言板、聊天室、电子邮件等。这些互动方式是网民和网站之间、网民和网民之间沟通与联系的重要途径,是网民参与网络传播的重要方式。对这些互动方式进行管理,可以更好地利用、发挥它们的功能,以服务于网民,并为网站的建设和发展服务。

在这些互动方式中,网络论坛因具有方便、快捷等特点,在国内非常普遍,本节主要介绍网络论坛的管理。

一、BBS 概述

1. BBS 历史简述

1978 年,在美国芝加哥开发出一套基于 8080 微处理器的 CBBS/Chicago(Computerized Bulletin Board System/Chicago),这就是最早的 BBS 系统。

但这套 BBS 系统和随后开发的一些 BBS 系统都没有网络通信功能,直到 1984 年在美国出现了 FIDO BBS 才改变了这种状况。FIDO BBS 有站际连线和自动互传信息的功能,从那时起,BBS 逐渐开始了网络化。但在这个时期,连接到 BBS 是通过拨号的方式进行的,如果想连接外地的 BBS,就要支付较贵的长途电话费。在 1992 年以后,Internet 逐渐普及,BBS 也开始接入到 Internet,访问 BBS 就可以不受地域的限制。任何人只要能够访问 Internet,就能够访问那些连接在 Internet 上的 BBS 站点。

从 1991 年起,国内也逐渐出现了 BBS 站点。首先出现的也是拨号 BBS,随后是在 1995 年出现了连接到 Internet 的 BBS。以后随着 CERNET(China Education Research Network,即中国教育和科研计算机网)的迅速发展,BBS 在校园中流行开来。最早的一批校园 BBS 有清华大学的水木清华站、北京邮电大学的鸿雁传情站等。后来随着网络技术的进步、个人电脑与互联网的普及,BBS 如雨后春笋般快速发展起来。

现在不但很多高校有自己的 BBS,很多网站也开设了与自己的业务相配的 BBS,这些 BBS 给网民提供了自由开放的交流平台。BBS 是一个网络上的虚拟空间,注册并登录后,网民可以在这个平台上发表和讨论话题、浏览和搜索信息、上传和下载文档等,可以在这个空间里以虚拟的方式生活、学习、甚至工作。可以看得出,BBS 是一个信息交流与传播的平台。

2. BBS 的特点

BBS 具有下面的一些特点。

(1) 交流知识。在 BBS 上可以浏览和查找别人发的帖子并参与讨论、分享网友提供的信息、向网友求助等。BBS 上一般有很多讨论区,涉及生活、学习、工作的方方面面。有的讨论区甚至有一定的专业性,比如水木清华的 BBS 有"C++程序设计语言"、"Linux 系统与应用"、"经济论坛"等讨论区。用户中有初学者,也不乏技术高手。

(2) 匿名访问。BBS 上的用户有自己的账号和昵称,一般是匿名访问的(这里的匿名是指不透露自己的真实姓名,与匿名登录不同)。这样,除非刻意透露,网民互相不知道对方的真实身份,不知道对方的年龄、性别、地位等,可以抛开面对面交流时的顾虑,平等、自由地交流。

(3) 响应快速。在 BBS 上的各个讨论区中,一般都有很多网友同时在线,所开启的讨论话题一般都能得到比较快的响应。但这个速度与及时通讯软件还是无法比拟的。

(4) 使用方便。在 Internet 的早期,由于网速限制,BBS 一般是字符型的,并且是基于 Telnet 协议,需要使用特定的终端程序访问。随着 Internet 的普及与宽带上网的逐渐推广,现在越来越多的 BBS 采用 Web 方式访问,这样就可以做出像网页那样美观、方便的 BBS 界面。

3. BBS 的类别

BBS 有多种分类方式,常见的分类方式如下。

（1）按涉及的内容分类。

①综合性BBS。内容广泛，例如天涯社区、新浪论坛等。

②专业性BBS。以专业性的内容为主，访问BBS的人很多都是相关领域的专业人员或者是对这方面内容感兴趣的网民。例如花卉·中国论坛、中国Linux论坛等。这类BBS有些涉及的专业面较宽，而有些则很窄。

③商务性BBS，主要是指电子商务类的论坛。很多电子商务网站都设有相应的论坛，例如阿里巴巴、淘宝等。

④政务性BBS，是政府因工作需要而开设的论坛。有的政府网站为了便民服务、发布信息，或便于民众参政议政等，也开设有论坛，例如"中国杭州"政府门户网站的政务论坛。

（2）按对论坛成员的维系点分类。

①以兴趣爱好或思想观念维系的论坛。这类论坛以兴趣爱好、思想观念等的交流为主，很多新闻类网站的论坛都属于此类，例如人民网的强国论坛。

②以网民所属的单位维系的论坛。这类论坛的访问用户以本单位的人员为主，常见的是高校的BBS，例如清华大学的水木社区、南开大学的我爱南开BBS站等。其中有些论坛由于访问的人数较多、影响较大，也吸引了很多外单位的网民。

③以网民所属的地域维系的论坛。这类论坛的访问者以在当地生活的人为主，例如杭州的19楼论坛。

④以产品维系的论坛。这类论坛的访问者常常是对某个产品或某个品牌感兴趣的人，例如汽车论坛、苹果在线的苹果论坛等。

⑤以关系维系的论坛。这类论坛是以现实生活中已存在关系为纽带的，例如校友录。

⑥以人物维系的论坛。这类论坛一般是为某个著名人物的"粉丝"（英文Fans的音译）服务的，例如某个著名球星的"粉丝"们的论坛。

4. BBS的主要作用

（1）BBS是网民在网上发表自己意见的重要途径。网民在BBS上能够表达自己的意见，而且这些意见还能够传播，被别人关注，甚至可能引起巨大反响。

（2）BBS是汇集网民意见的重要途径。网民们在BBS上发表的关于当前新闻事件、热点等的看法，可能在较短的时间就能汇集起来，成为一种大众意见，有时甚至能影响舆论。

（3）BBS也是网民学习知识、获取信息的一个渠道。这与BBS的特点中的交流知识是一致的。

（4）BBS还是网民在网上交流的场所。网民不仅可以在BBS上获取信息，还可以与其他网民交流，结识网友，甚至在某个BBS上形成一个相对稳定的交流圈、网友圈。这对该BBS吸引和会聚人气，从而提高其在网络上的知名度也是有益的。在网络上形成的朋友圈，也可能走出虚拟的网络，形成现实生活中的朋友圈。

（5）另外，BBS还有助于商品营销。BBS是信息交流的场所，网友观点、活动等会受到其他网友和论坛氛围的影响，这也就提供了一条培养用户、促进产品营销的途径。

二、论坛管理的意义、原则和内容

对网络论坛版务良好、有效的管理，能够给网民营造一个良好的交流环境。下面介绍论坛的版务管理意义、原则和内容。

1. 论坛管理的意义

（1）维护论坛秩序，保证论坛平稳有序地运行。这涉及三个方面的内容：①技术管理，即论坛平台的软、硬件的日常维护。②网民行为的管理，可以规范网民的行为，维护论坛的交流秩序。③论坛帖文的管理，这主要包括对帖文范围的管理、对帖文内容的管理等，以及对违反国家相关法律和法规、违反版规的帖文的处理措施等。

（2）引导和促进交流符合法律、道德规范。由于 BBS 的匿名性，网民中可能会有一些人的行为和言论不符合法律、道德规范，因此需要对论坛进行管理，使交流能够合法、有序地进行。

信息产业部在 2000 年 11 月 6 日发布了《互联网电子公告服务管理规定》，对论坛帖文的内容作出了限制：

> 第九条　任何人不得在电子公告服务系统中发布含有下列内容之一的信息：
> （一）反对宪法所确定的基本原则的；
> （二）危害国家安全，泄露国家秘密，颠覆国家政权，破坏国家统一的；
> （三）损害国家荣誉和利益的；
> （四）煽动民族仇恨、民族歧视，破坏民族团结的；
> （五）破坏国家宗教政策，宣扬邪教和封建迷信的；
> （六）散布谣言，扰乱社会秩序，破坏社会稳定的；
> （七）散布淫秽、色情、赌博、暴力、凶杀、恐怖或者教唆犯罪的；
> （八）侮辱或者诽谤他人，侵害他人合法权益的；
> （九）含有法律、行政法规禁止的其他内容的。

此规定还说明了论坛服务管理中应遵守的规定：

> 第十三条　电子公告服务提供者发现其电子公告服务系统中出现明显属于本办法第九条所列的信息内容之一的，应当立即删除，保存有关记录，并向国家有关机关报告。
> 第十四条　电子公告服务提供者应当记录在电子公告服务系统中发布的信息内容及其发布时间、互联网地址或者域名。记录备份应当保存 60 日，并在国家有关机关依法查询时，予以提供。

（3）提高帖文质量、体现论坛风格。通过有效的服务管理，提高帖文的质量，形成论坛自己的风格，能够吸引网民、培养网民的忠诚度，为论坛的建设服务。

（4）管理论坛的资源。论坛上的用户和帖文等信息数据是论坛的资源，对这些资源妥善地管理是很有意义的，比如可以将有质量、有水平的帖文整理出书。

2. 论坛管理的原则

BBS 论坛的管理，应兼顾论坛健康有序地发展和充分调动网民的积极性，这应当遵循一些基本的原则，如下所述。

（1）制度化与人性化相结合。论坛的管理应当以论坛的相关规章制度为依据，但在具体执行时，又要根据具体情况实行人性化管理。网络论坛是个虚拟空间，但是网络那边的网民是现实中的大活人，所以管理员应当热情、真诚地为网友服务。这样有利于交流的有序进行、有利于得到网民的支持,从而凝聚论坛的人气。

(2)宽严适度,灵活把握。如果管理过松,不利用维护论坛良好的秩序;如果过严,则可能抑制网民的积极性,影响论坛的人气。管理的过松和过紧都不利于论坛的发展,因此论坛的管理应当宽严适度,对于不重要的、细枝末节的问题可以宽松一些,而对于原则性问题,则应当严格一些。另外,在不同的时期,宽和严的要求也不一样,这些都需要在实践中灵活把握。

(3)要树立为论坛成员服务的观念。在网络论坛中,论坛成员不只是被管理的对象,他们更是论坛的主体,是服务的对象。论坛成员积极和热情地参与互动交流、为论坛的发展出力才是论坛发展的根本。所以,在论坛的管理中,一定要树立为成员服务、服务好的观念,这样才能真正调动他们的积极性,为论坛的发展献计献策。

版主要及时解答、回复论坛成员的问题,包括论坛使用方面的和话题讨论过程中的问题。

论坛的管理者与被管理者有着矛盾的一面,但管理的目的是为了给网友提供一个和谐稳定的交流平台,是为网友服务,因此在这一点上,管理者与被管理者又是统一的。所以,如果双方有了矛盾,就要通过真诚地交流与协调来解决纠纷,做到相互理解、相互支持。

3. 论坛管理的内容

论坛的管理,主要包括对论坛成员的管理和对论坛内容的管理。

(1)对论坛成员的管理。

①身份管理。

对于身份管理,可以有三种方式,即限制式、非限制式、半限制式。

限制式是指如果网民想在论坛发言或参加讨论,必须事先注册一个 ID。没有 ID 的网民只能浏览和阅读内容,也就是在某些功能上受到限制。

非限制式是指无须事先注册就可以阅读内容和发言,网民可以临时为自己取一个代号或"昵称",或直接匿名发言。

半限制式是指没有注册的网民可以阅读内容,也可以随意发言,但所有没注册的网民的身份标志都是一样的,比如都是"游客"。

非限制式论坛虽然给网民提供了更大的自由和方便,却不利于论坛用户的有效管理。用户的身份是临时的,并且更换方便,容易造成交流的混乱。

在限制式论坛里,ID 和相关的一些内容(例如昵称、个人说明档等)是展现网民风采的一种途径,是网民在论坛中的一种资源。对于经常在论坛上发言的论坛"明星",网友也是通过其 ID 来识别他的。很多网民对于自己的 ID 和网络形象是珍惜的,因而一般会对自己的言行加以约束,不会故意制造混乱。所以限制式管理有助于维护论坛秩序,也比较容易形成一个相对稳定的交流圈子。

对于半限制式论坛,非注册用户是以"游客"身份发言的。对于众"游客"的发言,无法将这些发言与"游客"们一一对应起来,容易造成交流的混乱。

由于网络论坛中的帖文可以被很多人阅读,并且可以在论坛中存在较长时间,故而影响面较广,影响时间较长。一般应该要求网民在发言前先注册。

②用户权限的管理。

网民在论坛注册后,就可以发言和交流了。对于不遵守论坛规章或版规的用户,应根据论坛管理规章对其作相应的处罚,如取消其在论坛的发文权利。

(2)对论坛内容的管理。

①内容的审查和处理。

论坛管理员或版主应当依照国家相关法律、法规和论坛的规章审查网民发布的内容。这关系到内容的质量和论坛的形象。

内容的审查可以发帖前审查，也可以发帖后审查。重要的论坛常常采用发帖前审查。有些论坛也采用发帖后审查，如果发现了不适当的内容，再采取相应的措施，如删除帖子、取消该用户发言的权利等。有时也可以配合使用这两种审查方式。

②内容发表、修改的方式。

多数论坛允许发帖者对自己已发帖子进行修改，但有些不允许。多数论坛允许对其他人的帖子自由回复，但也有一些不设有这个功能。不能自由回复帖子的论坛，其管理较为简单，但不利于鼓励网民参与的积极性、不利于交流的有效展开。

③内容的排列方式。

BBS 的内容一般可以采用下面几种排列方式：按帖子的发表时间排列、按帖子的主题或内容分类排列、按帖子的点击率或关注度排列。

按帖子的发表时间排列是一种常用的方式，一般由 BBS 系统自动完成。

在很多论坛中，按照帖子的主题或内容细分了很多版面（或称为"讨论区"），这就是按帖子的主题或内容分类排列。在每个版面中，一般也是按帖子的发帖顺序排列的。每个帖子的回复（也称为"跟帖"）也是属于与这个帖子相同的版面。有的论坛的每个版面中，提供了普通模式阅读和"同主题"阅读。普通模式是指版面中对原帖与跟帖一视同仁，都按发帖时间顺序排列，而"同主题"阅读是版面中只按时间顺序显示原帖，当打开某个原帖时，则先显示原帖，再按回帖的时间顺序显示所有的跟帖。"同主题"模式为网友探讨某个话题提供了方便。

按帖子的点击率或关注度排列可以突出热帖。一些论坛将热帖放在显著位置，而其他帖子则按时间顺序排列。

④关于内容的其他方面。

很多论坛为了方便用户，设置了搜索功能。有些论坛设置了比较复杂的搜索功能，例如清华大学水木社区的搜索功能，如图 8-3 所示。

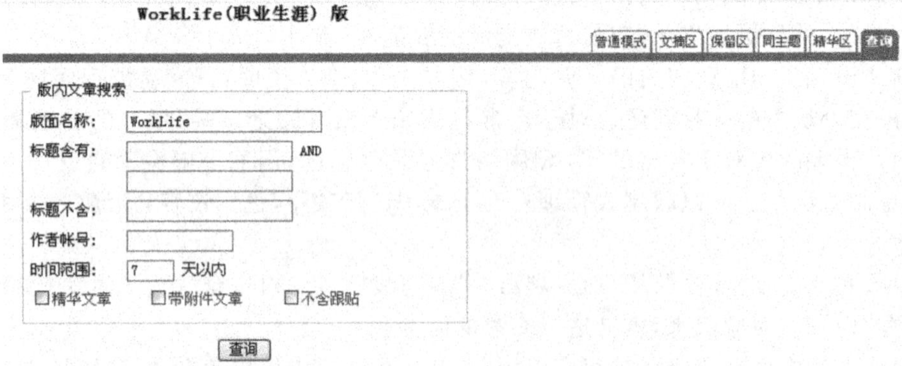

图 8-3　清华大学水木社区的搜索页面

在这个论坛中，还设置了"文摘区"、"保留区"、"精华区"，以方便网友查阅。

三、论坛的管理规则

网络论坛的管理规则对论坛发展非常重要，管理规则应当有较强的可操作性，在制度化的同时也要体现人性化,并且宽严适度。下面以 19 楼论坛为例。

【案例 8-4】19 楼论坛服务条款和隐私保护政策[①]

19 楼空间提醒您:在使用本社区各项服务前,请务必仔细阅读并理解本协议。

一、总则

1.1 同意遵守本协议及所有社区规则后方可成为 19 楼空间用户。一旦注册成功,您与本社区之间自动形成协议关系,须受本协议及所有社区规则的约束。

1.2 本协议根据 19 楼空间运营情况随时更新,19 楼空间不承担通知义务,请您在使用时密切关注。

二、账户

2.1 您注册的账号如果出现以下情况,19 楼空间将有权禁止您在本社区的一切活动。

——以党和国家领导人的真实姓名或音近名称注册;

——以国家机构或其他机构的名称注册;

——以 19 楼空间、19 楼空间产品、19 楼空间社区、19 楼空间版块等相关或相近名称注册;

——以本人或他人的手机号码、QQ 号码、群号码等含有联系方式的信息注册;

——以含有恶意人身攻击或淫秽字眼的名称注册;

——以"版主"、"超级版主"、"管理员"等名称注册;

——以机器手段批量注册。

2.2 您有义务保证个人账号和密码的安全,因保管不当引起的任何损失或损害,19 楼空间不承担任何责任。

三、使用

3.1 欢迎您随时进入 19 楼空间参与交流和讨论,但如果您在本社区发布、转载、传送含有任何下列内容的信息,19 楼空间将有权自行处理:

(1)煽动抗拒、破坏宪法和法律、行政法规实施的;

(2)煽动颠覆国家政权,推翻社会主义制度的;

(3)煽动分裂国家、破坏国家统一的;

(4)煽动民族仇恨、民族歧视,破坏民族团结的;

(5)捏造或者歪曲事实,散布谣言,扰乱社会秩序的;

(6)宣扬封建迷信、淫秽、色情、赌博、暴力、凶杀、恐怖、教唆犯罪的;

(7)公然侮辱他人或者捏造事实诽谤他人的,或者进行其他恶意攻击的;

(8)损害国家机关信誉的;

(9)其他违反宪法和法律、行政法规的;

(10)在未经过 19 楼空间授权的情况下进行商业广告行为的;

(11)含有法律、行政法规禁止的其他内容的。

---

① 《19 楼论坛服务条款和隐私保护政策》,http://passport.19lou.com/register/index#。

四、隐私

4.1 为了向您提供更好的用户服务,请您在注册时及时、详尽、准确地提供个人资料,并不断更新补充。如果因注册信息不真实出现任何问题,由您自行承担相应的后果。

4.2 19楼空间非常重视对您个人隐私的保护,承诺不对外公开或向第三方提供用户的注册信息和在本社区的相关使用情况。但以下几种特殊情况除外:

(1)得到了您的授权许可;

(2)只有透露您的个人资料,才能提供您所要求的产品和服务;

(3)根据有关的法律法规要求;

(4)按照相关政府主管部门的要求;

(5)为维护19楼空间的合法权益;

(6)为维护公共安全。

五、版权

5.1 19楼空间所有文字、图片、音频、视频等版权均归本社区享有或本社区与作者共同享有,未经本社区许可,不得任意转载。

5.2 19楼空间Logo标志、吉祥物、所有社区产品设计及编排方式等版权均属本社区享有,未经本社区许可,不得任意复制转载。

5.3 您在19楼空间发布的任何原创内容,请自行在发布内容中标注"原创"或"未经同意不得转载"等说明,如您在19楼空间发布的任何原创内容,出现被他人私自转载等情况,19楼空间不承担责任。

5.4 您须承诺在19楼空间发表的所有信息均享有合法版权或已经得到版权拥有人的授权,不得侵害他人合法权利。一旦权利人提出异议并提供书面通知和有效的证明资料后,19楼空间有权立即删除该信息。如因违反本条规定造成实质侵权的,将由用户个人承担相关法律责任和赔偿费用。

5.5 本社区所有内容仅代表作者自己的立场和观点,并不代表19楼空间立场。

5.6 恶意转载本社区内容的,19楼空间将保留对其提出法律诉讼的权利。

六、免责

除上述内容所涉及条款外,出现以下情况时19楼空间将不承担任何责任:

6.1 因不可抗力或19楼不能控制的原因(含系统升级和维护)而造成的网络服务中断、数据丢失或其他缺陷。但19楼承诺将竭尽所能减少因此而给您带来的损失和影响。

6.2 您在19楼空间发布对商家、单位及其他个人等的投诉信息,并由此产生争议和纠纷的。

6.3 您在19楼空间发布个人或他人真实信息,并由此产生纠纷和伤害的。

6.4 您使用出现在19楼空间的外部链接、QQ群号、QQ、IM等信息,参加其他用户个人组织的活动或与其他用户进行个人交易,并由此发生纠纷和其他伤害的。

6.5 您在19楼空间发布的除前述范围以外的其他信息,并由此产生纠纷和伤害的。

七、附则

7.1 本协议的订立、执行和解释及争议的解决均应适用中华人民共和国法律。

7.2 19楼空间 www.19lou.com 的所有权和运营权归杭州十九楼网络传媒有限公司所有。

7.3 本协议解释权及修订权归杭州十九楼网络传媒有限公司所有。

在上面的例子中,包括了对帖文内容的要求,对账号的要求,对隐私、版权和免责的说明等。其他论坛的管理规则大体上也是这些内容。

除了制定上述一般性的管理规则外,论坛也可以采取一些措施来调动成员的积极性,提高论坛的活跃度,促进论坛的发展。

例如很多论坛采用积分制,鼓励那些积极发帖和参与交流的成员。成员发帖、回帖等可以获得积分,并且帖子的点击数和回帖率越高则奖励的积分越多。

有的论坛还采用了一些人性化措施,例如在节庆日、用户生日等重要日子给成员发送电子贺卡和表示祝福的电子邮件。

有的论坛还有一些独特的创意,例如设立"免死金牌",对于对论坛有长期贡献或突出贡献的成员、对于参与论坛的活动得到表彰的成员,授予"免死金牌"。"免死金牌"的用途是在成员犯错误时,可以用来使自己免于受到处罚。

四、论坛的常规管理

网络论坛的常规管理包括对论坛成员、帖文等的管理。下面先介绍论坛的管理者和论坛的成员。

1. 论坛的管理者

版主或主持人是论坛的主要管理者。版主的作用主要体现在管理版面、协调和组织网民、使互动交流有序地进行。版主还能加强论坛或某个讨论区的用户对论坛、对讨论区的认同感。版主一般可以由热心的网民或论坛的工作人员担任。

目前,国内的版主主要有两类。有的论坛版主除了必要的交流活动外,一般不参与论坛中网民的发言和讨论,他们主要起到管理和协调的作用。而有的论坛版主,除了起到上述的作用外,还参与网友的发言和讨论,有时他们就是原帖的主要作者。论坛中的版主是哪一类,取决于各个论坛的目标和要求。

由此可见,版主是论坛中的重要人物。版主素质的高低,对论坛的经营和发展有很大影响。因此,版主应具备如下的素质。

(1)良好的思想政治水平。这样才能依据国家有关法律法规做好对论坛内容的审核。

(2)论坛或讨论区所涉及的领域内的相关知识。论坛或论坛中的讨论区一般都涉及某个领域,版主应具备这方面的知识,以便更好地管理论坛内容,提高论坛内容的质量和论坛的水平。

(3)组织和策划讨论的能力。策划讨论的主题并组织网民参与讨论,可以减少网民无目的地闲聊,从而有效地会聚网民的注意力,提高他们的积极性,使论坛更加活跃和兴旺。

(4)良好的协调能力。论坛虽然是虚拟空间,但像现实中的群体一样,论坛成员之间也有矛盾与纠纷。版主应当协调和化解这些矛盾、纠纷和争论,为论坛成员排忧解难,创造一个温馨和睦的交流环境。这有助于提高他们的归属感,提高论坛的吸引力。

(5)一定的语言文字功底。论坛中的内容主要是帖文,版主需要一定的语言文字功底。对于那些对语言文字水平要求较高的论坛(如文学类论坛)或版主可以参与发言讨论的论坛,对版主的语言文字功底的要求就更高了。版主通过不断推荐或自己撰写有水平、有见地、语言生动优美的帖文,可以增强自己在论坛成员中的号召力和论坛的吸引力,从而为论坛的内容建设服务。

2. 论坛的成员

网络论坛或论坛中某个版面中的成员有一定的共性,比如有相近的兴趣点、关注点,但也有差异,比如他们的性格、加入论坛的动机等。一些学者将论坛成员分为下面的几类[①]。

(1)追求成就者(Achievers)。这类成员的主要目的是追求成就感,例如积累作品、获得名声、获取积分等。

(2)探索者(Explorers)。这类成员喜欢探索环境,以获知各种秘闻秘技等为乐。

(3)社交活动者(Socializers)。他们的主要目的是社交、结识朋友。

(4)恶作剧者(Killers)。这类人以捣蛋、制造混乱为乐,但在论坛中,他们一般是极少数人。

在一个论坛或版面中,可能上述各类成员都有,也可能是以某类成员为主。了解论坛成员的目的和特点,有助于更好地引导、协调论坛成员,建立一个稳定、活跃的网络社区。

3. 对论坛成员的管理

对网络论坛成员的管理主要是对成员 ID 的管理和组织成员参加活动。

(1)对论坛成员 ID 的管理。目的是希望成员遵守论坛的规章制度,创造一个和谐的交流环境。不同的论坛根据自己的情况可以采用不同的管理措施,常见的是取消和恢复成员 ID 的发帖权利,严重的可以封杀其 ID。

例如有的论坛视成员对论坛规章的违反程度来管理用户的 ID:①通报警告:对成员通报警告;②积分处罚:对成员的积分、经验值等进行扣除;③取消发文权限:取消成员的发帖权利,一般是一到两周,到期后自动解除;④删除成员的 ID:删除该成员在论坛所注册的 ID 和随 ID 分配的论坛资源,并记录其 IP 地址;⑤封闭成员的 IP:论坛屏蔽成员所在的 IP 对论坛的访问。

当然不只是有惩罚,对于表现好的成员,也有奖励,例如奖励积分。

(2)组织论坛成员参加活动。版主不仅要在网络上对论坛成员进行管理,还可以组织各种网下的聚会活动,交流感兴趣的话题、做有意义的事情,增进论坛成员之间的友谊和感情。这种网下的交流活动对网上论坛的发展也是很有益的。可以将网下活动中的有意义的事和趣事做成图文并茂的专题,放在论坛醒目的位置。这样能在很大程度上增强论坛的吸引力和论坛成员之间的凝聚力。

4. 对帖子的管理

对网络论坛内容的管理主要就是对帖子的管理。对帖子的管理应有一定的原则,参见上文"论坛管理的原则"中所述。常见的管理措施有:

(1)扣发帖子。对于发帖前审查的论坛,当版主认为帖子含有不适当内容或帖子不适合在本版发表时,可以采取扣发帖子。扣发帖子的根据是国家相关的法律、法规和论坛制定的规章制度。

(2)删除帖子。对于发帖后审查的论坛,当版主认为帖子含有不恰当内容或帖子不适合在本版发表时,可以直接将帖子删除。如果帖子内容涉及违反论坛管理制度,则可以视情节轻重采取其他处罚措施,如上文所述的对成员 ID 的处罚。

(3)限制回复。当版主认为某个帖子不是很合适,但也没什么危害时,可以采取限制回复的措施锁住这个帖子,阻止对这个帖子的讨论继续进行。

---

① 彭兰:《网络新闻学原理与应用》,新华出版社 2003 年版,第 429 页。

（4）修改帖子。如果版主认为帖子适合在论坛上发表，但有些地方需要修改（如标题或正文的某些格式），版主有权力对帖子进行修改，然后再在论坛上发布。

（5）给帖子分类、分级。有些论坛或版面根据帖子的质量和长度等设有不同的类别，版主可以据此给帖子分类、分级，区别对待。

（6）重点扶持帖子。为了支持论坛成员发表高水平、高质量的帖子，很多论坛采取了一定的鼓励措施，例如设立精华区、将帖子置底或置顶，或按照一定规则设立排行榜，例如按照帖子的点击率、回复率等。

（7）推荐帖子。如果论坛成员发表了高质量的帖子，但是其内容不适合在本版发表，那么版主有义务将该帖子推荐给适合的版面，以促进论坛整体的繁荣。这也是对该成员的鼓励措施之一。

除了上述措施外，也可以采取一些技术措施，例如关键词过滤。论坛事先建立一个有害信息的关键词表，在成员发帖时先由系统自动审查并拦截有害信息。这样就减轻了版主的负担，也便于发帖前审查的论坛能够更有效地管理帖子。

5. 对话题的管理

有些论坛的版主不仅管理版面的日常事务，还参与或策划、组织、引导网友发帖讨论。策划或推荐话题时，应注意下面几个方面。

（1）话题的争论性。所设置的话题要有可争论的余地，这样持各种意见的网友才能各抒己见、展开辩论，形成热烈的交流和讨论氛围。

这种有争论性的话题有很多，例如网民对取消五一长假的看法、对火车票实名制的看法等。

（2）话题的现实性。一般来说，人们比较关心当前的热点或与自身紧密相关的话题，这有助于调动大家参与的积极性，激发大家参与辩论的欲望。人们关心的热点很多是工作、生活方面的，涉及诸如儿童教育、升学、高考、就业、恋爱、婚姻、家庭生活、职业规划等方方面面。这些话题较容易引起相关人群的共鸣。人们关心的热点也包括当前重大的新闻、活动等，例如"两会"、奥运会、世博会、亚运会、世界杯等。

（3）话题的具体性。所设置的话题应当具体一些，不应当过于抽象或含糊不清，否则不利用网民理解，不利于调动他们参与的积极性。

（4）话题的新鲜性。新鲜、新奇的话题往往能引发网民的好奇心，促使他们参与讨论。

（5）话题的通俗性。话题应有一定的通俗性，不应太深奥难懂，否则难免会曲高和寡。当然一些专业性的论坛可以不受这个限制。

第三节　互动信息管理

互动信息能丰富网站的内容，有效利用互动信息，可以加深与网民的沟通和联系。

一、网民邮件信息处理

根据网民发送邮件目的的不同，对网民邮件进行区别处理，通常网民邮件涉及的内容包括：

1. 提供新闻线索

对此类邮件，编辑首先应对信息的新闻性进行判断，确定有报道意义后，对其进行真实性核对,最后进行编辑加工。对于提供新闻线索的邮件,最好与网民本人能见面核对,至少也要通过电话进行核对。

2.对新闻事件发表意见

对此类邮件,编辑可根据其观点的水平进行判断,确定是否有报道意义。

3.寻求与网站编辑与记者建立联系

对此类邮件,编辑可进行分类后收藏到相应的资料库中,以便需要的时候调取。

4.寻求网站的帮助

此类邮件的信息有时候也是提供新闻线索的信息,编辑应根据来信要求作出判断并给出力所能及的帮助。

5.对网站服务提出意见和建议

编辑可将邮件反馈给相应部门处理。在可能的情况下,可以给来信人发一封感谢信,这样能使读者感到一种被关注的快乐,从而更加关注网站的发展。

二、网民 BBS 文章的处理方法

1.筛选网民 BBS 文章可利用的内容

网民发表在 BBS 中,网站可以加以利用的,主要包括如下内容:提供新闻线索,告知新闻或事实,发表对新闻事件的意见,发表对社会问题的看法。

2.网民 BBS 文章利用前审核的内容

对于上述帖子中有报道价值的文章,编辑需要加以严格审核,具体处理如下。

(1)对提供新闻线索或告知新闻事实的文章,审核主要针对其内容的真实性和时效性等。另外,还要注意文章是否涉及对他人隐私或名誉权的侵犯。

(2)对于以观点为主的文章,编辑应根据国家相关法律规定,审查文章是否涉及禁载的内容。

3.网民 BBS 文章利用的方式

对于准备发表的 BBS 文章,也需要进行发布内容的选择和必要的文字加工。BBS 文章的发布方式主要有如下三种形式。

(1)全文发表。一些重要的文章可以全文发布在网站的相关栏目中。如人民网强国论坛经常将一些精华帖内容发布在其观点频道中。

(2)摘要发表。有些热门帖子由于太长,或者观点太散乱,不适合全文发表。这时编辑可以将其中的精华内容摘编出来发表。

(3)多篇文章整合发表。某些 BBS 文章是针对同一新闻事件或社会问题的,这种观点碰撞有利于反映网民的不同态度,这时编辑可以通过概括网民意见或设置超链接这两种方式将它们编排在一起发表。

(4)帖子改写。对于有新闻价值的 BBS 文章,编辑还可以直接改写为新闻报道发布到相应栏目中。如腾讯网 2007 年发布的一则社会新闻,其素材就来自天涯论坛的一篇热门帖子。

【案例 8-5】女子写博客辱骂丈夫前妻引起网友炮轰(图)

11 月 8 日,名为"亚马逊人鱼"的网友在天涯论坛发表题为《天啦这个转正了的小三超级狂啊!》的帖子,讲述了她的朋友 L 与其前夫 Y(网名"77")以及前夫妻子 Z(网名"糖果儿")的一场家庭财产纠纷。

由于"77"在一次工作中认识了"糖果儿",后"77"与 L 离婚,并与"糖果儿"迅速结婚。离婚时,L 只留下了尚需按揭的房子,存款和车子归"77"。故事到此原本应该画上句号,但"糖果儿"对"77"将房子留给元配,而自己却要在租来的房子里"守真爱"的状态极其不满,于是时不时在自己的博客上和发短信辱骂 L。

"亚马逊人鱼"称,"糖果儿"用尽难听的字眼来形容其朋友 L,出于义愤,她将这些信息都发布到天涯论坛的帖子里,此帖发布的第二天便开始引起网友关注,网友们蜂拥至"糖果儿"的博客上,并在其博客上留言对其进行攻击。甚至根据"糖果儿"博客上留下的种种线索发动了"人肉搜索",并将二人结婚证、真实姓名、身份证号码以及手机号码、工作单位、车牌号码等全部曝光在网络中。

而后腾讯网编辑根据信息编发了名为"女子写博客辱骂丈夫前妻引起网友炮轰(图)"的新闻,该新闻同样受到了网民的广泛关注,评论数量高达 766 条。

图 8-4　论坛帖改写的新闻页面

三、嘉宾访谈信息的处理

目前有越来越多的网站邀请嘉宾到网站通过聊天室与网友进行交流。这种访谈式的互动方式,也是目前常用的互动手段。

随着网络技术的进步,目前不少网站直接把访谈过程拍摄下来,放到网站上供大家点击观看。但是还有相当部分的网站,会把网络访谈过程以文字形式记录下来,和视频一起或独自以文字形式在网上发布。

嘉宾访谈记录的处理主要分为以下几个环节。

1. 对原始素材进行文字编辑

主要审核错别字、标点符号、语法问题等。

2. 对内容进行审核

主要审核言论中有没有禁用内容。

3. 从不同角度对原始素材进行整理

在整理完嘉宾谈话的基础上，可根据谈话内容，提炼出几个主要的论题或角度，并制分标题加入到谈话记录中，最后把谈话记录按照论题来进行重新整理。下列是一则访谈内容，例子后介绍了对该记录的整理思路。

【案例 8-6】"魅力相约——玫琳凯成功女性"访谈之一：郭培谈高级服装定制[①]

[主持人]您亲自参与了很多届的春晚服装设计，能不能给大家回忆一下最让您印象深刻的一件礼服？设计中有哪些问题是需要特别注意的？不管是参与春晚服装设计还是奥运这一国际盛事的礼仪服装设计，您感触最深的是什么？

[郭培]感触特别深的特别多，其中奥运礼服的设计让我感触特别深，它并不是我设计作品中最美丽的，但是是最难忘的。作为一个设计师，作品全球几十亿人能看到，我觉得这是一生中也赶不到的机会。再有，这个设计包含了太多，我做了十个月的设计，我在最初接受到这个任务的时候，这是一个全国的投标，有好几百个专业设计师还有上千人的爱好者一起参加。我当时心里有一种预感，这件事一定要我来做，我觉得我太适合了。当然这个话没敢说。我当时那个设计稿连十分钟都没有用就做完了，就有点好像等待很久了，心里积攒了很多，一下子喷薄而出，然后一下子就打版就出来了。做完以后我就觉得，当时在选的过程中，真的是越来越痛苦，越来越觉得压力大，到最后的时候都觉得如果服装设计师做每一件作品都要有这样一段经历的话，那这个职业是很痛苦的职业，我都不会学设计了。到后来的时候，我很大的一个设计桌子摆满了设计图，把所有的领子，所有的中式元素都设计完了，都没法变了，然后又回到了我的学生时代，设计一百个领型、袖型的年代，到最后几乎就是混编了，脑子都不知道怎么做了，就是有点接近那个状态，有点快疯了。

[主持人]能不能给我们讲述几个您所接触的顾客或者其他高级时装设计师之间有趣的故事？

[郭培]其实故事特别多。那些明星有特殊的需要，演唱会、春晚，我自己非常愿意做春晚的服装定制，已经做了十几年了，就是希望自己的作品让全国几亿观众看到，这对设计师是太难得的机会了。所以一年一年在做主持人、歌手的服装设计。特别是在这几年，有专门的人去谈论服装了，我觉得这跟我这么多年的努力分不开，也是我内心一直的一种期待。

高级定制我不认为一定是触及不到的，但是在西方、在欧洲确实是这样，那个高级

---

① 《"魅力相约——玫琳凯成功女性"访谈之一：郭培谈高级服装定制》，http://news.xinhuanet.com/video-o/2010-06/25/content_13740642.htm。

定制,那价格太高了,很多设计师都做不了。比如在欧洲定制要一两万欧元起,那我们可能一两万人民币就能触及到。我刚刚从美国回来,去了3个城市6个博物馆,我都到了他们的收藏间,我做了25年的服装设计师,很多人认为我会做西方的裙子,我都觉得奇怪,怎么做的,那个裙撑、衣服造型,我真的没有见过,我见过图片、书,但都只是我的一种想象。其实这些都是相通的,其实没有什么界,没有什么难度。我毕业的时候去人艺看过戏服,我看到迪奥当年的设计,我说可以摸摸吗?然后我就轻轻地握一下,哎呀,怎么跟我做的一样。然后我就看它裙子底下怎么做的。这是我20多年后第一次去摸它、看它的底下,我觉得居然我跟它做的一样,当然还有很多细节不一样的地方。

[主持人]其实说起郭培这个名字,并不是每个网友都熟悉。但要说起2008年春晚章子怡身穿的一件艳压群芳的粉色礼服以及2008年北京奥运会"青花瓷"系列颁奖礼服,很多人就不会陌生了!这些就都出自郭培女士之手。首先请您给我们解释一下,到底什么是高级时装定制?我们很多人知道高级时装,也能从字面上了解或者在生活中接触过服装定制,但把这两者结合起来又会产生怎样的化学反应呢?

[郭培]其实在我们时装界来说分为很多,比如我们通常容易买到的工业化生产的是成衣,成衣里有一些高级成衣,比如国际顶级品牌,全球只有五六件,但是它也是通过工业化生产的,就是有流程的。高于成衣就是定制,比如说裁缝,那也是定制,他是专门为一个人服务,目标人群就一个,为你服务,手工完成的,他不走流程,都是由技术好的缝纫师傅、技术工人手工完成。

【解析】

对郭培女士的访谈记录中涉及的内容很多,如果仅仅是把这些内容登出来,会让人觉得这是一篇流水账。在最后成稿的时候,新华网编辑将其处理成了四个小单元,分别是"郭培:奥运礼服设计是我一生中记忆最深的一次设计"、"郭培:我做了十几年的春晚服装定制,是太难得的机会"、"服装设计师郭培:章子怡、宋祖英的裙子从我这里定制"、"郭培:我做一件衣服最长时间是5万小时,500万也不卖",每个标题下对郭培女士的谈话进行了提炼,并为新闻配置了视频、图片,将郭培在从事高级服装定制工作中的故事和心得多角度地展现给了受众。

◢ 实训练习

1.登录浙江工商大学网站,对其互动功能进行分析,指出其在互动设计上的优缺点,并提出优化方案。

2.选择一则论坛信息,将其改写成新闻稿件。

3.某论坛饮食男女频道拟推出"食话食说"系列活动,拟在论坛上发动网友推荐特色美食场所,如最常去的KTV、最有特色的面馆、性价比最高的自助餐厅等,请为该系列活动撰写策划方案。

4.组织一次网络访谈,记录嘉宾与网友的谈话,并将谈话内容按照话题分类写成访谈新闻稿。

第九章

网页界面设计

▶ **本章重点**

1. 色彩方案设计
2. 图形图像设计
3. 文字排版
4. 网页版面布局

▶ **学习目标**

1. 了解网页的各构成要素
2. 了解网页的常见布局结构，能根据网页布局设计网页版式
3. 能根据网站内容设计网站层次结构
4. 能根据网页设计相关知识来分析网站特色，并对页面不足提出改进措施

当访问一个网站时，首先吸引我们的可能不是它的内容，而是它的外观。一个界面设计良好的网站，能给我们留下良好的第一印象，增加我们对它的好感，促使我们进入网站并浏览内容。如果说良好的外观是一种视觉上的享受，那么拙劣的外观带来的坏处就不言而喻了，它会让读者感到厌烦，并草草结束浏览，因此必须重视界面设计。本章介绍网页的界面设计，包括版面、色彩、图像、文字等方面的内容。

第一节 色 彩

色彩对人的视觉冲击力非常强，色彩的搭配和运用是否协调在很大程度上决定了网页版面设计的好坏，因此必须重视色彩的作用。

一、色彩的基础知识

色彩是通过人的眼、脑和生活经验所产生的一种对光的带有主观性的视觉感受。人对色彩

的视觉感受不仅取决于光的物理性质,人脑的视觉机制也在很大程度上决定着对色彩的感受,因此色彩有一定的主观性。相同物理特性的颜色,不同的人可能会有不同的感受,这也说明色彩具有一定的主观性。

可见光是色彩存在的条件。可见光是人眼可以感受到的电磁波,常简称为光,波长范围大约为 390—770 纳米。波长不同的光在人脑中引起不同的颜色感受,比如白光经棱镜色散后呈现出红、橙、黄、绿、蓝、靛、紫等色带,其中红光波长最长,紫光波长最短,如图 9-1 所示。

750nm　　　　　　　　　　　　　400nm

图 9-1　可见光谱

可见光谱没有精确的范围,常人能够感受到的光的波长在 400—700 纳米之间,但有一些人能够感受到 380—780 纳米之间的光。正常视力的人对波长为 555 纳米的光最敏感,这个波长的光正好处于光谱的绿色区域。

1. 色彩的分类

(1)按种类分,可分为原色、间色和复色。

①原色是不能再分解为其他颜色的基本色。原色有 3 种,色光三原色为红、绿、蓝。把色光三原色按照一定比例混合,就能配制出所有其他颜色。色光三原色同时相加为白色。另外,还有颜料三原色,分别为品红、黄、青(湖蓝),多用于美术绘画。

②间色是由两个原色混合而成,也称为二次色。间色也只有 3 种,色光三间色为品红、黄、青(湖蓝),色光三间色恰好是颜料三原色。

③复色是由三种原色或两种间色按不同比例配制而成,也称三次色。复色中包含了全部原色成分,只是各原色的比例不同。复色种类繁多,千变万化。

(2)按系别分,可分为无彩色系和有彩色系两类。

①无彩色系是指黑色、白色和黑白两色按不同比例混合而成的深浅不同的灰色系列。无彩色系按一定的变化规律,由白色逐渐过渡到浅灰、中灰、深灰,直至黑色,在色彩学上称为黑白系列。

②有彩色系是指可见光谱中的全部色彩,以红、绿、蓝为三原色。三原色之间不同比例的混合、三原色与无彩色之间不同比例的混合能够产生千千万万种色彩,这些都属于有彩色系。

2. 色彩的数量

正常人的眼睛大约能区别一千万种颜色。但这只是个估计,因为每个人眼睛的构造不会完全相同,所以每个人能分辨的颜色数量也会有些差异。

3. 色彩三要素

色彩的三个要素是色相、明度、纯度(也称饱和度)。色彩的三要素也称为色彩的三个属性。两个颜色只有当它们的色相、明度和纯度都相同时,这两个颜色才完全相同,否则就不是一种颜色。

(1)色相是指红、蓝、绿等不同颜色之间的颜色差别。这是色彩最基本的特征,是区分色彩的主要依据。

(2)明度指色彩的明暗程度。不同的颜色明度也不相同,比如白色最浅,黑色最深,灰色处于最深与最浅之间。

（3）纯度是指颜色的饱和程度，即色彩中包含的单种标准色成分的多少。纯度表现为颜色的鲜艳程度，纯度高的色彩鲜艳，纯度低的色彩黯淡。三原色红、绿、蓝为纯度最高的颜色，灰暗的颜色为低纯度色。

有彩色系中的每一种颜色都有这三个要素，即如果一种颜色具备这三要素，就属于有彩色系。无彩色系的颜色只有明度这一个特性，不能用色相和纯度来描述。

二、色彩的对比

1.色相的对比

首先说明色相环。色相环分为十二色相环、二十四色相环等。

十二色相环是由原色、二次色和三次色构成，如图9-2所示。在色相环中，红、绿、蓝三原色组成一个正放的等边三角形。二次色在三原色之间，组成另一个倒置的等边三角形。其余为三次色。

色相环上两种或多种颜色在一起比较时呈现出的色相差异所形成的对比现象，称为色相对比。色相对比的强烈程度取决于所对比颜色在色相环上的距离（即角度），距离越大，对比越强烈。

（1）零度对比。

①无彩色对比。无彩色对比没有色相的对比，但很有实用价值。黑与白、黑与灰、浅灰与中灰等的对比给人以庄重肃穆、大方高雅的感觉，但也容易产生单调的感觉。

②无彩色与有彩色对比。这种对比既大方又活泼，比如红与黑、蓝与白等的对比。有彩色多时偏向活泼，而无彩色多时偏于庄重、高雅。

③同类色对比。同类色相对比就是同种色相的不同明度或纯度的对比，也称为同类色组合，比如深绿与浅绿等。这种对比稳重、含蓄、典雅，但也可能给人以单调的感觉。

④同类色与无彩色对比。这种对比是上述第二、第三类对比的综合，如浅绿、深绿和白色的对比。这种对比感觉稳重又活泼大方。

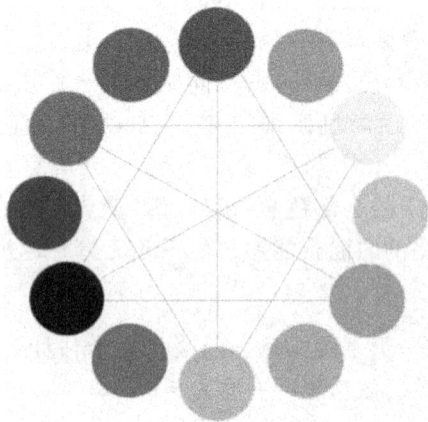

图9-2　十二色相环

（2）调和对比。

①邻近色相对比。这是弱对比类型，是指色相环上相邻两三个颜色的对比。感觉柔和、文静、舒适、自然，但也易于感觉模糊、没有力度，可以通过调整明度差来增强对比效果。

②类似色相对比。这是较弱对比类型，是指色相距离为60度左右两个颜色的对比。对比效

果和谐、典雅又活泼。

③中度色相对比。这是中对比类型,是指色相距离为 90 度左右两个颜色的对比。对比效果活泼明快、令人振奋,既和谐又有力度。

(3)强烈对比。

①对比色相的对比。这是强对比,是指色相距离为 120 度左右两个颜色的对比。对比效果较强烈有力,但也感觉协调性差、刺激较强,易造成视觉疲劳,应采用一定方法来改善。

②补色对比。这是极强对比,是指色相距离为 180 度左右两个颜色的对比。对比效果强烈、炫目、刺激,但若应用不当,易产生不协调、不安定、粗鲁等不良感受。

2. 冷暖对比

色彩冷暖的感觉主要产生于人的眼、脑视觉机制和心理感受,是个相对感性和主观的感觉。冷暖色相环如图 9-3 所示。

色相环中红、橙一边的色相称为暖色,能给人以温暖、温馨、和谐或热烈、活跃的感觉。这可能是出于人们的心理和感情联想,比如想到火焰、热血等。在寒冷的冬天,暖色有助于人们感到温暖、温情。暖色与黑色调和可以达到很好的效果,暖色可以用于儿童类、购物类网站等。

色相环中蓝、绿一边的色相称为冷色,能给人以宁静、深邃、阴凉的感觉,能使人们联想到天空、大海、月夜、秋天等。在炎热的夏天,冷色有助于使人感到舒适。冷色与白色调和可以达到很好的效果,冷色可以用于一些高科技网站,以表达稳重、严密的感受。

另外还有绿色和紫色等中性色。黄绿、蓝绿等色易使人想到树、草等,并产生生命、青春、和平等感觉。蓝紫、紫等颜色易使人想到水晶、花卉等,易产生高贵、神秘等感觉。

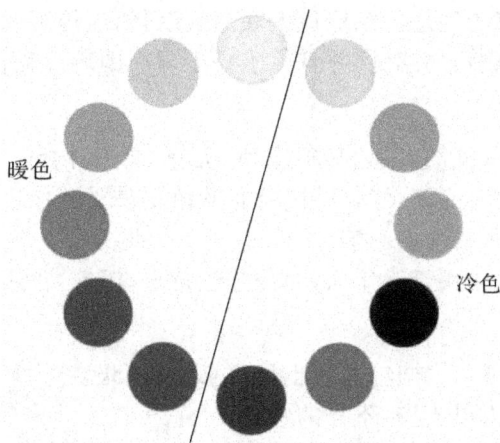

图 9-3　冷暖色相环

三、色彩的性格和联想

色彩除了有客观的要素和特性外,还与人们的主观方面有关系。光线进入视觉通道并经过复杂的生化转换作用于大脑,并与人的经验、体验等相联系后,产生一系列心理反应,并使人产生联想,形成各种色彩独特而复杂的性格。

人们的年龄、性别、性格、文化水平、生活经验等都影响着色彩的联想。色彩的联想有具体和抽象两个方面。具体的联想是看到某种色彩后,会联想到一些相关的具体事物;抽象的联想则会联想到一些抽象的、理智的事物。通常成人抽象联想较多,而儿童具体联想较多。

1. 红色

红色感觉温暖、热情、活泼、积极、热烈、忠诚,含有饱满、幸福等向上的意味,是我国传统的喜庆色彩,但有时红色也给人幼稚、原始、粗俗、危险等感觉。红色易使人联想到火焰、热血、花朵等。红色对人的刺激很强烈,易使人兴奋、紧张,也易使人视觉疲劳。

明度较高的粉红色,含有甜蜜、爱情、柔美、梦幻、幸福的感觉,深受女性欢迎。

深红和紫红给人以庄重、热情的感觉,在迎接贵宾的场合较常见。

2. 橙色

橙色是最温暖的色彩(见图 9-3),色性介于红与黄之间。橙色感觉温情、甜蜜、愉快、热情、活泼、跳动,但有时也有嫉妒、疑惑、不诚实等倾向。橙色使人联想起水果、彩霞、火焰等。

橙色混入一定比例的灰色就成为咖啡色,它与橙色、浅橙色等都是一种甜美活泼的色彩,在服装尤其是青年、女性的服装中很常见。

3. 黄色

黄色明度高,看上去明亮、轻快、活泼,有健康、辉煌、光明、希望的感觉,但有时也有不稳重、不稳定等不良感觉。黄色明亮而刺眼,易受其他色相的影响,少许其他颜色混入到黄色就会使其色相色感发生较大变化。

淡黄色感觉温柔平和,米色是不错的自然、休闲色,深黄色显得庄严、高贵。不同的黄色易让人想到不同的水果。由于黄色明度高、显眼,还用做安全色和警戒色。

4. 绿色

绿色安详、平和、新鲜,象征着青春、春天、生命,并且有助于消除眼睛疲劳。

黄绿、浅绿有春天、青草的气息。深绿让人联想到森林,显得沉稳、深远、睿智。诸如墨绿、橄榄绿等含灰色的绿有深沉、成熟的感觉,并且由于易于与周围环境融合,也是一种保护色。

5. 蓝色

蓝色是最冷的色彩之一(见图 9-3),显得冷静、沉静、深邃、内敛,能够中和和衬托具有活泼、扩张性的色彩。蓝色有时也有冷漠、忧伤的感觉。蓝色不易受其他色相影响,在蓝色中加入少许其他颜色,不会对其色感有很明显的影响。

浅蓝色明快、富有朝气,常用于青年人,而深蓝色稳重、沉着,常用于中老年人。

6. 紫色

紫色高贵、庄重、优雅、奢华、神秘,有时也显得孤独、消极。红紫、蓝紫等色彩有着太空般的神秘感,而比较暗的紫色给人以不安、不祥的感觉。

7. 黑色

黑色庄严、稳重、沉静、沉闷、神秘。黑色还有悲痛、凄凉、恐怖、罪恶、甚至死亡的印象,但运用得当的话,也能产生钢铁般的金属质感。

黑色应用非常广泛,但不宜大面积使用,否则会产生沉闷、压抑的感觉。

8. 白色

白色纯洁、纯真、朴素、明快、卫生,但也能产生空虚、平淡的感觉。在白色中混入其他颜色,会影响其纯洁性。其他色彩与它搭配会显得更明快、鲜艳。

9. 灰色

灰色是个比较中性的色彩,给人以朴素、大方、柔和、含蓄的感觉,但也有平淡、乏味的感觉。

灰色不像黑色和白色那样能对其他色彩造成较明显的影响,因此很适合用作背景色。灰色常用不同程度的明暗组合或搭配其他色彩,以免显得平淡、沉闷。在高科技产品中,灰色很常见。

10. 土褐色

土褐色有大地、厚重、随和、成熟、丰富的感觉,易于使人想到金秋的收获季节。土褐色易于与其他色彩尤其是鲜艳的色彩搭配。

11. 光泽色

当色彩带上光泽后,显得华丽、华美。

金色象征富贵、奢华、辉煌,而银色纯洁、高贵、典雅。金色和银色能很好地与其他色彩搭配,适当的点缀能起到画龙点睛的作用,而大面积使用会显得不稳重、过于浮华和炫目。

总之,色彩的感染力相当大,无所谓好的色彩和不好的色彩,各种色彩都有其适宜的应用场合。

四、网页配色

网站的整体色彩效果取决于主色调和前景色与背景色的关系。

色调是对网页整体色彩的概括评价,是指网页色彩的基本倾向。网页上虽然有多种颜色,但有一个总体倾向,比如是偏暖还是偏冷、是鲜艳还是朴素、是偏绿还是偏蓝。这种倾向就是网页的色调。色调不是纠缠于某一细节,而是整体趋势。色调在网页中很重要,如果没有统一的色调,就会显得杂乱。

网页色彩设计的根据是网页的主题和受众的喜好。比如医药类网站常常是白色、蓝色、绿色等冷色,因为这些色彩给人以宁静、安全、可靠的感觉。

1. 总体要求

(1)确定主色调。为了达到和谐统一的整体色彩效果,要根据网站主题和视觉表达要求,确定一种色彩作为主要颜色。其他色彩的搭配应围绕主要颜色,以适当的近似和对比来完成。

(2)前景色与背景色的关系。网页主体和背景的关系,是一个主要的对比关系。一般而言,前景色应该比背景色明快、鲜艳,这样能和背景色产生一定的色彩差别,从而醒目地突出主体部分。在处理主体和背景色的关系时,要考虑好主体和背景色的对比程度。可以用一种或几种柔和、相近的色彩突出前景色,也可以用较暗的背景色来突出前景色。背景色的明度要依据前景色的明度而定。

(3)色彩的均衡。网页中多种颜色的均衡很重要,色彩均衡包括每种色彩的面积和比例、位置等。比如,明亮鲜艳的色彩在某些网站中应该面积小些,这可以让读者感到比较舒适,不刺眼。

2. 网页色彩搭配规则

色彩搭配是技术性工作,也是艺术性很强的工作。在色彩搭配时,应遵循一定的视觉艺术规律。

一个网页所使用的色彩,最好不超过4种。太多的颜色让人感觉杂乱,没有重点。在主体色彩定下来后,其他色彩的选择要考虑与主体色彩的关系。另外还要综合考虑色相、明度和纯度。

(1)色彩的鲜明性。网页的色彩要鲜明,这样能够引人注目。

(2)色彩的独特性。色彩尽量要与众不同,凸显独特性和个性,可以给受众留下强烈的印象。

(3)色彩的合适性。网页的色彩要和表达的主题、内容、气氛等相适应。比如婚恋交友、女性等类的网站可以选择粉红色。例如图9-4所示的星空天文网,黑色的主色调配合其他色彩展示了太空的瑰丽、神秘、奇妙、迷人,有助于吸引读者去点击浏览。

图 9-4　星空天文网

（4）色彩的联想性。不同的色彩有不同的冷暖、性格和联想，所以所选色彩的性格和带来的联想要和网页的主题、内容相适应。例如图 9-5 所示的杭州绿化网，其网站主色调是绿色，和绿化和谐一致。

图 9-5　杭州绿化网

（5）色彩的合理性。网页是给人看的，是服务于人的，因此要顾及人的视觉生理特点。色彩的搭配要合理，让人看着愉快、舒适。阅读内容较多的网页一般要避免采用刺激性较强的色彩，比如纯度或明度很高的色彩，避免使读者产生视觉疲劳。

第二节　图形图像设计

一、基本造型元素

网页中的各种图形丰富多彩、千姿百态,但它们都是由点、线、面构成的。点、线、面相互配合,可以构成千变万化的视觉形象。点、线、面是平面构成的三个要素。线是由点构成的,面是由线构成的,而面能够构成体。

1.点

点是构成图形的基本元素,任何图形图像都是由点组成的。点可以是通常意义上的小圆点,但也可以是其他形态,比如方形的点、菱形的点、正六边形的点。

点能够吸引视线,并有如下的视觉特性。

(1)单个点能够集中和聚焦视线,形成视觉中心。

(2)多个点能产生生动感,如果这些点的大小也不同就更加明显。

(3)连续的点能产生节奏感、韵律感、方向感,疏密排列的点易于产生空间感。点的连续排列还能够帮助引导视线。

(4)点的排列还能够集合某个区域或隔离某个区域。

点有多种构成形式,比如等间隔、规律间隔、不规律间隔、点的线化、点的面化等。

2.线

当一系列点无间隔连接在一起的时候,就构成了线,线是图形设计中常用的元素。从形态上看,线有直线和曲线两种。线能够引导视线,这点应用很广。线的表现力较强,含有不同的弯曲和角的线很有表现力。

线的视觉特性如下。

(1)垂直线显得刚直有力、有升降感;水平线显得开阔、平静、均衡;斜线则有飞跃感,有活力,富于变化。

(2)自由曲线风格多样,有动感、显得优雅;曲折线规整、明快、兼具直线和自由曲线的特点。

(3)粗线显得稳重有力。

(4)细线显得锐利、纤细、精致。

例如,平缓起伏的曲线让人感到平和、放松、安详,锯齿线让人感到不安、危险、疯狂,有锐角的线让人感到尖锐。

线也能分割页面,形成不同的阅读区域。粗线常用于隔开网页中上下、左右的栏目,而细线常用于超链接文本的下方,或用于在栏目内进行分割,以增强内容的层次,便于阅读。

在网页上,横线、竖线、粗线、细线等的不同组合可以使网页的逻辑和层次分明,有助于内容的分类和读者的跳跃式阅读。

3.面

若干条线的两端连接到一起组成一个封闭的图形,就形成了面。面的形状也是千姿百态,不同的形状也有着不同的表现力。

(1)圆形感觉柔和、圆满,带有女性意味。

（2）正放的三角形感觉稳定、坚实。

（3）倒置的三角形感觉不稳定、有某种程度的新奇感。

（4）矩形感觉稳重、端正、规矩，但有时也有机械、呆板的感觉。

（5）自由形状较为抽象，可以有自由的曲线和任意的角度，给人以自由、洒脱的感觉。

面包括规则的面和不规则的面，规则的面如矩形可以将某类信息装在里面，使得同类内容聚合在一起。

面的边线可以是实线、虚线或隐藏的。面的视觉感受与边线有关系，直线型边线简洁、工整，曲线型边线柔和、顺畅。

衬有底色的面显得突出，分隔感更强，并且为了便于阅读，底色应与字体颜色有一定差异（比如色相、明度）。底色一般不要太深，能将面突出，又不影响阅读就可以了。

二、表现技巧

网页图形设计有一定的表现技巧，主要有以下几方面。

1．面积与视角

图形图像在页面中所占的面积大小对页面的视觉效果和所表达的感情有一定影响。面积大的感觉有分量，易引起读者注意，读者也能较容易地感受到设计者想要表达的感情色彩。而面积小的则相反，一般起点缀的作用，感觉细致小巧，感情色彩也较为含蓄。

不同的视角给人的感受也是不同的。常规视角给人以规整、平稳的感觉，而非常规的视角（如俯视、仰视等）的视觉冲击力较强，动感也较强。

2．局部与特写

特写指重点表现图片的某个部分，将其特别放大。特写可以吸引读者的视线，能够更加突出重点，也有助于激发读者的兴趣和好奇心。

3．合成与组合

图像的合成是指利用计算机技术将几幅图像的某些内容挑选并分离出来，并按一定规则或设计者的意图重新组合成一幅新的图像。合成的图像能够表达更丰富的信息和情感。

4．虚实与影调

图像中虚的物体感觉距离远，而实的物体感觉距离近。影调是指景物的明暗在影像上所表现出的明暗层次，是表达感情、渲染气氛的重要手段。虚实对比和影调有助于增强空间感、立体感，使页面不单调、富有层次感。

第三节　文　字　排　版

文字是网页的重要内容，文字的阅读舒适性和信息传递质量非常重要。字体、字号、字间距、文字颜色等都能影响阅读的舒适性和信息传递质量。

关于内容正文的文字使用方面，一般应该符合读者的阅读习惯，而不应该张扬个性。

一、字体

中文字体种类很多，各字体的适用场合也不同。对网页设计来说，常用的也就是几种。从字的形状来看,有下面几种。

1. 正方体

宋体、黑体、楷体、仿宋等。

2. 长体

长宋体、长黑体、美黑体等。

3. 扁体

隶书、扁宋体等。

按笔画特点分,有黑体、楷体等字体。

从目前的实践来看,用于网页中的中文字体中,宋体是最适合的一种。有些人喜欢圆体字,但圆体字的转弯处呈现圆弧形,清晰性欠佳,没有宋体字的效果好。当然,也不是只有宋体最好,几种字体的搭配有时能使文字显得活泼,避免了单调。

关于字体,还应注意一般在页面中不要超过 3 种字体。字体太多的话,显得杂乱。

二、字号

字号是指文字的大小,常用两种单位计量,即点数制和号数制。

1. 点数制

点数制又称磅数制,以"P"表示,它是英文 point 的缩写。它既不是公制也不是英制。1 点(1P)＝0.35146mm。

2. 号数制

号数制是以互不成倍的几种活字为基准,通过加倍或减半而成的大小体系。号数制与点数制存在对应关系,例如四号对应 14 磅、五号对应 10.5 磅等。

从效果上看,11 磅左右的字是比较适合阅读的。报纸新闻正文常用字号为五号字或小五号字,标题字号常用到 50 磅以上。而网页新闻正文常用字号也是五号,有时也用小四号。网页新闻正文标题常用小二号或 20 磅字,目录页上的标题字号同正文一样,也常用五号甚至小五号字,以便容纳更多的信息。

太大的字一般也要避免使用。版面是有限、珍贵的,太大的字占用版面太多。

三、其他注意事项

1. 文字的颜色

关于文字的颜色,背景和字的颜色应有一定的对比,例如白底黑字或白底蓝字都是比较适合阅读的。文字的颜色也要照顾到页面的整体色调,不能有严重冲突,否则显得突兀、不协调。

2. 文字的字形

文字的字形也是需要考虑的。粗体字显得厚实有力,有男性特征,而细体字精巧细致,有女性特征。在同一页面中,字体种类少,版面有平静、稳定感;字体种类较多,则版面显得活泼一些。这些要根据页面的风格和内容来安排。

3. 文字的行距

行距也会给内容的可读性带来影响。从视觉感受来说,单个字成点,一行字成线,一段字成面。适当的行距会形成一条明显的水平空白带,可以引导读者的目光。但是过宽的行距则会弱化这个作用。一般1.5倍左右的行距是比较适合阅读的。

除了影响可读性外,行距本身也有很好的设计表现力。行距可以起到明显的装饰作用,表现独特的审美情趣,比如可以有意加宽或缩窄行距。加宽行距给人以开阔、舒展、轻松的感觉,可用于娱乐、休闲等方面的内容。而缩窄的行距给人以紧凑的感觉。通过对行距的安排,可以增强版面的层次感和弹性。

4.文字的动静

正文、标题等应该用静态文字。有的时候为了吸引读者注意可以使用游动字幕。游动字幕指在限定的区域内循环滚动一些文字,或在页面上自由移动一些文字,移动的方式可以有随页面滚动条移动、随鼠标移动等。一般来说,新闻不提倡使用游动字幕,但重要的新闻可以用游动字幕来吸引读者的注意力。

5.字库的支持

设计者还应该考虑到,很多电脑字库中只安装了几种字体,因此要选用多数电脑和浏览器都支持的字体,否则某些字体在读者电脑里找不到的话,会给内容的显示带来麻烦。

第四节　网页版面布局

我们上网所浏览的网页,是通过计算机的显示通道与人们交换信息的,它并不是现实世界中的实际物体,因此它是一个"虚拟界面"。这个虚拟界面的尺寸是规范化的。另外,这个界面还有交互功能,能够和读者实现交流和互动。这是传统媒体无法做到的。我们就是在这个虚拟界面上设计版面。

版面设计又称版式设计,指在一个展示平面(版面)上,根据版面内容,运用形式美原理,对文字、图形图像、表格、色彩等要素,按照一定的方法进行带有艺术性的编排,使其发挥最佳的视觉表达效果,传达和暗示某种信息,并能感染、调动人们的情绪。

版面设计应用广泛,报纸杂志、广告、网页等很多领域都会用到版面设计,甚至新兴的手机媒体也会涉及版面设计。好的版面设计能够增强可读性,使内容更加醒目、美观,并加强读者与作者的共鸣。在版面设计的过程中少不了艺术设计,是编排技术和艺术设计的统一。

常有人混淆了版面设计和排版,两者不完全相同。版面设计包含了排版,更具艺术性和创造性。排版更侧重技术方面,可以认为是在版面设计的过程中运用技术手段对文字、图表等版面内容进行编排和组织。

一、版面编排的原则

版面设计中,应当遵循以下几条主要的原则。

1.分清主次,突出中心

形式是为更好地表现内容服务的,网页版面的设计也应遵循这个原则,做到分清主次,并有目的地采用各种手段(例如位置、色彩、大小、字体等)突出主要的部分。

2.信息有序,避免杂乱

网页内容应该层次分明、逻辑清楚。层次不清、逻辑性差的网页浏览起来易使读者感到不轻松、厌烦。

3. 搭配合理，大小适当

页面中，各种元素的搭配要合理，大小要适当。网页空间是页面元素共享的，一般不要某个元素独大。

4. 图文并茂，动静相宜

页面中除了内容外，应当适当搭配几种元素，避免单调。页面中，图、文、表格等的适当搭配，显得丰富而不单调。

还要把握好网页上动静信息的搭配。有时需要强化"动"，以加强冲击力，吸引读者的注意，而有时需要强化"静"，以免干扰文字、图表对信息的传递。总之，应根据如何能吸引用户、如何能更好地向读者传达信息的标准来确定"动"和"静"在页面中所占的比例。

5. 风格一致，前后连贯

一般而言，网站众多的网页的风格要一致、连贯。比如主色调、页面版式等应该风格一致，一些页面元素（比如导航条）的位置应该有相对的固定性，以免读者链接到另外的网页后有"不知所措"之感。

6. 适当展现新鲜和个性

在网络世界中，个性、新颖和新鲜是值得重视的一个方面。新鲜的、有个性的设计无疑可以吸引读者的注意和好奇，给读者留下较深刻的印象。

二、页面版式

网页版式的编排和布局多种多样，实际应用中广泛使用的是三分法原则，即将整个页面纵向分成三等份，如图 9-6 中的(1)所示。这是黄金分割原理的一个应用。黄金分割是指将整体分为一大一小两部分，较小部分与较大部分的比例等于较大部分与整体的比例，比值是 0.618。这个比例是最能引起美感的比例，故称为黄金分割。黄金分割法则应用非常广泛。这三等份中两份相加之和与另一份的比例大致符合黄金分割法则。分成三等份后，可以根据需要调整各等份的宽度，也可以将其中的两等份合并，如图 9-6 中的(2)和(3)所示。这样的三种布局方式可以称为三栏布局、左栏布局、右栏布局。

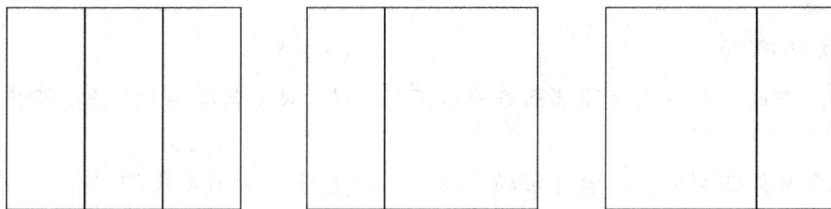

(1) 三栏布局　　　　(2) 左栏布局　　　　(3) 右栏布局

图 9-6　三种基本布局方式

在三种基本的布局方式中，根据需要还可以将这些栏再分割，用于定位、放置需要的内容。

在实际应用中，还演变出了多种布局形式，常见的有："T"字形布局、"π"字形布局、"口"字形布局、上下结构布局等，如图 9-7 至图 9-10 所示。

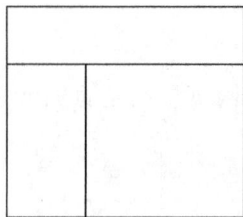

图 9-7 "T"字形布局　　　　图 9-8 "π"字形布局

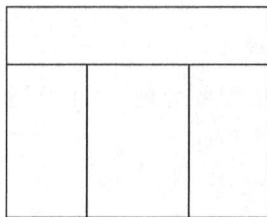

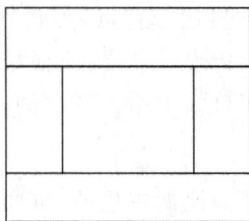

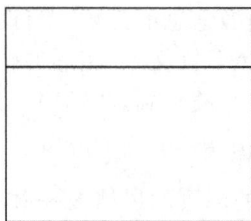

图 9-9 "口"字形布局　　　　图 9-10 上下结构布局

1. "T"字形布局

"T"字形布局就是页面顶部横条放置网站标志(网站名称等)、广告、导航条等(也可以将导航条放置在左下方),左下方放置链接等内容,右边放置具体内容。下边是左窄右宽,整体效果类似英文字母"T"。这是网站版面设计中常见的一种,其优点是结构清晰、主次分明。

还可以将下边设置成左宽右窄,即下边采用右栏布局。这种布局与下边是左栏布局不一样,看起来新颖一些。

2. "π"字形布局

就是页面顶部横条放置网站标志(网站名称等)、广告、导航条等,下边较宽的中间是主要内容,下边较窄的左边和右边分别放置其他内容,看上去像个希腊字母"π"。这种版面布局的优点是版面利用充分,信息量大。这也是网站版面设计中常见的一种。

3. "口"字形布局

这种布局基本与"π"字形布局相同,只不过在"π"字形布局的下面又增加了一个横条,用于放置广告等内容。

4. 上下结构布局

这种结构的布局就是在页面顶部横条放置网站标志(网站名称等)、广告、导航条等,下面放置内容。

上面是几个常见的网页版面设计布局。现在网络上还有很多新颖的、别具一格的布局。只要读者喜欢,能很好地实现网站的预定功能,很好地表达内容,这个设计就是好的、成功的。

三、版面设计的步骤

网页版面布局可以遵循一般的步骤。

1. 要明确网站的目的、功能和内容

这样才能更好地理解设计任务,做到有的放矢,设计的网页才能更好地与网站的目标吻合,更好地服务读者。

2. 确定网页的组成元素

网页中有多种组成元素,对于不同的网站和网页,这些元素的种类、数量、位置等会不同,但一般都有一些常用的基本元素,比如公司的 Logo、导航条、内容、注脚、留白等。

(1) Logo,即公司的徽标或商标,一般放在网页的顶端,或顶端靠边处,比如顶端靠左处。

(2) 导航条对于网站的易用性不可忽视,一般放在页面的顶端、Logo 的下方,或放置在 Logo 的旁边。导航条应该处于顶端的中间部位,便于用户迅速发现,一般为横向放置。

(3) 内容。在网页上,内容一般占用的面积最大。主要、重要内容应该放置在显眼、醒目的位置,以便用户能立即发现,并能快速浏览到自己感兴趣的内容。一般主要内容放置在中间部位。

眼睛看物体的视觉流程一般可以简单地认为是"从上到下"、"从左至右"。另外,我们看某个画面时,通常是先通览整体,然后视线停在某个感兴趣的点上。一般而言,画面的中部易成为视觉中心、面积大的元素易成为视觉中心,对比较强的地方易成为视觉中心。

因此,重要内容的放置应该符合人眼的视觉流程。

(4) 注脚一般放置在网页的底部,通常包括了版权说明、地址和联系方式,有的也有网站主要内容的链接。

(5) 留白指网页中的空白区域。留白也很重要,它能引导读者的目光,也有助于使页面显得有层次、有条理。

3. 确定页面版式

根据网站的目标、内容等确定好页面的板式。关于版式的选择,参见上文。

4. 给网页配色

网页的色彩非常重要。关于网页的配色,请参阅上文。这里简述如下。

(1) 首先选定主体颜色,确定主色调。根据网站的目的、内容、目标受众等,并运用色彩的联想、冷暖等确定网站的主色调。

(2) 确定背景色。根据所选的主色调,设计与主体颜色有一定差异、有一定对比度的背景色。对比的程度视网站的目的、内容、受众等而定。

(3) 色彩的均衡搭配。给网页的元素配色,各元素的色彩的色相、明度等的对比要均衡,使网页给人以美观、舒适、轻松的感觉。

5. 设计图形和图像

图形和图像可以使网页的风格更活泼、更有吸引力。综合应用点、线、面的知识设计,以适合网页内容的点、线、面的组合。

6. 文字的排版

为了增强可读性,要做好文字的排版。设置好合适的字体、字号、字体的颜色、文字的间距、对齐方式等内容。

7. 交互设计

做好交互设计,并且如果需要的话,设计好表单。关于表单的相关知识,请参见网页设计部分的"表单"内容。

四、版面设计实例

下面以浙江工商大学出版社的网站为例,来说明版面设计的过程和步骤。浙江工商大学出版社的网站如图 9-11 所示。

图 9-11 浙江工商大学出版社网站

1. 首先明确网站的目的、功能和内容

本网站的目的是为了更好地为读者服务,同时也是展现出版社的一个窗口。网站的内容是展示出版社所出的图书、与出版社相关的新闻和动态,并有与读者交互的功能。交互的功能采用留言本的形式。

2. 确定网页的组成元素

确定网站的组成元素有:出版社的 Logo、导航条、内容、注脚、留白等。决定再增加一个Flash 循环图片,用于展示出版社的重点新闻和动态,这也增加了网页的动感和活泼性。另外,还计划添加两个广告栏。

3. 确定页面版式

根据网站的内容,决定采用"π"形结构,顶端放置 Logo、导航条、Flash 图片、搜索栏,下边三个栏中,中间一栏分成上下两个板块,上面的板块放置出版社特别推荐的图书,下面的板块为"本社新书"。这些书是重点推荐的图书,因此放置在中间的突出醒目部位。左边放置图书的分类,右边放置本社相关的新闻、图书销售排行、每周安排三个板块,便于读者更好地了解出版社。底端放置友情链接、版权声明、出版社的地址和联系方式。同时,考虑到宽屏显示器已经广为流行,决定将广告放置在网页的两侧,这样广告条就不占用页面空间,又适当地突出了广告条。

4. 给网页配色

首先确定主色调。本网站主要是以展示图书为目的,因此决定采用蓝色为主色。蓝色是冷色,给人以平静、沉静、深邃的感觉,让人想起蓝色的大海,甚至想起书籍的海洋,因此适合于图书类网站。同时,为了增强活泼、明快的性质和视觉感受,决定选用稍浅的蓝色,并将明度调节到合适的程度,达到活跃又不刺眼的程度。

其次确定背景色。决定选用白色。理由是为了展示朴素、纯洁的感觉,这适合于图书类网站。

最后给网页各元素搭配颜色。网站上有图书的展示,图书的封面已经有各种丰富的色彩。并且为了不破坏蓝色主色调和背景色所调配出的平静、深沉、纯洁的感觉,决定其他元素的色彩采用与主色调差别较小的蓝色。网页中的板块由白色的留白和一些蓝色的线来划分。

由于广告栏的内容较为重要,因此决定采用红色背景、白色文字,即"红纸白字"。红色是暖色,给人以温暖、热情、活泼、忠诚等感觉,正好适合了两个广告栏的内容,分别为引进人才和征稿启事。采用白色文字有纯洁、朴素的感觉,也是合适的。由于红色的刺激性很强、易使人兴奋和紧张,因此这两个广告栏的面积不宜过大。

5. 设计图形和图像

网页的内容已经比较丰富,具有活泼性和动感的元素已经有了,因此决定不采用较多的点、线、面等元素,主要采用几条简单的蓝色细直线,配合着白色的留白来划分板块。细直线的形状为水平线和垂直线组成的线框。细线具有纤细、精致的视觉感受,水平直线有开阔、平静、均衡的感觉,垂直直线则具有刚直有力的感觉,这也适合图书类网站。主要的细线为浅蓝色,能较好地与白色背景协调、融合。

另外,决定再采用几个菱形的点放置在"本社新书"板块中新书的书名前,这些点有助于集中读者的视线,吸引读者注意这些新书。这些点的颜色为黑色,与文字的颜色一致。之所以采用黑色的点,是为了不破坏主色调的宁静、深沉、广阔的视觉感受。

还采用了几个黑色的细线框,用于"特别推荐"和"本社新书"中书的图片的外框。这和上面的黑点的作用类似,有助于吸引读者的注意力。

6. 文字的排版

页面的文字采用宋体,这是最常用的字体之一。网页中的主要内容只采用这一种字体。虽然主要内容只有这一种字体,但和蓝色主色调、具有动感的 Flash 图片、图书封面图片等相搭配,也不显得单调。主要内容的字号则采用小五号。

文字的颜色采用黑、白两色。黑色用于白色的背景中,而白色的字用于蓝色背景的按钮、栏目标题中。常规的(非加粗、非斜体)黑色和白色的字也能和蓝色主色调较好地协调,不会冲淡蓝色主色调的沉静、深远的感觉。

除了主要内容中的常规字体外,网页中标题的字形采用了粗体,粗体字显得厚实,也有助于吸引读者的注意。由于标题的字数较少,因此对蓝色主色调的沉静、深远的感觉的冲淡作用有限,反而能在和常规字形的对比中,增加了一些活泼的感觉。

7. 交互设计

由于这个网站不是大型网站,因此认为留言板的形式应该是合适的。在留言板的网页设计中,采用了表单的形式。

版面在设计时,也考虑到了网页的实现过程。这种设计在网页制作时,采用表格和层来划分、定位页面各元素和板块是合适的。

▶ 实训练习

1. 选择三个高校网站，针对其网页设计要素进行对比分析，并据此对本校校园网设计的优缺点进行总结，提出改进方案。

2. 任选一个新闻网站，从网站内容、构成要素和层次结构三个方面来分析该网站的特色。

3. 对比新浪、搜狐、人民网、新华网的新闻层次结构，分析它们在导航条、分类、其他新闻入口等方面的特点。

第十章

HTML 基础

本章重点

1. HTML 相关概念
2. HTML 文件的常用语法和结构
3. HTML 程序实例

学习目标

1. 了解 HTML 基本语法结构,掌握常见标记用法
2. 能根据所学知识,掌握 HTML 源文件基本写法
3. 能阅读分析常见网页源文件,并编写简单源文件

　　随着 Internet 的快速发展和普及,WWW(即万维网,World Wide Web 的缩写,也可以简称为 Web)无可争议地成为互联网上最重要的应用和服务之一,是网络媒体最重要的平台。在使用中,是通过网页来展现内容的。HTML 语言是网页设计的基础,本章介绍 HTML 语言。

第一节　HTML 概述和相关概念

　　HTML 是 Hyper Text Mark-up Language 的缩写,意为超文本标记语言,是一种解释执行的标记语言。HTML 语言是编写网页的主要语言,能独立于各操作系统平台,如 Window、UNIX 等。用 HTML 编写的超文本文件为 HTML 文件,文件的扩展名为".html"或".htm",由 Web 浏览器解释执行。

　　所谓超文本,意为用链接将各种不同空间的信息组织在一起的网状结构。在多媒体技术迅速发展之前,超文本主要是被链接的文字。现在随着多媒体技术应用的日益广泛,链接的内容也更加广泛,可以是图像、视频、音频等多媒体内容。被链接的内容可以存放在本地计算机上,也可以存放在地球另一端的某台计算机上。这种链接就是超链接。

一、HTML 的发展简史

HTML 是一种标记语言。关于标记语言，最早出现的是 GML。GML 即 Generalized Mark-up Language，意为通用标记语言。在 20 世纪 60 年代，IBM 公司的研究人员认为，为提高系统的移植性，必须采用一种通用的有特定规则的文档格式，以便将文件结构化为标准的格式。依据此原则，IBM 创建了 GML。

GML 是一种将文档格式化的语言，用于描述文档的组织结构、各部件及其相互关系。GML 将它们描述为章节、重要小节和次重要小节（通过标题的级来区分）、段落、列表、表等。

GML 是 SGML 的先驱和基础。SGML 是 Standard Generalized Mark-up Language 的缩写，即标准通用标记语言。SGML 是一种定义电子文档的结构和描述其内容的国际标准语言，它独立于平台和应用，是其他电子文档标记语言的始祖。在 Web 之前就已经有了 SGML，SGML 作为一个国际标准发布于 1986 年。

在 1989 年，欧洲粒子物理研究中心的科研人员基于 SGML 开发了 HTML。它继承了 SGML 的许多优点，比如结构化、可描述性、与平台无关等，当然它也有缺点，比如只能使用固定有限的标记，但这并不妨碍它成为编写网页的基本语言。

二、相关概念

1. 应用层协议

网络上各种各样的信息存放在散布于世界各地的计算机中，并不在我们的计算机中。当我们上网时，就需要从那些计算机中获取这些信息。这些信息是如何获取的呢？这就要通过应用层协议在网络间传输数据。常用的应用层协议如下：

HTTP：HyperText Transfer Protocol 的缩写，即超文本传输协议。这是互联网上应用最广泛的一种网络协议，网络间数据传输主要依靠这个协议。

FTP：File Transfer Protocol 的缩写，即文件传输协议。用户可以通过它把自己的电脑与世界各地运行 FTP 协议的服务器相连，访问服务器上的数据或将自己电脑中的数据上传到服务器上。

SMTP：Simple Mail Transfer Protocol 的缩写，即简单邮件传输协议。它是一组用于将电子邮件从源地址传输到目的地址的规则。

实际上，互联网上的协议是分层的，上述应用层协议是最上层的网络协议。对于网页设计，我们不需要关注下层的协议。

2. 网页和主页

在互联网中，各种数字资源（如文本、图片、视频、音频等）散布在世界各地的计算机中，这些资源被包含在或被链接在一类文件中，对这些数字资源的访问是通过访问这类文件实现的。当用户上网时，通过网络协议将这类文件传输到本地计算机，这样，用户就可以访问这些数字资源了。这类文件就是网页（webpage）。

网页存在于散布在世界各地的网站中，一个网站通常包含大量网页，这些页面的首页就称为主页（homepage）。网站的主页通过 URL 链接到其他网页，这样，用户就可以通过主页访问到大量的网页了，主页其实就是一个网站的入口。

3. URL

URL 是 Uniform/Universal Resource Locator 的缩写，即统一资源定位符，也称为网页地址

或网址。URL 是用于完整地描述 Internet 上网页和其他资源的地址的一种标示方法。Internet 上的每一个网站和每一个网页都有一个唯一的 URL 地址,这个地址可以是本地磁盘,也可以是局域网上的某台计算机,但最常见的是互联网上的站点或站点上的网页。URL 用于在互联网上海量的信息里定位某个网站或网页。

URL 由三部分组成,即协议类型、主机名及端口号、路径及文件名。可以通过一个例子来说明,例如 http://www.baidu.com/gaoji/advanced.html 是一个 URL。

协议类型就是应用层协议的类型,最常见的是 HTTP。上面的例子就使用了 HTTP 协议,其格式为"http://"。

主机名是网页或其他数字资源所在的服务器的域名或 IP 地址。在上面的例子里,"www.baidu.com"即为主机名。

端口号对应于应用层协议,各协议都有默认的端口号,比如 HTTP 的默认端口号为 80。很多情况下端口号可以省略,如果省略端口号,则使用默认的端口号。有时候出于安全或其他考虑,可以在服务器上对端口进行重定义,采用非标准端口号。此时,URL 中就不能省略端口号。上面的例子省略了端口号。

路径即服务器上存放网页的路径,每级路径之间用"/"隔开。在上例中,"gaoji"即是路径,它表明网页在服务器上的那个目录下。

文件名即网页或其他数字资源的文件名,在上例中"advanced.html"即为文件名。

4. Web 浏览器

浏览器是对互联网上的资源的访问和浏览软件,它可以通过 URL 定位并链接到各网站上,将传输过来的网页文件"翻译"成我们能看懂的形式,这样我们就可以在互联网中浏览网页了。

浏览器使用 URL 来定位网上资源,并主要通过 HTTP 实现数据的传输。

现在的浏览器越来越强大和复杂,常见的有 IE、Firefox 等。到本书编写时为止,市场占有率最高的浏览器是微软公司的 IE。

第二节　HTML 文件的语法和结构

HTML 是由一系列标记组合而成的一个文本文件。HTML 文件使用<标记名>和</标记名>的形式表示标记的开始和结束,标记符号不区分大小写。HTML 通过各种标记来分隔文件中的内容,并对各个被分隔的内容赋予相应的属性,从而形成网页的布局,并对网页中内容的格式、颜色等做了设置。如果布局和设置设计得好的话,就形成了布局合理、美观舒适的网页。

一、HTML 的标记与属性

在 HTML 文件中,标记(即 Tag)是用"<"和">"围起来的文字。标记的格式如下:

<标记名 属性 1 属性 2 属性 3……>内容</标记名>

标记分为成对标记和单独标记两种。成对标记是由首标记<标记名>和尾标记</标记名>构成,其作用范围仅限于首标记和尾标记所围起来的内容。单独标记只由<标记名>构成,放置在文件中相应的位置即可。

多数标记都有一些自己的属性,置于首标记内,用于描述标记所围的内容。各属性没有先后顺序,并且属性是可选的。如果省略了属性的话,就会使用默认值。下面是标记的具体例子:

<font color="♯0000FF" size="36">Hello world！</font>

多数属性无须加上双引号，但如果属性值包含空格、％、♯等特殊字符的话，则必须加上双引号。因此，为了避免出错，建议属性值都加上双引号，保持良好的习惯和一致的风格。

表 10-1 是 HTML 常见的一些标记，更多的标记及其详细说明可参考 HTML 手册。

表 10-1　HTML 常见标记和属性

标记类型	标记	说明
基本标记	<html> </html>	创建一个 HTML 文件
	<head> </head>	设置文档标题和其他不在网页上显示的信息
	<body> </body>	设置文件的主体
标题标记	<title> </title>	使浏览器的标题栏上能显示 HTML 文件的标题
格式标记	<p> </p>	新建一个段落
	<p align=" "> </p>	设置段落对齐方式，属性值可分别为"left"、"center"、"right"等，对应于左、中、右
	
	插入一个回车换行符
	<blockquote></blockquote>	从两边缩进文本
	<dl> </dl>	定义列表
文本标记	<pre> </pre>	创建预先格式化的文本
	<h1> </h1>	标题 1
	<h2> </h2>	标题 2
	<h3> </h3>	标题 3
	<h4> </h4>	标题 4
	<h5> </h5>	标题 5
	<h6> </h6>	标题 6
	<b> </b>	粗体
	<i> </i>	斜体
	<cite> </cite>	引用，通常为斜体字
	<em> </em>	强调，通常为黑体加斜体
	<strong> </strong>	加重显示，产生字体加粗显示的效果
	<font size=" "> </font>	设置文字大小，从 1 至 7
	<font color=" "> </font>	设置文字颜色，用颜色的英文名称或十六进制的 RGB 值表示
图像标记	<img src="name">	在 HTML 文件中插入一个图像
	<img src="name" align=" ">	插入图像，并对齐图像，可为"left"、"right"、"middle"、"top"、"bottom"等，对应于左、右、中、上、下
	<img src="name" border=" ">	设置图像的边框的宽度
	<hr>	插入一条水平线
	<hr size=" ">	插入水平线，并设置其大小(高度)
	<hr width=" ">	插入水平线，并设置其宽度

续表

标记类型	标记	说明
链接标记	＜a href＝"URL"＞ ＜/a＞	插入一个超文本链接
	＜a href＝"mailto：EMAIL"＞ ＜/a＞	插入自动发送电子邮件的链接
	＜a name＝"NAME"＞ ＜/a＞	创建一个位于文档内部的书签
	＜a href＝"♯NAME"＞ ＜/a＞	创建一个链接,用于指向文档内部的书签
表格标记	＜table＞ ＜/table＞	创建一个表格
	＜tr＞ ＜/tr＞	在表格中插入一行
	＜td＞ ＜/td＞	表格中某行的一个单元格
	＜th＞ ＜/th＞	设置表格头,通常是黑体居中的格式
	＜table border＝" "＞＜/table＞	设置表格边框的宽度
	＜table cellspacing＝" "＞ ＜/table＞	设置表格单元格之间的距离
	＜table cellpadding＝" "＞ ＜/table＞	设置表格单元格的边框和内容之间的距离
	＜table width＝" "＞ ＜/table＞	设置表格宽度,用像素值或总宽度的百分比表示

二、HTML 文件的结构

HTML 文件是由文件头和文件体组成的。

1. HTML 的文件头

HTML 的文件头,即 head,进行了一些全局性的定义,标记为＜head＞ ＜/head＞。文件头里主要定义了下面的内容。

（1）标题。标题显示在浏览器最上面的标题栏中,其标记为＜title＞＜/title＞,例如＜title＞欢迎光临！＜/title＞。

（2）meta 标签。meta 标签描述了网页文件自身的信息,是 head 区的一个辅助性标签,几乎出现在所有的网页里。meta 标签有两个属性,分别是 name 和 http-equiv,分别有不同的参数值,不同的参数值实现了不同的网页功能。

①name 属性。name 属性一般用于描述网页,其属性值为 content。content 中的内容主要是方便搜索引擎查找和分类信息用的,其语法格式为：

＜meta name＝"参数" content＝"具体的参数值"＞

name 属性主要有以下几个参数：

A. keywords(关键字)

keywords 用来把网页的关键字告诉搜索引擎,例如：

＜meta name＝"keywords" content＝"education，study"＞

B. description(描述网站的内容)

description 用来把网站的主要内容告诉搜索引擎,例如：

＜meta name＝"description" content＝"The page is on education and study. "＞

C. author(作者)

此参数用来表明网页的作者,例如:

<meta name="author" content="network editor">

②http-equiv 属性。http-equiv 属性能给浏览器提供一些有用的信息,以正确地显示网页内容。它的语法格式是:

<meta http-equiv="参数" content="参数值">

http-equiv 属性主要有以下几个参数:

A. expires(期限)

设置网页的到期时间。一旦网页过期,必须重新到服务器上获取,例如:

<meta http-equiv="expires" content="Fri, 15 Jan 2010 12:30:30 GMT">

注意:时间格式必须符合 GMT 时间格式。

B. refresh(刷新)

自动刷新,并指向新页面,例如:

<meta http-equiv="refresh" content="5;URL=http://news. sina. com. cn">

其中的"5"是指停留 5 秒钟后自动转到所指定的网址。

2. HTML 的文件体

文件体包含 HTML 文件的主要内容,其标记为<body> </body>。HTML 的大多数标记都存在于文件体中。常用的 HTML 标记见表 10-1,另外,在后面的 HTML 程序实例中,也有举例说明。

第三节　HTML 程序实例

我们已经对 HTML 有了初步的了解,下面来练习写一个 HTML 程序。我们来编写一个介绍一首唐诗的网页。

先用文本编辑器,比如 Windows 的记事本,新建一个文件,然后另存为"游子吟. html"。接下来开始编写 HTML 代码,如下:

```
<html>
<head>
<title>游子吟</title>
</head>
<body bgcolor="#0066FF">
<b><p>       游子吟</p></b>
<i><p>       (唐)孟郊</p></i>
<p>慈母手中线,游子身上衣。</p>
<p>临行密密缝,意恐迟迟归。</p>
<p>谁言寸草心,报得三春晖。</p>
</body>
</html>
```

对上面的代码的一些说明如下：

＜html＞和＜/html＞表明创建了一个 HTML 文档。

＜title＞游子吟＜/title＞表明了将在浏览器标题栏中显示的网页标题。

＜body bgcolor＝"♯0066FF"＞为设置网页的背景色。颜色是用十六进制表示的，颜色和十六进制数字的对应关系，可以从专业网页制作软件中获得，比如 Dreamweaver。这里我们设置背景色为浅蓝色，其十六进制数字为♯0066FF。

＜b＞＜/b＞表明其间的文字为粗体。

＜i＞＜/i＞表明其间的文字为斜体。

＜p＞＜/p＞为创建一个段落。

"＆nbsp；"为添加一个空格，这是为了使版面美观。浏览器并不能直接显示空格，包括空格在内的特殊字符在 HTML 中有专门的定义，例如"＆nbsp；"为空格，"＆quot；"为双引号。

上例的显示效果如图 10-1 所示。

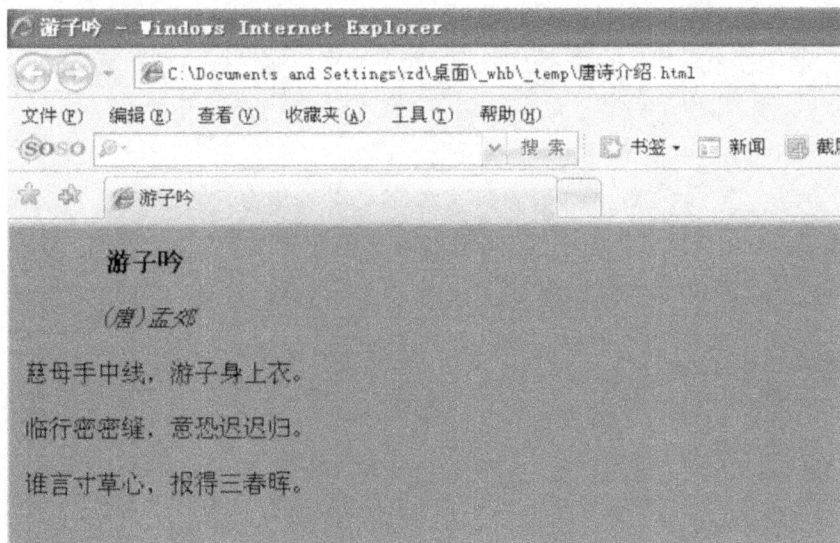

图 10-1　HTML 程序实例在 IE 中的显示效果截图

上面的实例简单说明了如何编写 HTML 文档。手工编写 HTML 比较费时，而且要求编写人员有较高的 HTML 编写和其他网页制作水平。现在早已有很多网页制作软件，能大大提高效率，即使对 HTML 不熟悉，也能制作网页，HTML 代码由软件自动生成。比如 Macromedia 的 Dreamweaver、Microsoft 的 FrontPage 等，这些都是优秀的"所见即所得"网页制作软件。

虽然有了这些优秀的网页制作软件，但我们还是应该对 HTML 有一定的了解，这有助于消除网页制作软件所产生的垃圾代码、理解优秀的网页是如何制作的，从而有助于制作出高质量的网页。

▶ 实训练习

1. 新建一个 html 文档，在文档里录入如下内容，然后将实训题目、实训目的、实训步骤设置为一级标题，将实训目的和实训步骤下的内容设置为二级标题，并将文件命名为"标题设置.html"。

【实训题目】

HTML 源代码查看

【实训目的】

(1)熟练掌握查看和设置 HTML 源代码的操作方法。

(2)掌握编辑和编写源代码的操作方法。

【实训步骤】

(1)打开某站点。

(2)练习查看 HTML 源代码的操作方法。

(3)练习设置 HTML 源代码的操作。

2.打开一个网站首页,查看其源代码,并将其设置页面文字的代码复制下来,然后解释该网页文字字号、字体的设置规则。

第十一章

Dreamweaver 网页制作

本章重点

1. Dreamweaver 8 的工作界面
2. 站点管理
3. 基本的网页编辑
4. 表格
5. 层
6. 表单
7. 行为
8. CSS 样式表

学习目标

1. 熟悉 Dreamweaver 工作界面
2. 掌握站点管理流程与方法
3. 掌握基本的网页编辑方法
4. 掌握表格布局方法
5. 熟悉层的特性，能应用层制作导航条
6. 掌握基本的表单、行为等互动技术
7. 掌握 CSS 布局的方法

在学习了网页制作的基础知识后，就可以尝试使用网页制作软件来高效快捷地制作网页了。在目前的网页制作软件中，Macromedia 公司的 Dreamweaver 以其强大的功能、广泛的应用得到了市场的认同。Dreamweaver 是专业的可视化、"所见即所得"网页制作软件，主要用于 Web 站点和网页的设计与开发，与 Flash 和 Fireworks 并称为"网页设计三剑客"。本章学习如何使用 Dreamweaver 8 在 Windows 平台上制作网页。

第一节　Dreamweaver 8 的工作界面

Dreamweaver 8 的工作界面主要由标题栏、菜单栏、文档窗口、属性面板、插入栏和一组浮动面板组成,如图 11-1 所示。分别介绍如下。

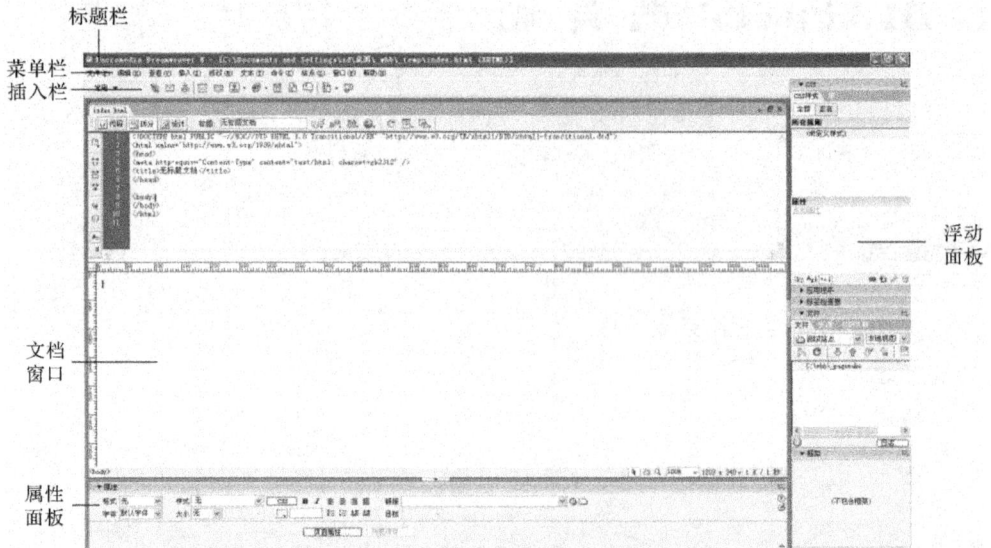

图 11-1　Dreamweaver 8 的工作界面

1. 菜单栏

Dreamweaver 8 的菜单栏包含文件、编辑、查看、插入、修改、文本、命令、站点、窗口、帮助 10 个菜单项。根据不同的需要选择不同的菜单命令。

2. 插入栏

网页包含文字、图像、表格等元素,当需要在网页的某个位置插入这些元素时就可以使用插入栏。单击插入栏左侧的三角形扩展按钮,在弹出的下拉菜单中可以选择所需要的插入类型,如图 11-2 所示。

图 11-2　插入栏类型的切换

3. 文档窗口

文档窗口显示当前正在编辑的网页文件,在设计视图和代码视图中可以分别查看文档,也可以在拆分视图中同时查看。

4. 属性面板

属性面板用于设置和查看当前所选对象的属性。属性面板中的内容随着当前所选对象的不同而不同。

5. 浮动面板组

在 Dreamweaver 工作界面的右侧,有一组浮动面板,包括 CSS、应用程序、标签检查器、文件、框架等面板。

第二节   站 点 管 理

这里的站点即互联网上的网站。Dreamweaver 能够创建和管理 Web 站点,组织和管理与 Web 站点相关的所有文档。还可以利用 Dreamweaver 向 Web 服务器上传站点,并且有自动管理文件和维护链接等功能。Dreamweaver 8 有三种站点,分别是本地站点、远程站点、测试站点,这里只介绍本地站点。

一、创建本地站点

本地站点通常指向本地计算机的一个文件夹,存放着相互关联的网站所需的网页和其他数字资源。本地站点即 Dreamweaver 在组织好了该文件夹中所有文件的关联之后所建立的一个本地 Web 站点。下面是建立本地站点的步骤。

步骤一:选择"站点"菜单下的"新建站点"命令,弹出图 11-3 所示的对话框。

步骤二:选择"基本"选项卡,输入站点名称,然后单击"下一步"。

步骤三:如图 11-4 所示,由于是在本地计算机上测试,所以选择"否,我不想使用服务器技术"。单击"下一步"。

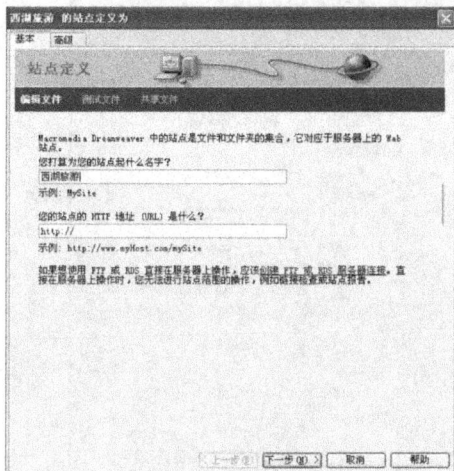

图 11-3 定义站点名称   图 11-4   是否使用服务器

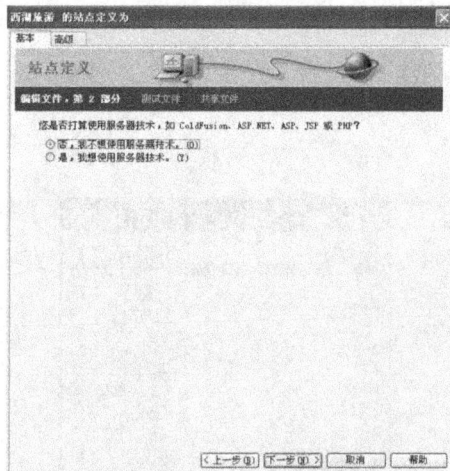

步骤四：如图 11-5，在弹出的对话框中选"编辑我的计算机上的本地副本，完成后再上传到服务器"，再输入存放站点的路径，单击"下一步"。

步骤五：如图 11-6，在弹出的对话框中选择连接到远程服务器的途径，这里选"无"，单击"下一步"。

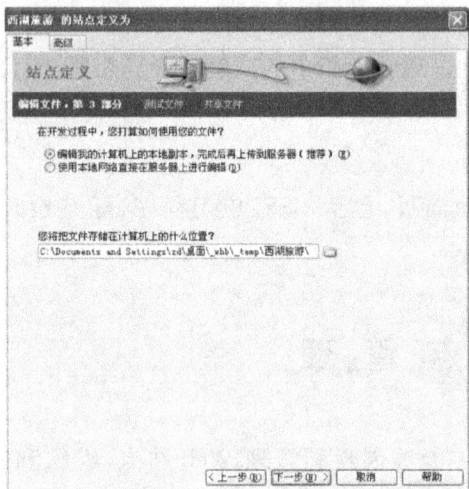

图 11-5 选择站点使用方式和存放路径

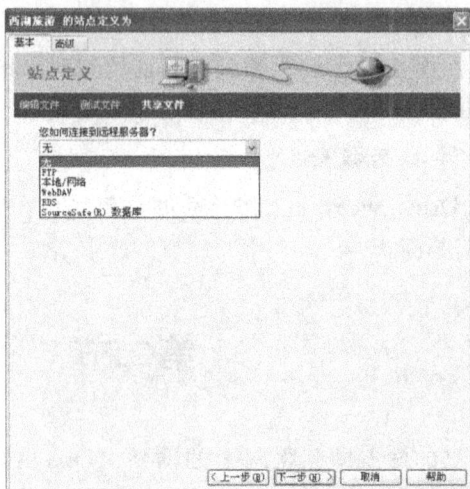

图 11-6 选择如何连接到远程服务器

步骤六：在弹出的对话框中列出了上面步骤所进行的设置，核对无误即可单击"完成"，即完成了本地站点的创建。如想修改前面步骤所进行的设置，可单击"上一步"，然后重新进行设置。

二、管理站点

对于已经创建好的站点，可以进行编辑修改。

1. 编辑站点

步骤一：选择"站点"菜单下的"管理站点"命令，弹出如图 11-7 所示的对话框。

步骤二：选择要编辑的站点，然后单击"编辑"，打开"站点定义"对话框，选择"高级"选项卡，如图 11-8 所示。

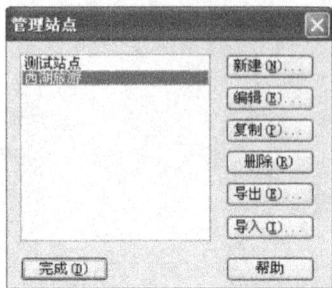

图 11-7 "管理站点"对话框

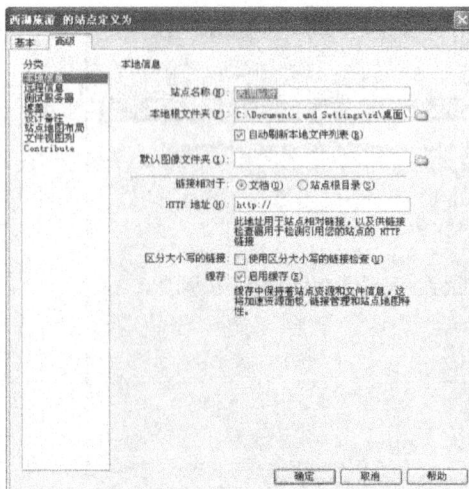

图 11-8 编辑修改站点

步骤三：选择"分类"中的"本地信息"，就可以在右侧窗口修改站点属性了。

图 11-8 中本地信息的一些参数的意义如下。

站点名称：所修改的站点的名称。

本地根文件夹：站点在本地计算机上的存放路径。

自动刷新本地文件列表：如果选择此复选框，则当站点相关文件被其他程序修改时（比如通过资源管理器），自动刷新"文件"面板中的文件和文件夹。

默认图像文件夹：默认的存放网站的图片的文件夹。

HTTP 地址：当网站发布在互联网上时的地址。

2. 新建文件夹

新建站点后，就要给站点创建网页了，这需要先创建一些文件夹，用来存放这些网页。

右键单击"文件"浮动面板中的站点根目录，在弹出的快捷菜单中选择"新建文件夹"，如图 11-9。这时在"文件"面板的站点根目录下，新建了一个默认名为"untitled"的子目录。用户可以按自己的意愿更改文件夹的名称，如图 11-10。

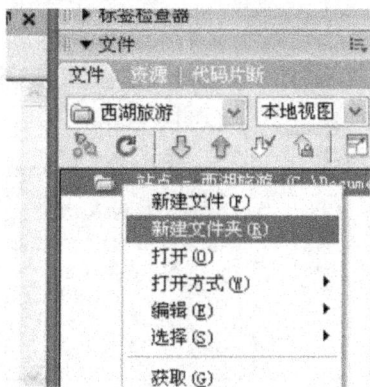

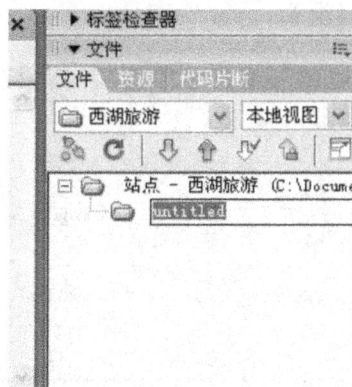

图 11-9 新建文件夹   图 11-10 更改文件夹的名称

3. 新建文件

右键单击"文件"面板中的站点根目录或某个文件夹，在弹出的快捷菜单中选择"新建文件"，如图 11-11。这时在"文件"面板的那个目录下，新建了一个默认名为"untitled. html"的空文件。用户可以按自己的意愿更改此文件的名称，如图 11-12。

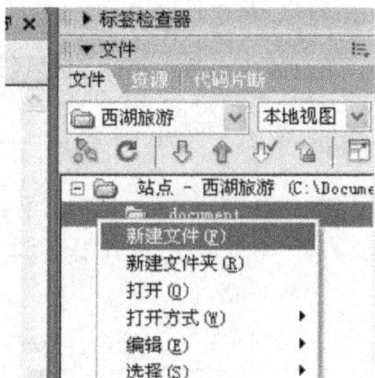

图 11-11 新建文件   图 11-12 更改文件名

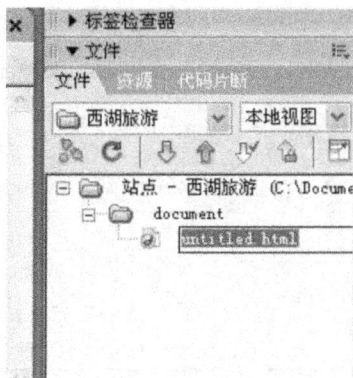

第三节　基本的网页编辑

了解了站点的建立和管理后,就可以给站点添加和编辑网页了。下面介绍基本的网页编辑。

一、设置页面属性

选择"修改"菜单中的"页面属性"命令,打开"页面属性"对话框,可以设置外观、标题等属性。

1. 设置外观

如图 11-13,在"页面属性"对话框左侧的"分类"列表中选择"外观",对话框的右侧就会出现相应的外观属性。在这里可以对页面字体、文本颜色、背景颜色、边距等进行设置。

2. 设置链接

如图 11-14,选择"分类"列表中的"链接",可以对整个页面的链接字体、链接颜色、已访问链接的颜色等进行设置。

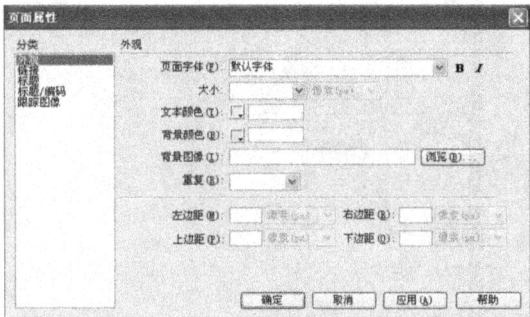

图 11-13　设置页面属性的外观

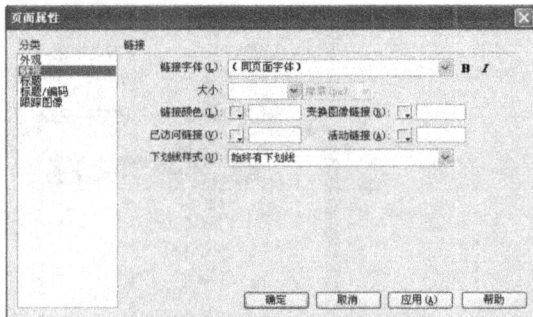

图 11-14　设置页面属性的链接

3. 设置标题

如图 11-15,选择"分类"列表中的"标题",就可以对整个页面的标题的字体、大小、颜色进行设置。

4. 设置标题/编码

如图 11-16,选择"分类"列表中的"标题/编码",就可以对网页的标题、文档类型、编码等进行设置。

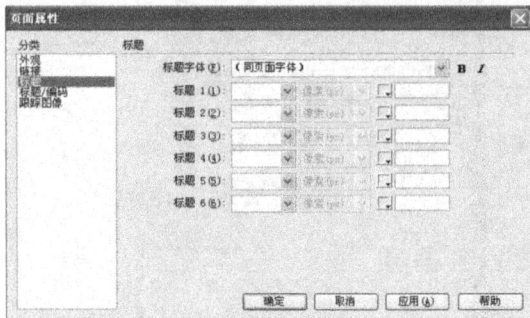

图 11-15　设置页面属性的标题

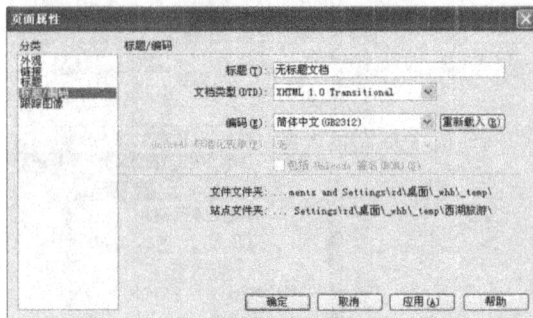

图 11-16　设置页面属性的标题/编码

二、添加文本

将光标放置于要在网页中添加文本的位置，就可以在此添加文本。选择文本，则被选择的文本的属性就出现在下面的属性面板中，如图 11-17 所示。在这里可以对文本的格式、字体、样式、大小、颜色、链接等进行设置。下面说明文本的主要属性的设置。

图 11-17　设置文本的属性

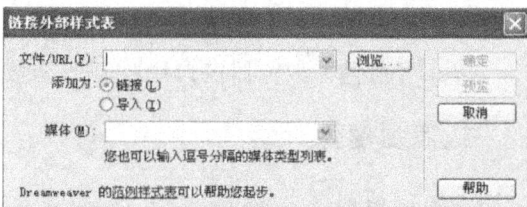

1. 设置格式

"格式"项用来设定所选的文本是段落还是标题，标题为标题 1 至标题 6。

2. 设置字体

"字体"项用来设定所选的文本的字体。每一个字体组合有多种字体，用浏览器浏览网页时，首先用所选字体组合的第一种字体显示文本，如果浏览器未安装此字体，则用第二种字体显示文本，以此类推。如果所选字体组合的所有字体都未安装，则浏览器按默认的方式显示文本。

3. 设置样式

"样式"项用来设定文本所套用的 CSS 样式，如图 11-18 所示。通过"附加样式表"选项可以打开"链接外部样式表"对话框，可以选择外部样式表文件，如图 11-19 所示。通过"重命名"选项可以重命名所导入的外部样式表。

图 11-18　设置文本的样式　　　　**图 11-19　"链接外部样式表"对话框**

4. 设置大小

"大小"项用来设置所选文本的大小。

5. 设置颜色

"文本颜色"用来设置所选文本的颜色。

6. 设置超链接

"链接"项用来设置所选文本的超链接，有三种设置方式。

（1）在"链接"右侧的文本框中直接输入地址。

（2）使用"链接"文本框右侧的"指向文件"按钮，如图 11-20 所示。选定要链接的文本，按下"指向文件"按钮，然后拖到"文件"面板中的目标文件，就链接好了。

（3）使用"指向文件"按钮右侧的"浏览文件"按钮，然后在弹出的"选择文件"窗口中选择要链接的文件。

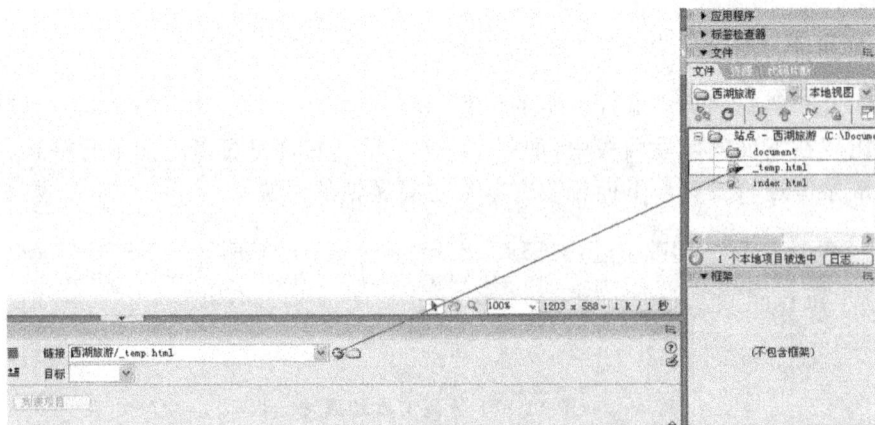

图 11-20　使用"指向文件"按钮设置链接

设置超链接时，"目标"下拉列表用来设置超链接的打开方式，如图 11-21 所示。

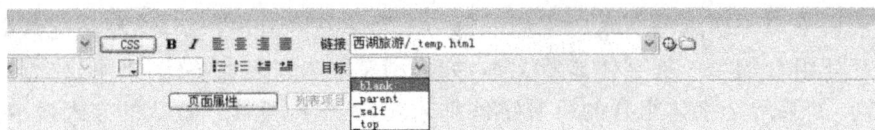

图 11-21　设置超链接的打开方式

"_blank"：在弹出的未命名的新窗口中打开所链接的文件。

"_parent"：若是嵌套的框架，则在父框架或窗口中打开所链接的文件；若不是嵌套的框架，则与"_top"相同。

"_self"：在当前网页所在窗口中打开所链接的文件，是浏览器的默认设置。

"_top"：在整个浏览器窗口中打开所链接的文件。

三、添加图像

1. 插入图像

步骤一：将光标置于要插入图像的位置。

步骤二：选择"插入"菜单中的"图像"，弹出"选择图像源文件"窗口。

步骤三：选定要插入的图像，按"确定"按钮。

步骤四：这时弹出"图像标签辅助功能属性"对话框，如图 11-22 所示。其中的"替换文本"为图像的注释，即当浏览器不能正常显示图像时，在图像的位置显示这个文本。

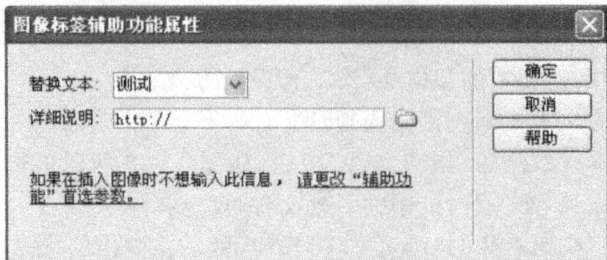

图 11-22　"图像标签辅助功能属性"对话框

2.设置图像的属性

选择图像后,属性面板出现图像的属性设置,如图 11-23 所示。

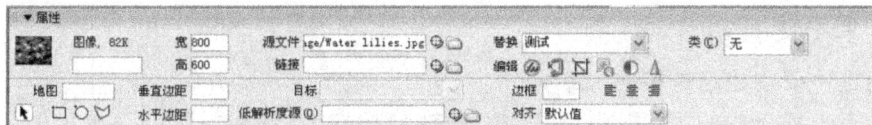

图 11-23　设置图像的属性

在缩略图右侧的文本框中可以设置图像的名称,此名称用于在行为或脚本程序中引用此图像。

"宽"和"高":确定图像的宽度和高度,以像素为单位。

"源文件":指明图像的源文件。

"垂直边距":垂直边距为图像在垂直方向(图像的上方和下方)与其他页面元素的距离。

"水平边距":图像在水平方向(图像的左边和右边)与其他页面元素的距离。

"编辑":用来对图像进行一些处理,例如对图像进行优化处理、调整图像的亮度和对比度、锐化图像等。

"低解析度源":在载入主图像之前指定的先载入的图像。如果主图像较大,则可以先载入主图像的分辨率较低的图像(一般比较小,因而载入快),让分辨率低的图像先临时代替主图像,当主图像载入完成后则显示主图像。

"边框":给图像添加边框,以像素为单位,默认无边框。

"▤ ▤ ▤":设置图像的对齐方式,有左对齐、居中对齐、右对齐。

"对齐":用来设置图像与文本的对齐方式。

"类":用来设置 CSS 样式表。

3.鼠标经过图像

鼠标经过图像是指当鼠标指针经过一幅图像时,图像会自动变为另一幅图像。这是通过使用两幅图像实现的,即初始图像和替换图像。初始图像是页面首次载入时显示的图像,替换图像是当鼠标指针经过时显示的图像。两幅图像大小要相同,如果大小不同,则 Dreamweaver 自动调整替换图像的大小,使两幅图像大小相同。

步骤一:将光标置于要插入鼠标经过图像的位置。

步骤二:在插入栏中选择"常用"选项,然后选择"图像"下拉菜单中的"鼠标经过图像",如图 11-24 所示。

步骤三:在"插入鼠标经过图像"对话框中选择初始图像和替换图像,如图 11-25 所示,单击"确定"按钮。

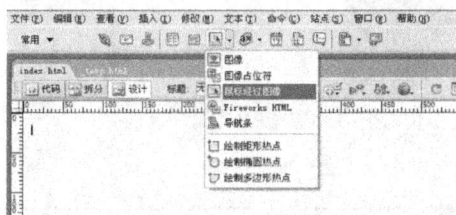

图 11-24　选择"鼠标经过图像"菜单

图 11-25　"插入鼠标经过图像"对话框

插入鼠标经过图像后,在 IE 中可以看到实际结果。

四、创建超链接

1. 为文本创建超链接

步骤一:选中要创建超链接的文本。

步骤二:点击插入栏的"常用"选项的"超级链接"按钮,或选择"插入"菜单里的"超级链接",打开如图 11-26 所示的对话框。

步骤三:在"链接"中输入链接地址,在"目标"中选择打开链接时的目标窗口,"标题"用来设置链接的标题,"访问键"中可以设置键盘键,用于在浏览器中选择此链接,"Tab 键索引"中可以输入 Tab 键的次序编号。

步骤四:单击"确定"完成设置。

在给文本创建超链接后,也可以在属性面板中进行修改。

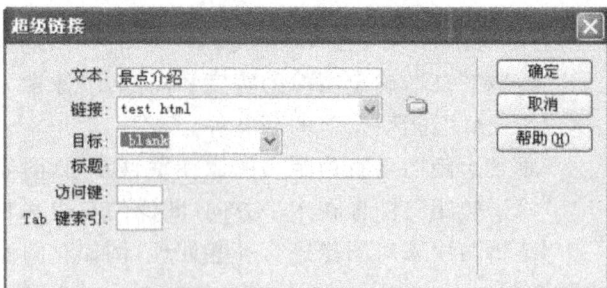

图 11-26 "超级链接"对话框

2. 为图像创建链接

(1)为图像创建单个链接。

步骤一:选中要创建链接的图像。

步骤二:在属性面板中的"链接"框中设置好链接地址。设置链接地址有三种方法,即直接输入链接地址,按下"链接框"右侧的"指向文件"按钮并拖到文件面板中的目标文件,或使用"指向文件"按钮右侧的"浏览文件"按钮来选择目标文件。

(2)创建图像热区。创建图像热区是指把图像分成若干个区域,并且每个区域都能创建一个超级链接,以便图像的各区域能被链接到不同的文档。热区有三种,分别为矩形、圆形、多边形热区。下面以创建圆形热区为例来说明。

步骤一:选中要创建热区的图像。在属性面板中单击"圆形热点工具"按钮,然后在图像上要创建热区的地方选定一个圆形区域,如图 11-27所示。

步骤二:这时,属性面板显示热点的属性。然后设置热点的属性,如图 11-28所示。

步骤三:重复第二步和第三步,可以继续在图像的其他区域创建热区。

图 11-27 选定圆形热区

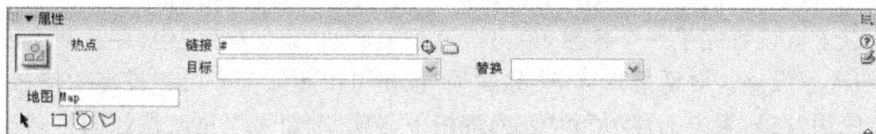

图 11-28　设置热点的属性

3. 创建电子邮件链接

电子邮件链接是指当单击链接时,电子邮件软件会自动启动,并新建一个邮件,且在这个新建邮件的"收件人"中填入提前设定好的电子邮件地址。

步骤一:选择要创建电子邮件链接的图像或文本。

步骤二:点击插入栏的"常用"选项的"电子邮件链接"按钮,或选择"插入"菜单里的"电子邮件链接",打开如图 11-29 所示的对话框。

步骤三:在"E-Mail"中输入电子邮件的地址,按"确定"完成设置。

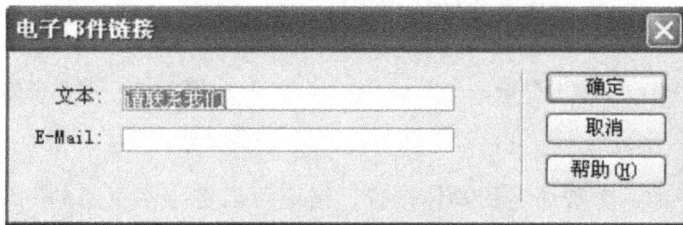

图 11-29　设置电子邮件链接

图 11-30　在属性面板中设置电子邮件链接

也可以直接在属性面板的"链接"中输入电子邮件地址,如图 11-30 所示。注意,电子邮件地址前要加上"mailto:"。

4. 创建导航条

网页里的导航条是指由一系列图片组成的一组按钮,单击各个按钮就可以打开不同的页面。按钮图像需要提前制作。

步骤一:选择"插入"菜单里的"图像对象"子菜单,然后从"图像对象"子菜单中选择"导航条",打开如图 11-31 所示的"插入导航条"对话框。

步骤二:在"项目名称"框中输入导航条按钮的名称(注:此名称不会在导航条的按钮上显示)。

步骤三:设置一个按钮在不同状态下所显示的不同图像:输入"状态图像"、"鼠标经过图像"、"按下图像"、"按下时鼠标经过图像"。

步骤四:输入"替换文本",以设定因某种原因不能正确显示按钮图像时所显示的文字。

步骤五：在"按下时，前往的 URL"中设定按下某个按钮时所链接的文件。

步骤六：以上就设置完了一个按钮，单击对话框顶部的"添加项"按钮，并重复上面的操作，可以对其余按钮进行设置。对话框顶部的"移除项"按钮可以删除某个已经设定的按钮。

步骤七：使用"在列表中上移项"和"在列表中下移项"按钮可以更改按钮的排列次序。

步骤八：在"插入"中可以设定导航条是水平的还是垂直的。

步骤九：单击"确定"完成导航条的设置。

图 11-32 为网页中插入的导航条在 IE 浏览器中的实际效果。

图 11-31　设置导航条

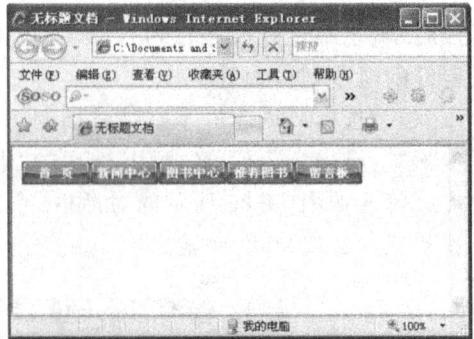

图 11-32　导航条的实际效果

5.创建锚记

锚记是指网页中的一个被命名的具体位置。锚记可以定位网页中的一个具体位置，用于创建链接到锚记的超链接。

（1）插入锚记。

步骤一：将光标放在要插入锚记的位置。

步骤二：点击插入栏的"常用"选项的"命名锚记"按钮，或选择"插入"菜单里的"命名锚记"，打开如图 11-33 所示的"命名锚记"对话框。

步骤三：在"锚记名称"框中设定锚记的名称，按"确定"完成设置。

插入锚记后，在插入位置会出现一个锚形图标，但在实际浏览网页时，是看不到锚记的。

图 11-33　命名锚记

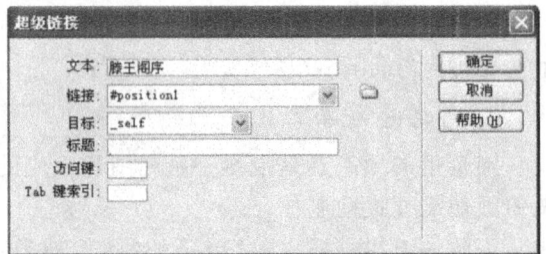

图 11-34　"超级链接"对话框

（2）链接到锚记。

插入锚记后，就可以设定链接到锚记的超链接，这对浏览内容长度大大超过浏览器窗口的网页是很有用的。比如，某个网页的内容是李白的代表诗作，诗作很多、网页很长，则可以在网页中每首诗的开头位置设置一个锚记，并在网页起始部位列出这些诗的名称，然后创建这些名称和锚记的链接,这样读者只要点击这些名称就可以立刻定位到这些诗的具体位置,方便了查找。

步骤一:选中要链接到锚记的文本。

步骤二:点击插入栏的"常用"选项的"超级链接"按钮,或选择"插入"菜单里的"超级链接"菜单项,打开如图 11-34 所示的"超级链接"对话框。

步骤三:在"链接"下拉菜单中选择要链接的锚记的名称,并设置其他参数,按"确定"。

步骤四:重复以上步骤,设置到其他锚记的链接。

五、插入多媒体对象

1. 插入 Flash 动画

步骤一:将光标定位于网页中要插入 Flash 动画的位置。

步骤二:选择"插入"菜单的"媒体"子菜单,再选择"媒体"子菜单的"Flash"菜单项,打开"选择文件"对话框。

步骤三:选定要插入的 Flash 文件,单击"确定"。

2. 插入 Flash 按钮

步骤一:将光标定位于网页中要插入 Flash 按钮的位置。

步骤二:选择"插入"菜单的"媒体"子菜单,再选择"媒体"子菜单的"Flash 按钮"菜单项,打开"插入 Flash 按钮"对话框,如图 11-35 所示。

步骤三:在此对话框中对"样式"、"按钮文本"、"字体"、"大小"、"链接"、"目标"、"背景色"等进行设置,然后单击"确定"完成设置。

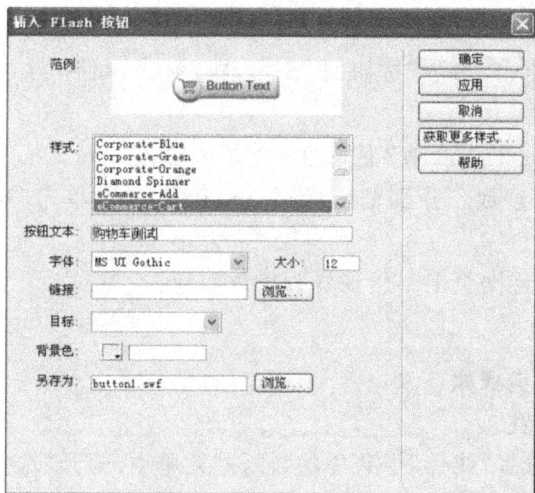

图 11-35 插入 Flash 按钮

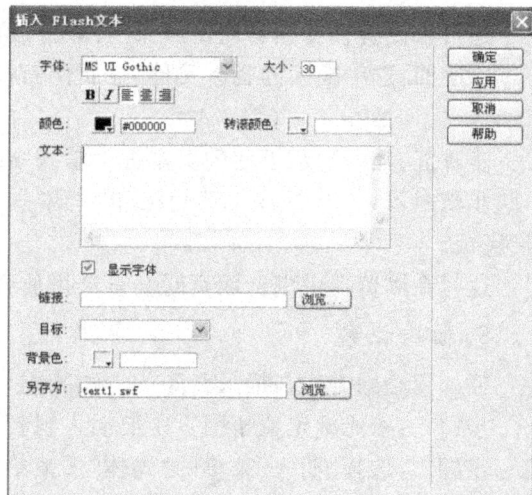

图 11-36 插入 Flash 文本

3. 插入 Flash 文本

步骤一:将光标定位于网页中要插入 Flash 文本的位置。

步骤二:选择"插入"菜单的"媒体"子菜单,再选择"媒体"子菜单的"Flash 文本"菜单项,打开"插入 Flash 文本"对话框,如图 11-36 所示。

步骤三:在此对话框中对字体、大小、对齐方式、颜色、文本、链接等进行设置,然后单击"确定"完成设置。

4.插入音频

步骤一：将光标定位于网页中要插入音频的位置。

步骤二：选择"插入"菜单的"媒体"子菜单，再选择"媒体"子菜单的"插件"菜单项，打开"选择文件"对话框。

步骤三：选择要插入的音频文件，单击"确定"完成。

在 IE 浏览器中的效果如图 11-37。

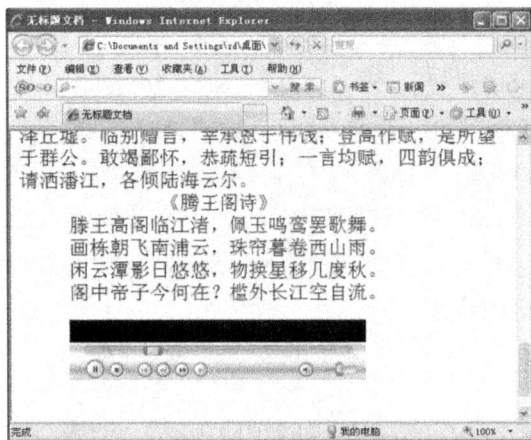

图 11-37 在 IE 中的浏览效果

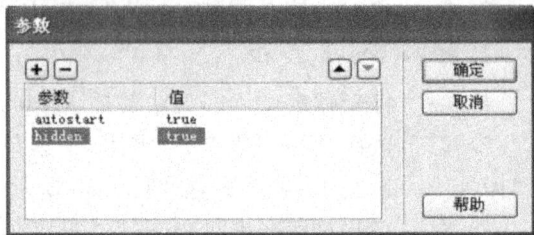

图 11-38 设置音频的参数

还可以设置让音频自动播放，让音频播放面板隐藏起来。

步骤四：选中插入的音频文件，在属性面板中单击"参数"按钮，打开"参数"窗口，如图 11-38 所示。

步骤五：在"参数"下面的文本框中输入"autostart"，在"值"下面的文本框中输入"true"。

步骤六：单击上面有"＋"的按钮，再增加一个参数。分别输入"hidden"和"true"，单击"确定"完成。

这时在浏览器中浏览网页时会自动播放音频，且网页上不出现音频播放面板。

5.插入视频

插入视频的方法与插入音频的方法相同，具体步骤如下。

步骤一：将光标定位于网页中要插入视频的位置。

步骤二：选择"插入"菜单的"媒体"子菜单，再选择"媒体"子菜单的"插件"菜单项，打开"选择文件"对话框。

步骤三：选择要插入的视频文件，单击"确定"完成。

同样，在插入视频后，也可以选中视频文件，然后在属性面板中设置其属性。

第四节 使 用 表 格

在网页设计中，表格不仅仅是一般意义上的表格，还是排版的重要手段。使用表格能比较精确地划分网页、定位元素。

一、插入表格

插入表格可以通过使用菜单或插入栏完成,选择"插入"菜单的"表格"选项,或是点击插入栏的"常用"选项的"表格"按钮,就打开了"表格"对话框,如图 11-39 所示。

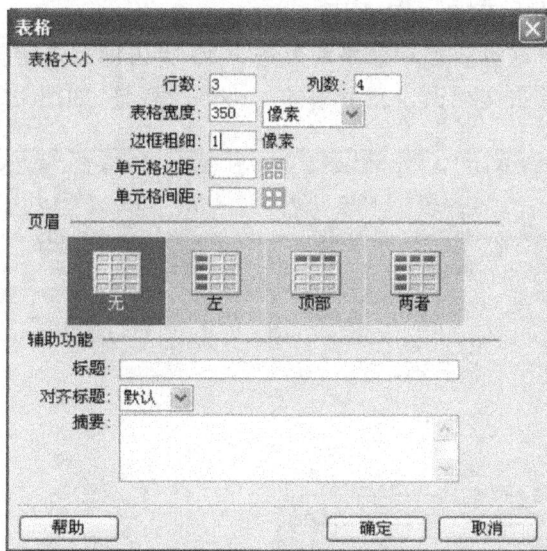

图 11-39　设置表格的参数

在此对话框中可以设置表格的参数。主要参数解释如下。

1. 表格宽度

表格宽度有两种设定方式,即指定表格的宽度占多少像素,或是指定表格的宽度所占浏览器窗口的百分比(如果表格在层中,则百分比是相对于层的宽度而言)。

2. 边框粗细

设定表格边框的宽度,以像素为单位。如果将边框粗细设置为"0",则在浏览器中不显示表格的边框,因此在用表格进行网页布局时,常将边框粗细设置为"0"。

3. 单元格边距

指单元格内容与单元格边界之间的距离,以像素为单位。

4. 单元格间距

指相邻单元格之间的距离,以像素为单位。

5. 页眉

页眉用于设定表格的标题行和标题列的出现方式。

6. 辅助功能

辅助功能有"标题"、"对齐方式"、"摘要"三项。

(1)标题为表格的标题。

(2)对齐方式为表格标题的对齐方式,有 5 种,分别是顶部、底部、左对齐、右对齐、默认。顶

227

部即标题放在表格上面,底部即标题放在表格下面。默认为标题放在表格上面的中间部位。

(3)摘要为表格的标题的摘要,用来对表格注释。

二、编辑表格

1.选择表格

在编辑表格前,需要选中表格,方法如下。

(1)选择整个表格。将鼠标放置在表格的外边框上,单击即可选定整个表格。或将鼠标置于表格中的任意位置,然后单击文档窗口左下角的<table>标签,如图 11-40 所示。

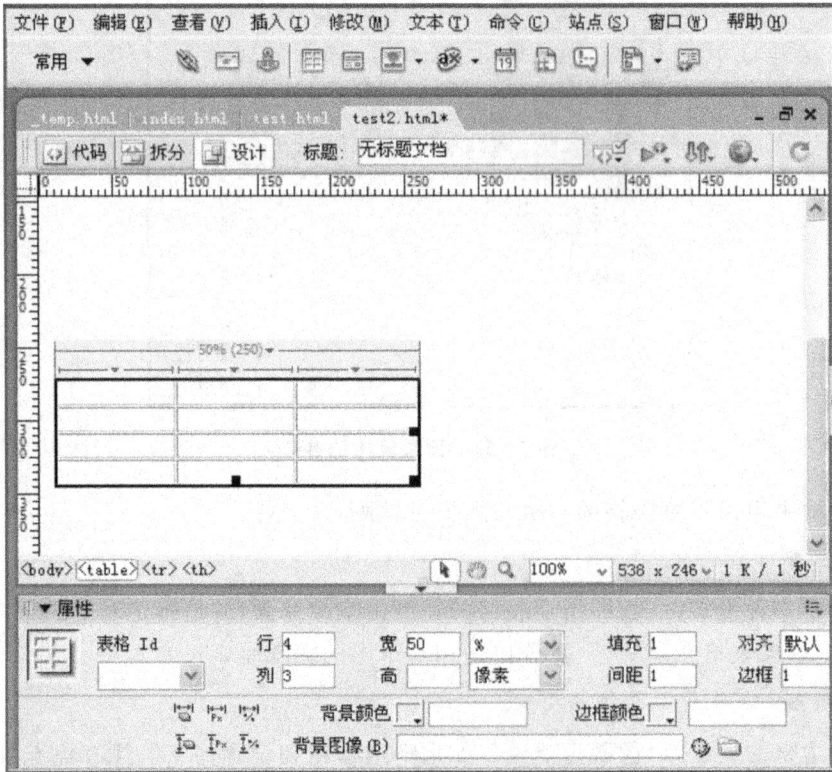

图 11-40 选定表格和行

(2)选择整行。将鼠标放置在某行的左侧边框上,单击左键即可选定该行。选定某行后拖动鼠标可以选择相邻的多行。按下 Ctrl 键,然后单击行的左侧,可以选定多个相邻的或不相邻的行。将鼠标置于某行的任意单元格,然后单击文档窗口左下角的<tr>标签也可以选定该行,如图 11-40 所示。

(3)选择整列。将鼠标放置在某列的上边框上,单击左键即可选定该列。选定某列后拖动鼠标可以选择相邻的多列。按下 Ctrl 键,然后单击列的上侧,可以选定多个相邻的或不相邻的列。

(4)选择单元格。将光标放置在单元格中,单击左键即可选定单元格。拖动鼠标可以选择多个相邻的单元格。按下 Ctrl 键,然后单击单元格可以选定多个相邻的或不相邻的单元格。

2.调整表格的结构

（1）插入单行和单列。定位光标到单元格中，选择"插入"菜单中的"表格对象"子菜单，在子菜单中有"在上面插入行"、"在下面插入行"、"在左边插入列"、"在右边插入列"等选项，选择各选项就可以执行相应的插入行或列的操作。

（2）插入多行和多列。右键点击单元格，弹出快捷菜单，在快捷菜单中选择"表格"子菜单中的"插入行或列"，打开"插入行或列"对话框。对于插入行，选择插入行，设置好插入的行数和位置即可，如图 11-41 所示。对于插入列，选择插入列，设置好插入的列数和位置即可，如图 11-42 所示。

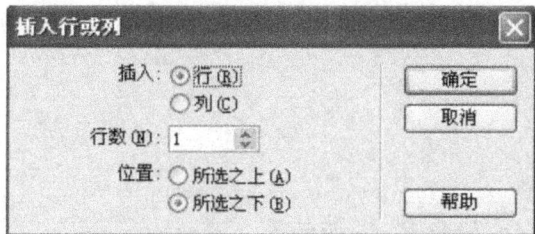

图 11-41　插入多行　　　　　　　　图 11-42　插入多列

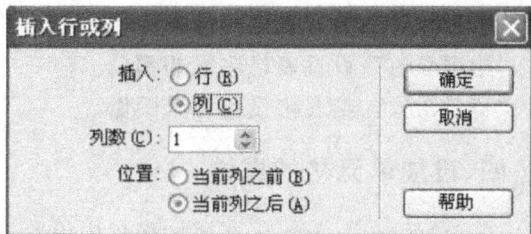

（3）删除行和列。右键点击单元格，弹出快捷菜单，在快捷菜单中选择"表格"子菜单中的"删除行"或"删除列"。

（4）合并单元格。选择要合并的多个单元格，右键点击，弹出快捷菜单，在快捷菜单中选择"表格"子菜单中的"合并单元格"。或选好单元格后，单击属性面板左下角的"合并单元格"按钮。

（5）拆分单元格。选择要被拆分的单元格，右键点击，弹出快捷菜单，在快捷菜单中选择"表格"子菜单中的"拆分单元格"，或选好单元格后，单击属性面板左下角的"拆分单元格"按钮，弹出"拆分单元格"对话框，如图 11-43 所示。选择是拆分成行还是列，并设定行数或列数即可。

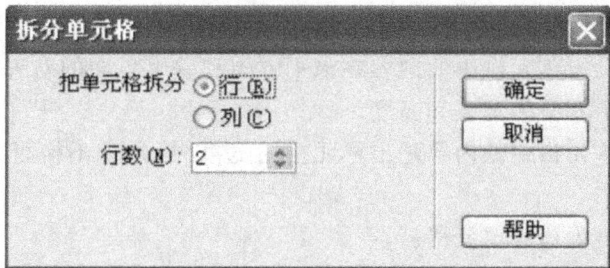

图 11-43　拆分单元格

三、设置表格的属性

选择表格后，就可以在属性面板中设置其属性，如图 11-44 所示。

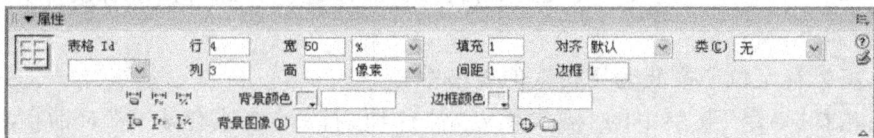

图 11-44　设置表格的属性

表格的属性说明如下。

"表格 Id":对表格的命名。

"行"和"列":设置表格的行数和列数。

"宽"和"高":设置表格的宽和高,以像素或百分比为单位。

"填充":设置单元格的边界和内容之间的距离,以像素为单位。

"间距":设置相邻单元格之间的距离,以像素为单位。

"边框":设置表格边框的粗细,以像素为单位。

"对齐":设置表格相对于其他网页元素的对齐方式。

"背景颜色":设置表格的背景颜色。

"边框颜色":设置表格边框的颜色。

"背景图像":给表格设置背景图像。

四、设置单元格的属性

选定单元格后,就可以在属性面板中设置其属性,如图 11-45 所示。

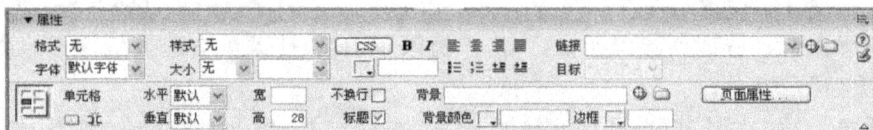

图 11-45　设置单元格的属性

在单元格的属性面板中,上半部分设置单元格中的内容的属性,下半部分设置单元格的属性,下面说明单元格的属性。

"▭":合并单元格。

"▯":拆分单元格。

"水平"和"垂直":设置单元格中的内容在水平方向和垂直方向的对齐方式。

"宽"和"高":设置单元格的宽度和高度。

"不换行":设定当单元格中的内容超出单元格的宽度时,内容不换行,而单元格自动改变宽度以适应内容。

"标题":设置单元格为标题单元格。

"背景":为单元格选定背景图像。

"背景颜色":设置单元格的背景色。

"边框":设置单元格的边框颜色。

五、套用表格格式

Dreamweaver 自带了一些较为美观的表格格式,套用这些格式可以节省设计时间。套用表格格式的步骤如下。

步骤一:将光标定位于需要套用格式的表格中。

步骤二:选择"命令"菜单中的"格式化表格"选项,打开"格式化表格"对话框,如图 11-46 所示。

步骤三:在此对话框中,可以根据需要进行一些外观方面的调整,比如颜色搭配、对齐方式、文字样式等，以满足用户需要。

步骤四：调整完成后，单击"确定"完成设置。

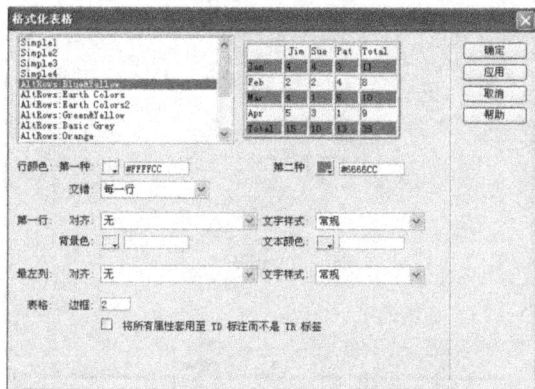

图 11-46　格式化表格

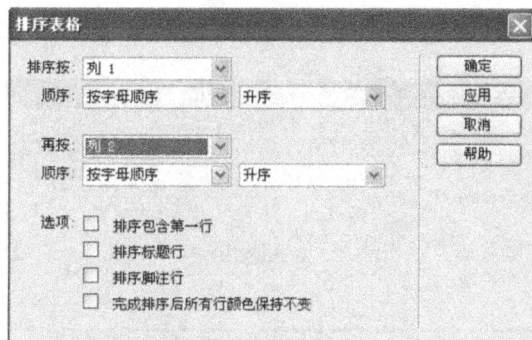

图 11-47　对表格排序

六、对表格排序

步骤一：选定要排序的表格。

步骤二：选择"命令"菜单中的"排序表格"选项，打开"排序表格"对话框，如图 11-47 所示。

步骤三：在此对话框中，可对排序规则设定：在"排序按"中选择按哪列排序，在"顺序"中选择是按字母排序还是按数字排序，并选定是升序还是降序；如果在排序结果中有相同的数据，可在"再按"中选择一个列，以对这些数据做进一步排序。另外，排序时可以指定是否包含标题行。

步骤四：设置好后，单击"确定"完成。

七、导入表格式数据

Dreamweaver 能够把其他文字处理软件的数据导入，并将这些数据转化为表格，下面以纯文本文件说明。

作为例子的纯文本文件如图 11-48 所示，数据是用 Tab 分隔的。

步骤一：选择"插入"菜单中的"表格对象"子菜单，再选子菜单的"导入表格式数据"选项，打开"导入表格式数据"对话框，如图 11-49 所示。

步骤二：在此对话框中输入要导入的数据文件，并设定定界符（这里为 Tab 键），并对表格的其他属性进行一些设置。

步骤三：设置完成后，单击"确定"完成导入。

导入后的表格如图 11-50 所示。

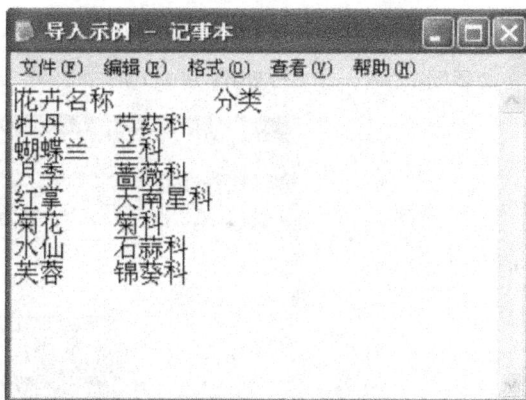

图 11-48　示例数据

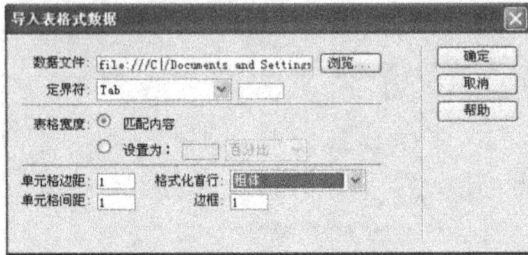

图 11-49　导入表格式数据

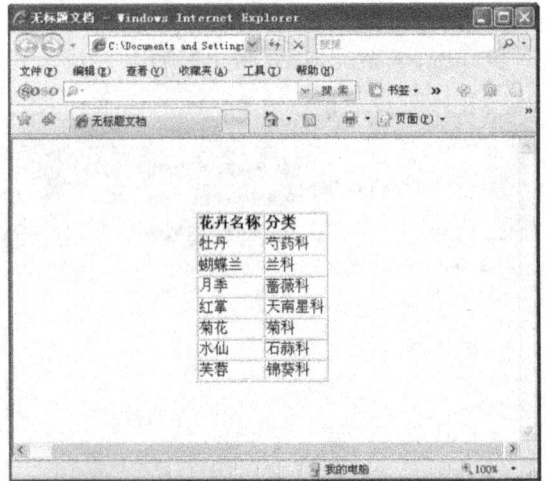

图 11-50　导入结果

第五节　层

除了表格外,在 Dreamweaver 中层(layer)也是应用最广泛的元素之一。层就像一个容器,网页中的任何元素(包括其他的层)都可以放置在层中。多个层之间可以重叠,可以设置层的重叠次序和显示与隐藏。另外,层可以自由灵活地布局在网页的任何位置,这是层真正的魅力所在。层还可以与时间轴配合,来实现动画效果。下面介绍层的操作。

一、插入层

1. 插入层

选择插入栏的"布局"选项,然后单击"绘制层"按钮。这时鼠标指针变为"＋"形,然后就可以拖动鼠标绘制一个层,如图 11-51 所示。重复以上操作可以绘制多个层。

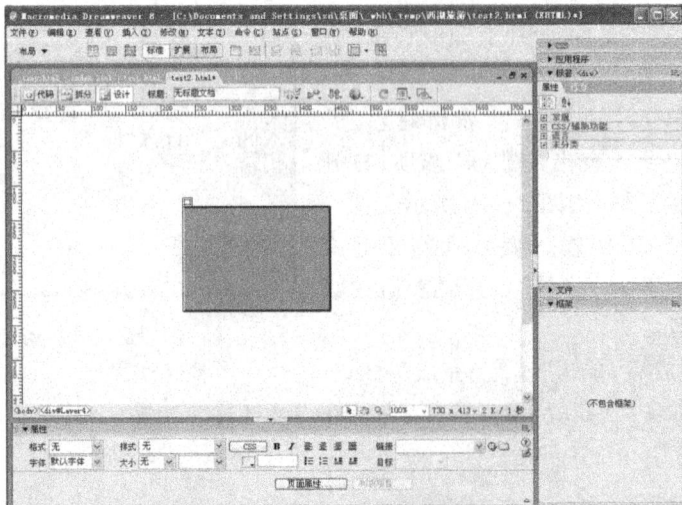

图 11-51　插入层

也可以先把光标定位在要插入层的位置,然后选择"插入"菜单里的"布局对象"子菜单,再选择子菜单中的"层"选项,这时就会在光标位置处插入一个层。

2.插入嵌套层

嵌套层就是在一个层中再插入一个层,外部的层为父层,内部的层为子层或称为嵌套层。子层的大小和位置不受父层限制,但移动父层时子层会跟着移动。插入嵌套层的步骤如下。

步骤一:将光标定位于父层中。

步骤二:选择"插入"菜单里的"布局对象"子菜单,再选择子菜单中的"层"选项,这时就会在父层中插入一个子层。

可以在浮动面板中展开"层"面板,查看层的嵌套情况,如图 11-52 所示。

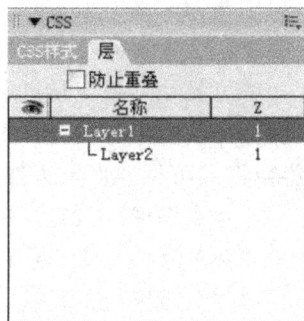

图 11-52　层的嵌套

二、编辑层

1.选择层

单击层的边框,在"层"面板中单击层的名称选定层。按下 Shift 键可以同时选定多个层。

2.移动层

拖动层的边框可以移动层。选中层后,使用键盘上的四个方向键可以精确地移动层,每按下一次方向键移动 1 个像素。选中层后,Shift 键和方向键同时按下,一次可以移动 10 个像素。

3.对齐层

首先选定要对齐的多个层,然后选择"修改"菜单里的"排列顺序"子菜单,子菜单中有"左对齐"、"右对齐"、"对齐上缘"、"对齐下缘"等选项,选中不同的选项可以实现相应的对齐效果。对齐的基准是最后选中的那个层。

4.更改层的大小

选中层后,层的边框上会出现 8 个控制点,当鼠标移动到控制点上时,会变成双向箭头的形状,这时按下并拖动鼠标就可以更改层的大小。

选中多个层后,选择"修改"菜单里的"排列顺序"子菜单里的"设成宽度相同"或"设成高度相同"选项,能够将多个层的宽度或高度设置为最后选定的那个层的宽度和高度。

5.在层中插入对象

层中可以插入文本、图像、表格、其他的层等对象,只要将光标定位在层中,然后执行相应的插入操作就可以了。

三、设置层的属性

选定某个层后,可以在属性面板中设置其属性,如图 11-53 所示。

图 11-53　设置层的属性

233

"层编号"：当前层的名称。

"左"：设定层的左边相对于页面左边或父层左边的距离，以像素为单位。

"上"：设定层的上边相对于页面上边或父层上边的距离，以像素为单位。

"宽"和"高"：设定层的宽度和高度，以像素为单位。

"Z轴"：设定层的重叠顺序，数值小的层位于数值大的层的下面。

"可见性"：设定层的可见性，有4个选项。visible为显示层和层的内容；hidden为隐藏层和层的内容；inherit为继承其父层的可见性；default为默认值，由浏览器决定其可见性，多数浏览器会将其可见性设定为继承父层的可见性。

"背景图像"：设定层的背景图像。

"背景颜色"：设定层的背景颜色。

"类"：设定层的样式。

"溢出"：当层的内容超出层的范围时，设定内容的显示方式，有4个选项。当层的内容超出层的范围时，visible为层会自动向下或向右扩展，以容纳并显示层的内容；hidden为层不改变其大小，也不出现滚动条，超出层的范围的内容不予显示；auto为层的大小不变，但在层的下面和右面会出现滚动条；scroll为无论内容是否超出层的范围，层的下面和右面都会出现滚动条。

"剪辑"：设定层的可见区域。其中的"左"、"右"、"上"、"下"分别设定了在相应方向上层的可见区域与层的边界的距离，以像素为单位。

四、"层"面板

选择"窗口"菜单的"层"，可以打开"层"面板，并可以在"层"面板中执行相应的操作。

1. 选择层

单击层的名称即可选中该层，在按下Shift键的同时单击多个层可以同时将这些层都选中。

2. 更改层的叠放次序

用鼠标点击层的名称选中层，然后拖动该层上下移动，就可以改变层的叠放次序。也可以通过直接更改Z轴的值来实现。

3. 更改层的可见性

选中某个层，在"眼睛"图标处单击，就能更改该层的可见性。闭着的眼睛表示该层及其内容被隐藏。

4. 防止层的重叠

如果希望层不重叠，则可以通过选中"防止重叠"复选框来实现。如图11-54所示。

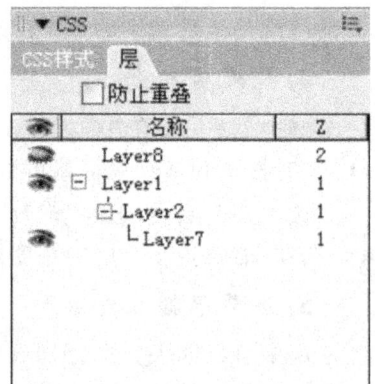

图11-54 "层"面板

第六节 表 单

表单的作用是从访问者那里收集信息，比如可以收集访问者的名字、电子邮件地址，获得访问者的留言，对某个事情进行调查从而了解网民的态度等。可以看得出，表单的主要功能是实现与用户的交互。

表单包括文本框、单选钮、复选框、下拉菜单等元素,下面介绍表单。

一、认识表单对象

在插入栏的下拉菜单中选择"表单",出现表单面板,如图 11-55 所示。

图 11-55　表单面板

表单面板由 14 个元素组成,表 11-1 是简单介绍。

表 11-1　表单面板说明

选项	说明
表单	在文档中插入一个放置表单元素的区域
文本字段	插入一个文本字段(或称文本域),用来输入文字、字母、数字,可以是单行、多行、密码形式。密码形式以" * "显示
隐藏域	插入一个文本字段,使用户的数据隐藏在那里。隐藏域能够实现浏览器和服务器在后台隐蔽地交换信息,这样当下次访问这个站点时可以使用这些信息
文本区域	插入一个文本区域,以多行的形式输入文字
复选框	插入一个复选框,用户可以在一组选项中选择多个选项
单选按钮	插入一个单选钮,用户在一组选项中只能选择一个选项
单选按钮组	插入一组单选钮,用户在一组选项中只能选择一个选项
列表/菜单	插入列表或菜单,列表列出一组选项,根据不同的参数设置用户一次可以选择一个选项或多个选项。列表的一个特殊形式是下拉菜单,它平时显示一行,用户可以单击它来展开列表,一次只能选择一个选项
跳转菜单	插入一个导航条或弹出式菜单,当选择任一选项时,可以访问此选项所链接的页面
图像域	插入图像
文件域	插入一个空白文本域和"浏览"按钮,来供用户输入或浏览、选择文件,然后上传文件
按钮	插入一个文本按钮,根据不同的设置执行相应的操作,比如提交表单、重置表单等
标签	在文档中为表单加上标签
字段集	在文本中设置文本标签

二、插入表单

插入表单的步骤如下。

步骤一:将光标定位于要插入表单的位置。

步骤二:选择"插入"菜单的"表单"子菜单,再从子菜单中选择"表单"选项;或是将插入栏切换到"表单",然后单击"表单"按钮。

插入表单后,文档窗口中出现了红色的虚线框,这就是表单区域,表单组件必须置于这个虚线框中才能起作用。表单的属性如图 11-56 所示。

图 11-56　表单的属性

表单的属性面板中设置了表单数据的处理程序、发送方式、接收窗口等内容。

"表单名称"：指定表单的名称，用于以后程序对表单的处理。

"动作"：指定处理此表单的脚本或动态页的路径，可以在文本框中直接输入，也可以按下旁边的"浏览文件"按钮来选择。

"目标"：指定一个窗口，用来显示处理表单后返回的数据。

"方法"：设定表单数据的发送方式，有 3 个选择，分别为"默认"、"GET"、"POST"。在将表单数据发送到服务器时，POST 表示以 POST 方式请求；GET 表示以 GET 方式请求；默认表示使用浏览器默认的设置，通常为 GET 方式。

三、插入常用表单元素

将光标定位于表单区域内（即红色的虚线框），就可以插入各表单元素了。插入表单元素时会打开"输入标签辅助功能属性"对话框，可以在此输入一些提示性的文字并对其样式和位置等进行设置。如图 11-57 所示。

"用标签标记环绕"：会在表单项的两边添加一个标签标记。

"使用'for'属性附加标签标记"：使用"for"属性在表单项两侧添加一个标签标记。

"无标签标记"：不使用标签标记。

"位置"：为标签标记设定位置，可以在表单项前或在表单项后。

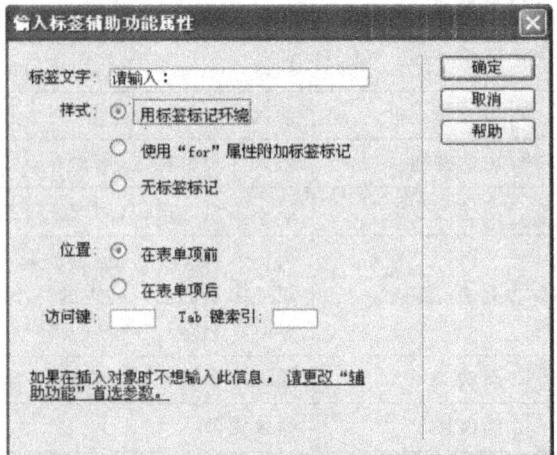

图 11-57　输入标签辅助功能属性

"访问键"：可以为表单对象设定等效的键盘键，用于在浏览器中选择表单对象。

"Tab 键索引"：为表单对象设置 Tab 键的次序。

1. 插入文本域

单击表单工具栏上的"文本字段"按钮，就可以插入文本字段，其属性面板如图 11-58 所示。

图 11-58　文本域的属性

"文本域"：设置文本域的名称。

"字符宽度"：设置文本域可以显示的字符数。

"类型"：设置文本域的类型，可以是单行、多行、密码形式。若选择密码形式，则用户输入时，输入的字符显示为"＊"。

"最多字符数"：设置单行文本域中最多可以输入的字符数，或多行文本域（将类型选择设置为"多行"）的行数。

"初始值"：设置文本域的初始值，在网页加载时显示此值。

2. 插入隐藏域

网页访问者是看不到隐藏域的。单击表单工具栏上的"隐藏域"按钮，就可以插入隐藏域，其属性面板如图 11-59 所示。

图 11-59　隐藏域的属性

"隐藏区域"：隐藏域的名称。

"值"：指定隐藏域的值。

3. 插入文本区域

文本区域与文本域的多行形式相同。单击表单工具栏上的"文本区域"按钮，就可以插入文本区域，其属性面板如图 11-60 所示。

图 11-60　文本区域的属性

"换行"：设置当输入的字符数超过了字符宽度的设定值后是否换行，有 4 个选项："默认"、"关"、"虚拟"、"实体"。"默认"为使用浏览器的默认设置；"关"表示当输入超出了宽度限制后不换行，但会出现滚动条；"实体"表示当输入超出了宽度限制后自动换行；"虚拟"的表现形式与"实体"一样，即当输入超出了宽度限制后自动换行，但在把用户输入的数据提交时，实际上并没有回车换行。

4. 插入复选框

复选框指用户可以在一组选项中选择多个选项（包含一个）。单击表单工具栏上的"复选框"按钮，就可以插入复选框，其属性面板如图 11-61 所示。

图 11-61　复选框的属性

"复选框名称":设置复选框的名称,每个复选框的名称必须是唯一的。

"选定值":设置复选框在被选中后发送给服务器的值。

"初始状态":设置网页加载时复选框的初始状态,是选中还是未选中。

5.插入单选钮

单选钮指用户在一组选项中只能选择一个选项。单击表单工具栏上的"单选按钮",就可以插入单选钮,其属性面板如图11-62所示。

图11-62　单选钮的属性

6.插入单选按钮组

单击表单工具栏上的"单选按钮组",打开"单选按钮组"对话框,如图11-63所示。

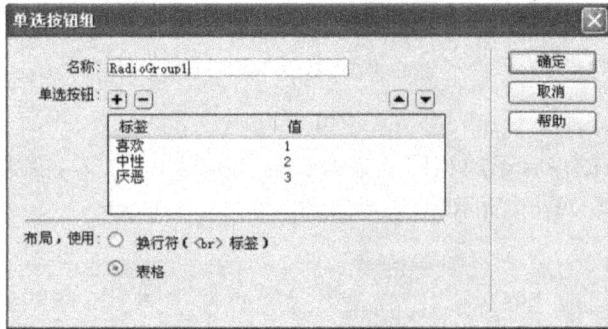

图11-63　单选按钮组

在此对话框中可以在"标签"和"值"中设置各单选钮显示的字符和提交时上传给服务器的值。"＋"和"－"字样的按钮用于添加和删除单选钮。箭头字样的按钮用于更改单选钮的次序。在"布局,使用"中若选了"表格",则将单选钮组布局在表格中,每个单选钮放置在表格的一行。

7.插入列表/菜单

单击表单工具栏上的"列表/菜单",就可以插入列表/菜单,其属性面板如图11-64所示。

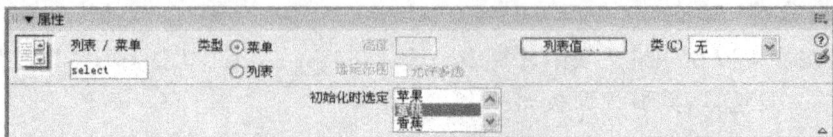

图11-64　菜单的属性

"类型":设置类型,是菜单还是列表。

"列表值":用来设置菜单或列表的各个选项和值。单击"列表值",弹出列表值对话框。在此对话框中可以在"项目标签"和"值"中设置各个选项显示的字符和提交时上传给服务器的值。"＋"和"－"字样的按钮用于添加和删除选项。箭头字样的按钮用于更改选项的次序。如图11-65所示。

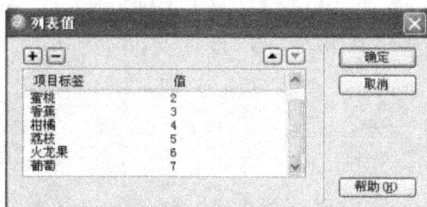

图 11-65　列表值

"初始化时选定"：设置网页加载时，初始的选择是哪个选项。

若在属性面板中选定"列表"，则属性面板变为如图 11-66 的形式。

图 11-66　列表的属性

"高度"：指定列表在网页上显示的行数。

"允许多选"：指定是否允许多选。

8. 插入跳转菜单

跳转菜单的外观与列表/菜单一样，但在选择了跳转菜单的选项后，可以跳转到这个选项所链接的网页。

单击表单工具栏上的"跳转菜单"，打开"插入跳转菜单"对话框，如图 11-67 所示。

在此对话框中可以在"文本"和"选择时，转到 URL"中设置各菜单项显示的字符和所链接的网页。"＋"和"－"字样的按钮用于添加和删除菜单项。箭头字样的按钮用于更改菜单项的次序。

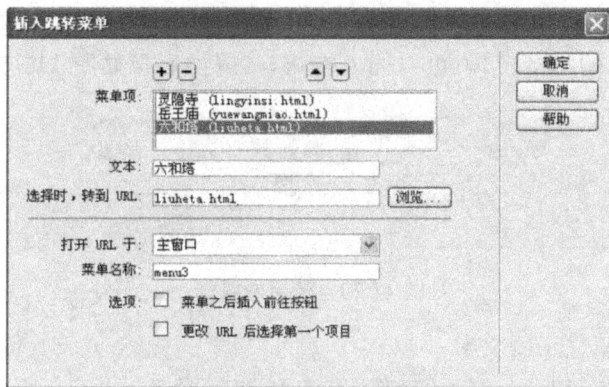

图 11-67　插入跳转菜单

跳转菜单的属性面板与列表/菜单的属性面板相同。上图跳转菜单的设置也可以在属性面板中按下"列表值"进行更改。

9. 插入图像域

网页中的按钮经常是文本形式的，某些情况下会显得单调或与网页的整体风格不匹配，这时可以用图像域来制作图形化的按钮。其作用与按钮类似，可以触发表单的相关操作。

单击表单工具栏上的"图像域"按钮,打开"选择图像源文件"对话框,在此对话框中选定用于图像域的图像文件。插入图像域后其属性面板如图 11-68 所示。

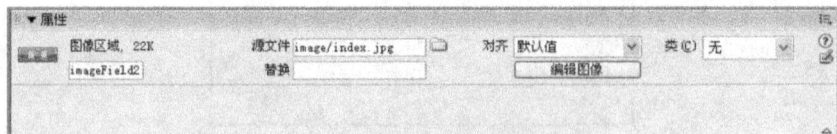

图 11-68　图像域的属性

"源文件":图像域的图像源文件。

"替换":如果由于某种原因,浏览器不能正常显示图像,则显示"替换"中指定的文本。

"对齐":设置图像的对齐方式。

"编辑图像":当按下"编辑图像"按钮时,启动图像处理软件来处理此图像文件。

10. 插入文件域

文件域用于用户提交和上传文件。文件域在网页中的形式为一个文本输入框加上旁边的"浏览"按钮,用于用户直接输入要提交的文件,或按下"浏览"按钮来选择要提交的文件。

单击表单工具栏上的"文件域"按钮,就可以插入文件域,其属性面板如图 11-69 所示。

图 11-69　文件域的属性

"字符宽度":设置文件域可以显示的字符数。

"最多字符数":设置文件域中最多可以输入的字符数。

11. 插入按钮

单击表单工具栏上的"按钮",就可以插入按钮,其属性面板如图 11-70 所示。

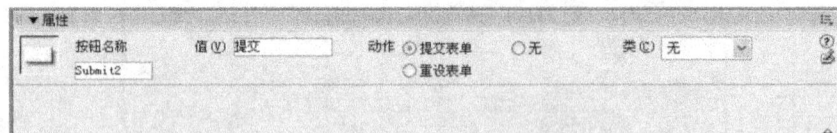

图 11-70　按钮的属性

"值":设置按钮上所显示的文字。

"动作":设置单击按钮时所触发的操作,有 3 个选项,分别为"提交表单"、"重设表单"、"无"。这 3 个选项所对应的操作分别为将网页的表单数据提交给服务器、重置表单数据、空操作。

四、表单应用举例

这里举个简单的例子,来说明表单的应用。我们来做一个用户调查,这个调查表的实际网页如图 11-71 所示。

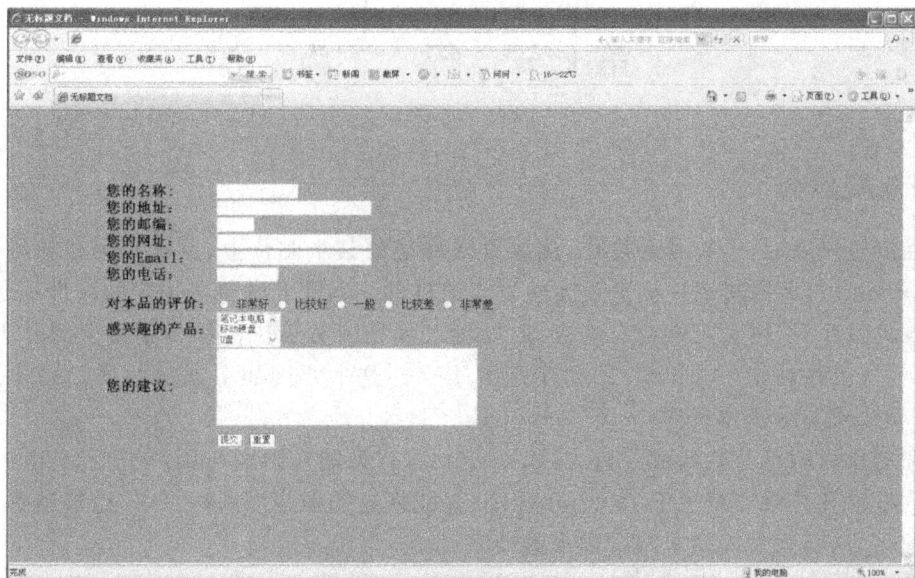

图 11-71　调查表网页

下面是制作过程。

步骤一：新建一个网页，并设置好网页的背景色。

步骤二：在网页中插入一个 3 行 3 列的表格（表格 1），这个表格的作用是布局网页。把表格的第 1 行的高度设置为 90 像素，第 1、3 列的宽度设置为 10％，网页内容可以放置在第 2 行的第 2 列中，这样就把网页内容放置在网页的中间部位，显得较为美观。

步骤三：在第 2 行的第 2 列中插入表单，然后在这个表单中插入一个 12 行 2 列的表格（表格 2），其中第 1 列的宽度是 15％，这个表格的作用是布局和定位文字和表单元素。

步骤四：将表格 2 的第 1 列的字体大小设置为 16，单位为点数，然后在第 1 列的各行中分别输入下面的文字："您的名称："、"您的地址："、"您的邮编："、"您的网址："、"您的 Email："、"您的电话："、"对本品的评价："、"感兴趣的产品："、"您的建议："。其中第 7 行和第 11 行不输入，但把这两行的高度分别设置为 15 像素、10 像素。这两行的作用也是布局网页，把用户信息、用户对产品的看法和建议、提交和重置按钮这 3 部分内容分隔开一些距离。

步骤五：然后在表格 2 的第 2 列的 1 至 6 行内分别插入一个文本域，这些都是单行文本域，并且根据需要设置好字符宽度和最多字符数。

步骤六：在表格 2 的第 2 列的第 8 行插入 5 个单选钮，这些单选钮的初始状态都是未选中，并且把它们的标签文字（即单选钮旁边的文字）分别设置为："非常好"、"比较好"、"一般"、"比较差"、"非常差"。

步骤七：在表格 2 的第 2 列的第 9 行插入一个列表，在列表值中输入各种产品名称，供用户选择。列表的高度设置为 3 行，并且允许多选。

步骤八：在表格 2 的第 2 列的第 10 行插入一个文本区域，字符宽度设置为 50，行数设置为 7，供用户输入建议。

步骤九：在表格 2 的第 2 列的第 12 行插入两个按钮，分别是提交表单和重置表单。

完成后可以按 F12，观察在浏览器中的实际效果。

241

第七节　行　　为

一、什么是行为

用户在浏览网页时，会有各种操作，比如鼠标移动到某个图片上、点击某个按钮等。这就是一种事件（Events），即指当用户浏览页面时发生的事件。不同的浏览器指定的事件不尽相同。

当有事件发生时，网页可能会有响应，比如可以事先定义当鼠标移动到某个图片上时，就显示一段文字，这就是动作（Action），即动作是由于事件这个原因而引起的结果。动作通常是用JavaScript预先编写的脚本程序。

事件和动作这两部分就构成了行为（Behaviors），行为能使网页与用户进行交互。行为针对很多常见的事件预先编写好了JavaScript程序，并能将这些程序插入网页中，这样就无须我们再编写这些程序，从而大大提高了网页制作的效率。

二、常见的事件和动作

1. 常见的事件

事件由浏览器定义、产生，表11-2所列的是常见的事件。

表 11-2　常见的事件

事件	说明
onAbort	当用户终止正在打开的网页时，触发该事件
onBlur	当指定的对象不再是网页和用户交互的焦点时，触发该事件
onClick	当用户单击某个对象（比如图片、按钮）时，触发该事件
onDblClick	当用户双击某个对象时，触发该事件
onDrag	当用户用鼠标拖动某个对象时，触发该事件
onDragEnd	当鼠标停止拖动某个对象时，触发该事件
onDragEnter	当鼠标进入拖动对象时触发的事件
onDragLeave	当鼠标离开拖动对象时触发的事件
onDrop	当鼠标落下时，触发该事件
onError	在载入文档发生错误时，触发该事件
onFocus	当指定对象成为网页和用户交互的焦点时，触发该事件
onHelp	当从菜单中选择帮助或单击了浏览器的帮助按钮时，触发该事件
onKeyDown	当键盘中的某个键被按下时（还没有放开），触发该事件
onKeyPress	当键盘中的某个键被按下并放开时，触发该事件
onKeyUp	当键盘中的某个被按下的键被放开时，触发该事件
onLoad	当页面或图片载入完成后，触发该事件
onMouseDown	当用户按下鼠标按键时，触发该事件
onMouseMove	当鼠标光标在某个对象边界内，并且用户移动鼠标时，触发该事件

续表

事件	说明
onMouseOut	当鼠标光标移出某个对象边界时,触发该事件
onMouseOver	当鼠标光标移动到某个对象边界内时,触发该事件
onMouseUp	当按下的鼠标按键被释放时,触发该事件
onResize	当用户调整浏览器窗口或框架的尺寸时,触发该事件
onScroll	当用户在浏览器内移动滚动条时,触发该事件
onUnLoad	当用户离开当前页面时,触发该事件

2. 常见的动作

表 11-3 所列的是常见的动作。

表 11-3　常见的动作

动作	说明
交换图像	用另外一幅图像替换当前的图像
恢复交换图像	在执行了交换图像之后,恢复原来的图像
弹出信息	弹出一个信息窗口,窗口中的信息通常是警告、提示等信息
打开浏览器窗口	在新窗口中打开 URL,并可以设置新窗口的大小等属性
拖动层	指定用户可以拖动的层和拖动的范围
控制 Shockwave 或 Flash	控制 Shockwave 或 Flash 的动作,如播放、停止、重播等
播放声音	播放指定的音频文件
改变属性	改变对象的属性值
时间轴	用于控制时间轴,比如播放时间轴、停止时间轴等
显示/隐藏层	显示或隐藏一个或多个层
显示弹出式菜单	显示弹出式菜单
隐藏弹出式菜单	隐藏弹出式菜单
检查插件	检查浏览器中是否安装了指定的插件,以确定要打开的网页
检查浏览器	检查浏览器的版本,以确定要打开的网页
检查表单	检查表单内容,以确定数据格式是否正确
设置导航栏图像	添加或修改导航栏的图像
设置文本	包括四项功能:设置层文本,用指定的文本替换某个层的内容;设置文本域文字,用指定的内容替换表单文本域中的内容;设置框架文本,用指定的文本替换某个框架的内容;设置状态栏文本,设定浏览器的状态栏中显示的信息
调用 JavaScript	调用指定的 JavaScript 代码
跳转菜单	创建或修改某个跳转菜单
跳转菜单开始	创建带"前往"按钮(即英文的"Go"按钮)的跳转菜单
转到 URL	转到指定的页面
预先载入图像	提前在浏览器的缓存中载入图像,避免因下载而引起的延迟
获取更多行为	从网站上获取更多的动作功能

三、行为面板

选择"窗口"菜单的"行为"选项，就打开了行为面板，如图 11-72 所示。

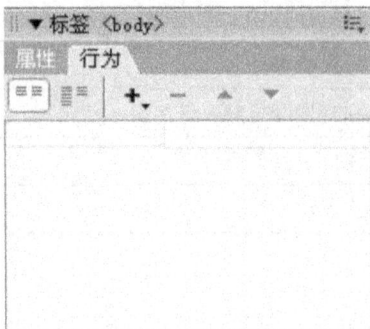

图 11-72　行为面板　　　　　　图 11-73　所有事件

在行为面板上，有以下内容：

"　　"：显示某个对象的已经设置的行为。

"　　"：在列表中显示所有的事件，如图 11-73 所示。

"　　"：给某个选定的对象添加行为。

"　　"：删除某个选定的对象的某个选定的行为（事件本身不删除）。

"　　"和"　　"：对某个选定的对象，如果某个事件有两个以上的动作，则这两个按钮用来对这些动作排序。

四、使用行为

以弹出信息为例说明。弹出信息可以显示一个带有指定内容的窗口，常常是警告或提示等信息，步骤如下。

步骤一：打开或新建一个网页。

步骤二：选择"窗口"菜单的"行为"选项，打开行为面板。

步骤三：在行为面板中单击"添加行为"按钮，在弹出的菜单中选择"弹出信息"选项，打开"弹出信息"对话框，如图 11-74 所示。

步骤四：在此对话框中输入想要显示的信息，按"确定"将其添加到行为面板。

步骤五：在行为面板中将弹出信息的触发事件改为"onLoad"，如图 11-75 所示。

图 11-74　"弹出信息"对话框　　　　　　图 11-75　添加好的行为

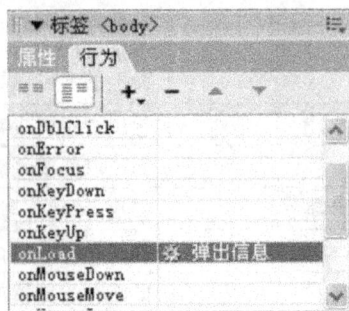

保存文档，按 F12 在浏览器中查看效果，可以看到在载入网页时，就弹出了上面设置好的信息。

弹出信息也可以用于其他事件，比如"onClick"、"onMouseOver"等，这时要先选定对象，比如一幅图像，再按上面的步骤操作即可。

第八节 CSS 样式表

CSS 是 Cascading Style Sheet 的缩写，称为层叠样式表或级联样式表。样式是指网页的格式，比如文字的字体、大小、颜色，图像的大小、位置等。层叠是指如果几个 CSS 所定义的样式发生冲突，并且这几个 CSS 都被某个 HTML 文件引用时，按照层叠顺序（cascading order）来处理。CSS 是一系列格式设置规则，用于控制网页的布局和外观。应用 CSS 能产生统一化，但又有多样化的效果。

使用 CSS 可以将网页的内容与形式分开，内容存放在 HTML 文件中，而 CSS 规则可以存放在 HTML 的文件头中（称为内部样式表），或存放在另外的文件中（称为外部样式表，文件类型为"＊.css"）。外部样式表可以同时链接到多个 HTML 文件，并且当样式被更改后，所有应用了该样式表的文件都会自动更新。

这种将内容和形式分离的做法，能够大大提高网站维护的效率。试想如果想改变网站中所有网页的标题的字体和颜色，可以对每个网页逐个改，但这是个比较费力的工作，尤其是对大型网站。而使用 CSS 来完成这项工作则很容易。CSS 还可以使 HTML 文档更加简练。在 Dreamweaver 8 中可以方便地对 CSS 样式进行设置。

一、CSS 的基本语法

CSS 样式表的基本语法如下：

HTML 标记 {标记属性：属性值；标记属性：属性值；……}

下面以内部样式表为例来说明。在 HTML 文件中直接定义 CSS 样式时，必须把样式放于<style>与</style>标记中。为使样式对整个页面起作用，应将样式放在 HTML 文件头中，即<head>和</head>中。

例如要设置网页中所有 H2 标题的字体、大小和颜色，代码如下：

```
<html>
<head>
<title>CSS 示例</title>
<style type="text/css">
<!--
h2 {
    font-family："宋体"；
    font-size：36px；
    color：#003399；
}-->
</style>
```

```
</head>
<body>
……网页的内容……
</body>
</html>
```

上面的例子中,将 H2 标题的字体设置为宋体,将大小设置为 36 像素,将颜色设置为♯003399(深蓝色)。

二、创建 CSS 样式

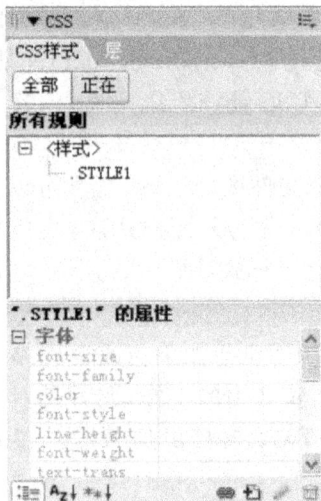

图 11-76　CSS 样式面板

创建 CSS 样式的步骤如下。

步骤一:选择"窗口"菜单的"CSS 样式"选项,打开 CSS 样式面板,如图 11-76 所示。

步骤二:单击 CSS 样式面板右下角的"新建 CSS 规则"按钮,打开"新建 CSS 规则"对话框,如图 11-77 所示。

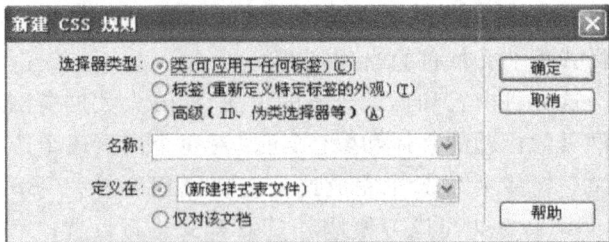

图 11-77　新建 CSS 规则

步骤三:在"选择器类型"中,选择一种创建 CSS 样式的方式(共有 3 种)。

"类"(可应用于任何标签):新建类选择符形式的样式表,需要在"名称"处输入名称。

"标签"(重新定义特定标签的外观):在"标签"(这时上图中的"名称"变为"标签")后的下拉列表中选择一个 HTML 标签,对其格式重新定义。

"高级"(ID、伪类选择器等):在"选择器"(这时上图中的"名称"变为"选择器")后的下拉列表中选择一个选择器,定义 ID 选择符形式的样式表。

"定义在"则用来设置新建 CSS 的位置,有两个选项:"仅对该文档"为定义内部样式,另一个选项为定义外部样式,这时需要新建一个 CSS 样式表文件来存放自定义样式,或将自定义样式存入已有的 CSS 文件中。

步骤四:按"确定",如果选择了"新建样式表文件",则会出现"保存样式表文件为"对话框,来保存新建的样式表文件。保存后弹出"CSS 规则定义"对话框。如果选了"仅对该文档",则直接弹出"CSS 规则定义"对话框。

步骤五:在"CSS 规则定义"对话框中设置 CSS 样式,如图 11-78 所示。设置完成后按"确定",完成新建 CSS 样式。

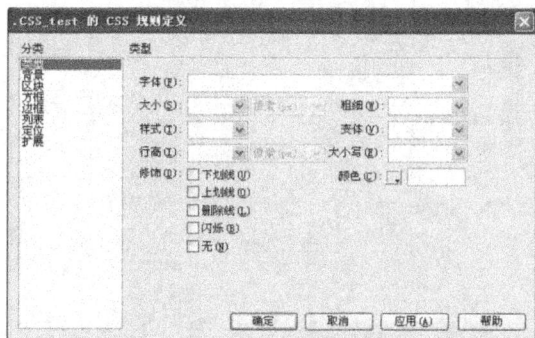

图 11-78　CSS 规则定义

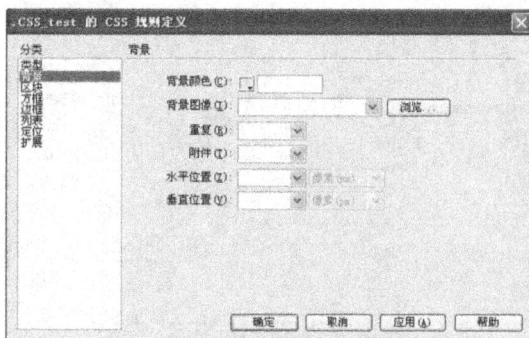

图 11-79　定义背景

在上图的 CSS 规则定义中,有 8 个分类,即"类型"、"背景"、"区块"、"方框"、"边框"、"列表"、"定位"、"扩展"。下面进行说明。

1. 类型

主要用于定义文字的字体、大小、颜色、风格等。

2. 背景

在"分类"中选择了"背景"后,CSS 的规则定义如图 11-79 所示。主要用于设置背景颜色或图像。其中的"附件"设置背景图像是随着内容一起滚动还是固定在原处。"水平位置"和"垂直位置"设置背景图像的位置。如果"附件"选择"固定",则"水平位置"和"垂直位置"指定了背景图像相对于文档窗口的位置。

3. 区块

如图 11-80 所示。用于设置文字间的排列样式。

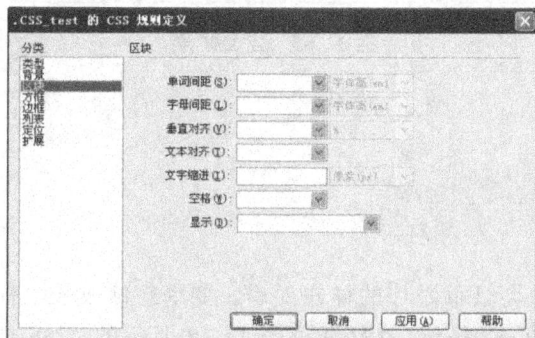

图 11-80　定义区块

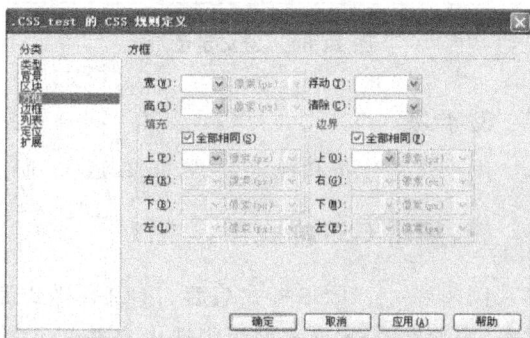

图 11-81　定义方框

4. 方框

用于为页面对象设置和生成边框,如图 11-81 所示。

5. 边框

用于设置页面对象边框的样式,如图 11-82 所示。

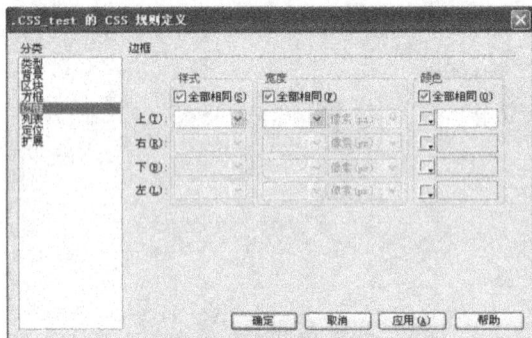

图 11-82　定义边框

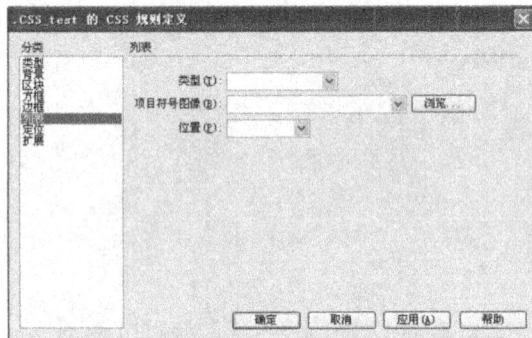

图 11-83　定义列表

6. 列表

用于设置项目符号和编号,如图 11-83 所示。

7. 定位

用于将文本块转换为一个层,并设置层的样式,如图 11-84 所示。

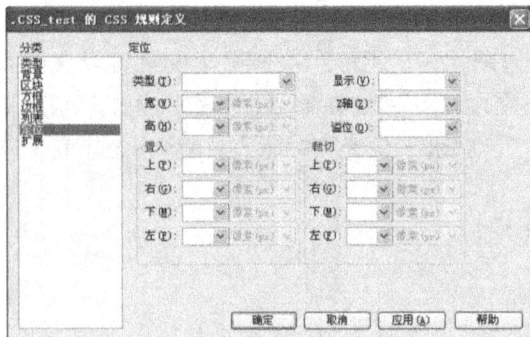

图 11-84　定义定位

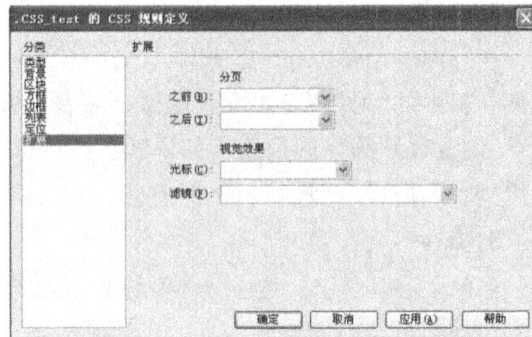

图 11-85　定义扩展

8. 扩展

用于设置分页和视觉效果,如图 11-85 所示。

三、编辑 CSS 样式

创建好一个 CSS 样式表后,在 CSS 样式面板中会显示添加的样式列表。如果想修改某个样式表,只要在 CSS 样式面板中选中它并按下"编辑样式"按钮,就打开了图 11-78 所示的"CSS 规则定义"对话框,在此对话框中就可以修改样式了。

四、应用 CSS 样式

1. 应用自定义 CSS 样式

选中需要套用 CSS 样式的元素,在 CSS 样式面板中,右键点击需要的样式,在弹出的快捷菜单中选择"套用"选项即可。如图 11-86 所示。也可以在网页中右键单击被选中的元素,在弹出的快捷菜单中选择"CSS 样式"子菜单,在子菜单中选择需要的样式即可。如图 11-87 所示。

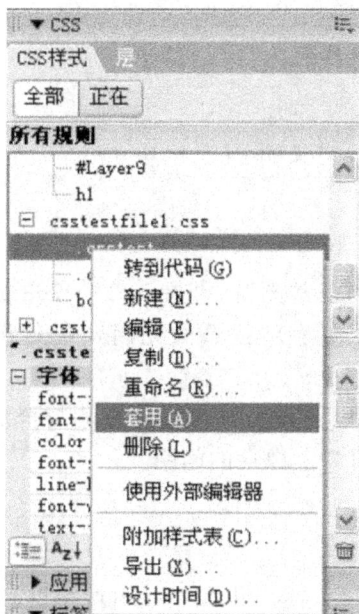

图 11-86　套用 CSS 样式　　　　图 11-87　通过快捷菜单套用 CSS 样式

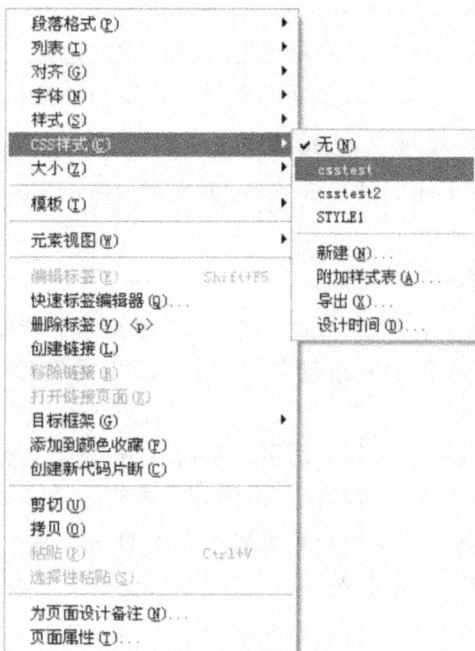

2. 链接外部 CSS 样式文件

如果需要链接外部 CSS 样式文件,可以按如下步骤进行。

步骤一:在 CSS 样式面板中右键单击,在弹出的快捷菜单中选择"附加样式表"选项,打开"链接外部样式表"对话框,如图 11-88 所示(或在 CSS 样式面板中按下"附加样式表"按钮,也可以打开"链接外部样式表"对话框,如图 11-89 所示)。

步骤二:在"链接外部样式表"对话框中选定外部样式表文件,并设置好链接方式,按"确定"即可。

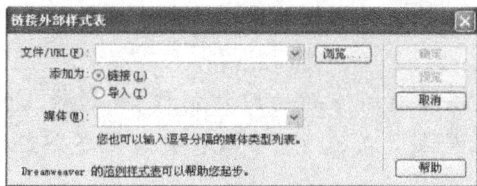

图 11-88　链接外部样式表

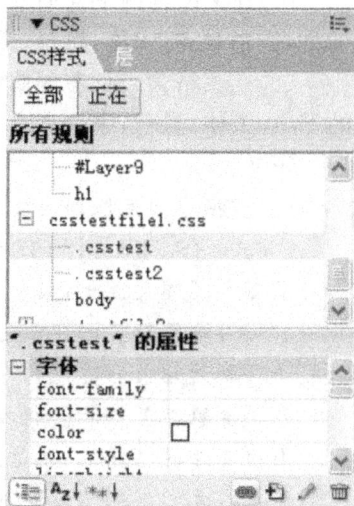

图 11-89　CSS 样式面板

▶ 实训练习

1. 建立主页

新建一个 Web 页面,将其命名为 Index. htm,页面标题定义为"网络编辑实用教程"。

2. 页面属性设置

(1) 将 Index.htm 页面的"上边距"、"左边距"、"右边距"、"下边距"均设为 1。

(2) 将 Index.htm 页面的背景色设置为淡蓝色(颜色代码为:#E1EFFA)。

3. 文本处理及样式应用

新建一个仅对 Index.htm 页面使用的 CSS 样式,定义页面表格中的文字为楷体,大小为 12px。

4. 页面布局表格

要求保证 Index.htm 在 1024×768 显示分辨率下的正常浏览,即在 1024×768 分辨率下浏览器全屏不出现水平滚动条(垂直滚动条的宽度为 20 像素),且页面充满全屏状态的浏览器窗口。

(1) 新建一个 3 行 2 列页面布局表格,设置表格大小,使其上方、左侧、右侧与全屏状态下的浏览器边框没有间隙。使表格内容与表格边框之间保留 3 个像素的间距。

(2) 分别合并第一行和最后一行中的两列单元格。

5. 页面内容填充

(1) 在表格第一行的单元格中插入一个 Flash 动画(命名为 wbflash.swf),并将 wbflash.swf 大小调整为 800×80 像素,设置为水平和垂直居中排列。

(2) 在表格第二行左侧单元格中,将"网络编辑员:迅速发展的年轻职业"设置成为页面文章标题,居中对齐,黑体,深蓝色(#000066),字体大小为 16px。

(3) 在文章标题下面插入一条水平线,并将制作信息"2010 年 06 月 21 日 08:52"插入水平线下方,居中对齐,宋体,黑色,字体大小为 12px。

(4) 在表格第二行左侧单元格中,设置一次文本缩进,并将下文插入该单元格中的制作信息的下方,宋体,黑色,字体大小为 14px。

正文:

"据中国互联网络发展状况统计报告显示,截至 2005 年 1 月,我国万维网站点数为 668900 个,网民 9400 万人。按照网站数量估算,目前,我国拥有网络编辑从业人员 300 多万人。"昨天上午,某新闻网站网络编辑员李敏这样告诉记者。

网络编辑员的职业定义为,利用相关专业知识及计算机和网络等现代信息技术,从事互联网站内容建设的人员。

李敏在其供职的新闻网站负责新闻更换以及新闻专题的网页制作、策划等工作。因为职业的特殊性,她每天上班都很早。每天早上 7 点 30 分,李敏就要来到办公室,迅速把当天的新闻传送到网页上。

与传统媒体相比,网络媒体最大的特点就在于其快速性、互动性,每天、每个时间段都要更换新闻,以保证读者一打开电脑,就能马上看到最新的消息。网络编辑员尽管是新职业,但由于互联网发展非常迅速,所以网络编辑员队伍发展也很快,而且前景无限。

记者了解到,网络编辑员的收入水平由网站的影响力、实力所决定。济南网络编辑员的平均收入处于中游水平。从事网络编辑的人员涉及的专业十分广泛,既有各大高校新闻专业毕业的学生,也有计算机、中文、法律、财经等专业的人员,从业人员流动性很强。由于职业特点,网络编辑员多以年轻人为主,而且这些人都比较注重创新,喜欢追求新知识。

　　网络编辑员也有"不好处"，他们要每天跟电脑打交道，在电脑前经常一坐就是七八个小时，所以从业人员常常觉得颈椎、眼睛异常疲劳，而且受辐射很厉害。"我每天都用隔离霜，还拿了盆仙人球放在电脑前，听说这样能防辐射。"李敏这样介绍她的经验。

　　业内人士预测，未来 10 年内，网络编辑需求将呈上升趋势，总增长量将超过 26％。网络编辑职业的发展，日益引起业内人士和相关领域的密切关注。（完）

　　（5）在表格第二行右侧单元格中插入一张与网络编辑有关的图片（命名为 wbphoto.jpg）。

　　（6）将表格最后一行的背景色设置为白色（颜色代码为：♯FFFFFF），并将以下内容插入单元格中，设置为水平和垂直居中排列。

　　【评论】【收藏此页】【大 中 小】【打印】【关闭】

　　用 Dreamweaver 完成以上的网页制作，并将制作完成的网页文件保存在桌面上。

参 考 文 献

[1] 郭春燕.网络媒体策划[M].北京:中央广播电视大学出版社,2009.

[2] 新夫,范晓静,任利军.网络编辑实用教程[M].北京:海洋出版社,2008.

[3] 韩隽,吴晓辉.网络编辑[M].大连:东北财经大学出版社,2007.

[4] 彭兰.网络新闻编辑教程[M].武汉:武汉大学出版社,2007.

[5] 劳动和社会保障部教材办公室.网络编辑师 高级网络编辑师[M].北京:中国劳动社会保障出版社,2006.

[6] 劳动和社会保障部教材办公室.助理网络编辑师[M].北京:中国劳动社会保障出版社,2006.

[7] 劳动和社会保障部教材办公室.网络编辑师[M].北京:中国劳动社会保障出版社,2006.

[8] 鲍嘉,卢坚.Dreamweaver 8 全新网站大制作[M].北京:中国青年出版社,2006.

[9] 中国就业培训技术指导中心.助理网络编辑师(国家职业资格三级)[M].北京:电子工业出版社,2005.

[10] 陈彤,曾祥雪.新浪之道[M].福州:福建人民出版社,2005.

[11] 邓炘炘.网络新闻编辑[M].北京:中国广播电视出版社,2005.

[12] 彭兰.网络新闻学原理与应用[M].北京:新华出版社,2003.

[13] 雷跃捷,辛欣.网络新闻传播概论[M].北京:北京广播学院出版社,2001.

[14] 蒋晓丽.网络新闻编辑学[M].北京:高等教育出版社,2004.

[15] 匡文波.网络传播技术[M].北京:高等教育出版社,2003.

[16] 何苏六.网络媒体的策划与编辑[M].北京:北京广播学院出版社,2001.

[17] 孙东梅.Dreamweaver＋Photoshop＋Flash＋Fireworks 网站建设与网页设计详解(CS3 版)[M].北京:电子工业出版社,2008.

[18] 顾群业.网页艺术设计[M].济南:山东美术出版社,2002.

主要参考网站

[1] 百度百科:baike.baidu.com

[2] 新浪网:www.sina.com.cn

[3] 搜狐网:www.sohu.com

[4] 腾讯新闻:news.qq.com